HISTOIRES DU PEUPLE JUIF

Iconographie :
Sophie Jaulmes et Eugénie de Paillette

Conception et réalisation graphique :
Gwénaël Le Cossec

Photogravure :
Reproscan

© Flammarion, Paris, 2010
87, quai Panhard-et-Levassor
75647 Paris Cedex 13

Tous droits réservés
ISBN : 978-2-7003-0306-3
N° d'édition : L.01EBNN000.184

MAREK HALTER

HISTOIRES DU PEUPLE JUIF

ARTHAUD

De Sumer à Jérusalem

la naissance d'un peuple

13

L'an prochain à Jérusalem

lumières, destruction, renaissance

87

Israël et diaspora

un peuple subversif

169

Index et bibliographie

222-223

Double page suivante :
• À gauche : sculpture suméro-accadienne (musée d'Irak, Bagdad).
• À droite : couple de mendiants originaires de la Pologne russe (1930, Vienne, photo de Hans Thorman).

Deux couples.
Quatre mille ans les séparent, et pourtant, on dirait qu'ils sont les mêmes.

Même regard, même geste.

L'image du couple sumérien renvoie à celle de mes grands-parents à Varsovie.

Tout Juif, qu'il soit originaire de l'Orient ou de l'Occident, s'y reconnaîtra.

Entre ces deux images, l'histoire du peuple juif, mon histoire.

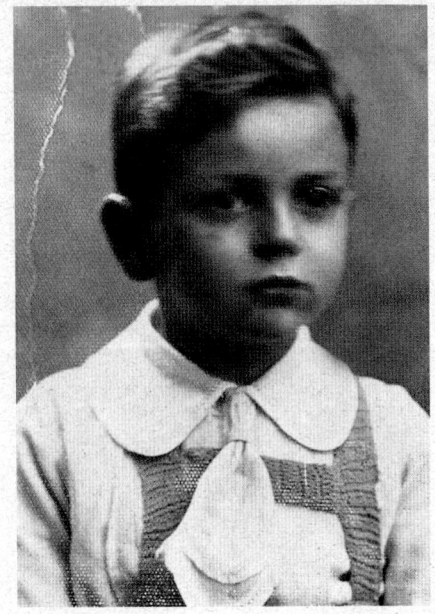

*En hommage à mes parents,
ma mère, Perl Halter, poétesse yiddish,
mon père, Salomon Halter, imprimeur,
fils d'imprimeurs, petit-fils d'imprimeurs,
arrière-petit-fils d'imprimeurs,
et ainsi depuis des générations,
pour m'avoir donné le goût des mots.*

INTRODUCTION

Pour mes quatre ans, mon grand-père Abraham m'apporta en cadeau, emballés dans un vieux journal yiddish, deux livres illustrés pour enfants : *Les Contes bibliques* et un abrégé des *Trois Mousquetaires* d'Alexandre Dumas.

Varsovie était sous occupation nazie. Nous étions privés d'électricité. Je lus les deux livres d'une traite à la lueur d'une bougie. Cette lecture nocturne marqua-t-elle mon destin ? Je ne sais. Ce dont je suis certain, c'est qu'elle me sauva la vie.

Nous eûmes la chance, mes parents et moi, de pouvoir quitter Varsovie avant le début de la guerre germano-soviétique grâce à deux amis de mon père, deux catholiques polonais. Des Justes. Nous traversâmes l'est de la Pologne, occupé par l'Armée rouge, puis l'Ukraine. Enfin, nous atteignîmes Moscou. C'est là que ma mère mit au monde ma petite sœur. Mais nous voilà à nouveau sous les bombes. Les Allemands avançaient. Staline nous envoya à Novoouzensk, près de la Volga, puis à Kokand, dans le lointain Ouzbékistan où s'entassait déjà plus d'un million de réfugiés.

La famine, la dysenterie et le typhus taillaient des vides dans cette imposante masse humaine. Dans la rue, des ombres squelettiques trébuchaient, poussaient un cri et tombaient. De jeunes Ouzbeks qui patrouillaient dans la ville basse les ramassaient, entassaient leurs corps sur des *arbas*, des chariots à deux roues, et les abandonnaient dans des fosses communes creusées dans le désert.

Mes parents, eux, se retrouvèrent à l'hôpital. Je restai seul avec ma petite sœur. Elle s'appelait Bérénice, Bousia. Nos voisins me conseillèrent de la mettre dans un home d'enfants, ce que je fis. Elle y est morte, de faim m'a-t-on dit.

Un jour, le médecin de mes parents me convoqua : « Si tu veux les sauver, tu dois trouver du riz. » Les antibiotiques n'existaient pas dans l'Union soviétique de l'époque. Du riz, on en trouvait au marché noir. Comment un gamin pouvait-il s'en procurer ? En volant. Les Ouzbeks transportaient leurs récoltes de riz dans des sacs accrochés aux flancs de bourricots. Il suffisait de passer à côté avec un couteau, d'éventrer le sac, et de remplir sa casquette des grains qui s'échappaient par la fente. Il fallait alors s'enfuir pour échapper à leur colère. Sans doute n'étais-je pas assez rapide. Les Ouzbeks finissaient inévitablement par me rattraper.

Un après-midi, tandis que deux hommes me tabassaient pour récupérer leur riz, une bande de voleurs, des vrais ceux-là, me libéra. « Que t'arrive-t-il ? » me demanda le plus âgé, un garçon d'une quinzaine d'années. Je lui expliquai.

« Puisque tu ne sais pas voler, que sais-tu faire ?
– Raconter des histoires. »

Pourquoi lui parlai-je d'histoires ? Peut-être à cause de ces fameux *Contes bibliques*. Ce soir-là, dans le Kalvak, un terrain vague où les voyous qui terrorisaient la ville se retrouvaient pour partager leurs butins, je fis mes premiers pas de conteur.

Je commençai par *Les Trois Mousquetaires*. Le sens de la solidarité des personnages, « tous pour un, un pour tous », dut les séduire. À la fin du récit, je m'aperçus que mes nouveaux amis demeuraient immobiles. J'ai donc continué avec *Vingt Ans après* et *Le Vicomte de Bragelonne*. Comme la bande ne bougeait toujours pas, semblant attendre la suite, j'inventai les aventures de d'Artagnan à Jérusalem.

Au petit matin, j'étais devenu Marek-qui-raconte-des-histoires. Nous nous partageâmes les tâches. Ils volaient le jour et me donnaient ma part pour aider mes parents. Moi, je passais mes journées à la bibliothèque municipale et, le soir, partageais avec eux mes lectures. Pour la plupart, mes récits s'inspiraient des aventures du peuple juif, ou de ce que j'en savais.

Mes camarades en demandaient toujours plus. À l'inverse de tant d'érudits, ils avaient saisi l'importance de la réflexion de Job : « Nous sommes nés d'hier et nous ne savons rien. » Moi, j'avais découvert que mon histoire pouvait aussi devenir celle des autres. Et comme le savoir ne vaut rien s'il n'est pas partagé, je poursuis depuis des années, d'un livre à l'autre, ce récit à rebondissements.

Les *Histoires du peuple juif*, histoires quatre fois millénaires que je livre aujourd'hui, seraient-elles un aboutissement de ces récits que, tout jeune, je partageai à Kokand, à la frontière de l'Afghanistan ? Elles ont passionné des voleurs ouzbeks d'antan, je peux espérer qu'elles ne laisseront pas indifférents mes lecteurs présents.

Marek Halter

De Sumer
à Jérusalem

La Naissance
d'un peuple

L'histoire commence là où la Bible situe le Paradis, en Mésopotamie, entre deux fleuves, le Tigre et l'Euphrate. Dans cette vallée, il y a quatre mille ans, l'Empire sumérien éleva les premières villes du monde avec leurs *ziggourats*, ces temples à étages hauts de plus de soixante mètres. Il y développa une agriculture prospère, un système d'irrigation remarquable. Il multiplia les chemins et les routes, inventa les lettres de change, tablettes de terre cuite que l'on retrouve par dizaines de milliers et dont on peut voir de nombreux exemplaires au Louvre. Ainsi, les marchands menèrent leur commerce bien au-delà des frontières de l'Empire.

Mais voici l'invention la plus considérable, la plus révolutionnaire, celle qui changea la condition de l'homme et fonda la civilisation : l'écriture cunéiforme, premier alphabet abstrait sans lequel l'Histoire ne connaîtrait pas le monothéisme. Comment les hommes auraient-ils pu transmettre l'idée d'un Dieu unique, d'une abstraction, à l'aide d'images ou de pictogrammes qui par le fait même l'auraient rendu visible ? L'invention de l'écriture et celle d'un Dieu unique vont de pair. Elles marquent l'origine de notre aventure.

L'INVENTION DE L'ÉCRITURE ET CELLE D'UN DIEU UNIQUE VONT DE PAIR

Ci-contre :
Tablette économique : compte de moutons et de chèvres destinés aux sacrifices (c. 3000 av. J.-C., musée du Louvre, Paris).

Sans l'alphabet cunéiforme, premier alphabet abstrait de l'histoire de l'humanité, pas de Dieu un, pas de Dieu abstrait. Comment en effet l'homme aurait-il pu, il y a cinq mille ans, décrire une abstraction avec des pictogrammes ? Le Dieu abstrait serait alors devenu idole. Est-ce un hasard si Abram est né à Ur en Mésopotamie, à l'endroit même où l'on inventa l'alphabet cunéiforme ? Est-ce un hasard si l'histoire du peuple juif est si intimement liée à celle de l'écriture ?

Page de droite :
Fra Angelico, *La Ville de Jérusalem* (c. 1435, retable de la Sainte Trinité, musée San Marco, Florence).

Dieu a choisi deux demeures : la première à Jérusalem, ville vers laquelle se tournent tous les regards, la seconde dans l'écriture, dans le livre que l'on transporte avec soi quand la ville devient inaccessible.

Peuplées d'Indo-Européens, les riches villes sumériennes, Ur, Harran, Ninive ou Mari, attirent des tribus sémites, plus pauvres, à la recherche de gîtes et de travail. Autour des villes qui se fortifient pour se protéger des vagues migratoires naissent de vastes faubourgs.

Parmi ces nouveaux venus se distingue la tribu d'un homme nommé Tera'h, des sémites comme tous les autres. Peut-être appartiennent-ils à un courant plus vaste, celui des Amorites, plus tard Araméens. On les appelle les Terahites ou les Ivrim, en souvenir de leur ancêtre Ever, arrière-petit-fils de Sem, ou simplement parce qu'ils arrivaient d'au-delà du fleuve, en hébreu *ever-hanahar*. Bref, ce sont des « passeurs d'histoire ».

Tera'h s'installe dans le faubourg d'Ur comme fabricant d'idoles. La société sumérienne est polythéiste. Chaque dieu, celui de la pluie, celui du soleil, celui de la fertilité, celui de l'amour ou de la guerre prend figure sous forme d'une statuette plus ou moins grande selon les circonstances et les moyens de l'acheteur. Les fabricants d'idoles prospèrent.

TERA'H, FABRICANT D'IDOLES À UR

Abram, le plus jeune fils de Tera'h, regarde son père travailler. Il le voit modeler la terre glaise, la couvrir de couleurs, la faire cuire au four. Puis il le voit négocier les figurines avec des acheteurs venus de la ville. Parfois, les clients se confessent, racontent leurs malheurs, demandent des conseils aux fabricants d'idoles : quel serait le dieu le plus efficace pour guérir un enfant terrassé par la fièvre ou sauver un champ de blé attaqué par des sauterelles ? Parfois, le visiteur n'a pas assez d'argent pour payer le prix de l'idole et s'en va bredouille. C'est injuste, pense Abram. Il se met à rêver un Dieu qui serait le même pour tous, accessible à tous, un Dieu qu'on ne pourrait ni représenter, ni fabriquer, ni vendre, ni acheter. Il fallait que ce Dieu fût invisible, donc abstrait. Cela lui vint telle une évidence. Mais comment l'exprimer ?

ABRAM RÊVE D'UN DIEU QUI SERAIT LE MÊME POUR TOUS

C'est alors qu'il rencontre Saraï. Saraï, cela signifie « jeune princesse » en sumérien. Elle est née en ville, elle est instruite et connaît l'écriture. Elle lui apportera la réponse.
Dans le faubourg d'Ur, la situation de son père Tera'h se dégrade. Les fabricants d'idoles sont de plus en plus nombreux, l'offre se multiplie, les prix baissent. Arrivent aussi de nombreux immigrants qui épuisent les pâturages. Les Terahites ne savent plus où faire paître leurs troupeaux. Tera'h décide de partir.

SARAÏ, JEUNE CITADINE INSTRUITE

Suivant avec les siens les berges du fleuve, il atteint Harran, ville portuaire sur l'Euphrate. Là, comme à Ur, il installe son atelier. Mais Abram n'en peut plus des idoles. Un jour de colère, il casse les effigies en terre glaise, le travail de son père. Aucune d'elles ne proteste, le ciel ne s'assombrit pas, la terre ne tremble pas. Belle démonstration : les dieux d'argile n'étaient pas de vrais dieux. Furieux, Tera'h rompt avec son fils.

ABRAM CASSE LES IDOLES

De gauche à droite :
• Joseph ben David Leipnik, *La Destruction des idoles* (1740, British Library, Londres).
• Al-Biruni, *Abram détruit les idoles des Sabiens* (*Chronologie des anciennes nations*, 1307, Edinburgh University Library).

« Tout homme qui combat l'idolâtrie, dit le Talmud, est un Juif. »
Ce rejet de toute forme de déification, que ce soit d'une statue, d'un homme ou d'une idée, est à la source de ma judéité.

Le lendemain du drame, Abram l'iconoclaste entendit une voix. Était-ce ce Dieu invisible dont il avait rêvé ? La voix lui ordonna de quitter son père et Harran, et de prendre, avec Saraï et ses proches, la direction du sud, la direction d'un pays qui a pour nom Canaan. Mais avant cette rupture, il fallait que Saraï et lui changent de nom. Ils s'appelleront dorénavant *Abraham*, « père des multiples nations », et Saraï, *Sarah*. Nouveaux noms, nouveaux destins. Comme son Dieu le lui avait indiqué, en traversant le fleuve avec Sarah, son neveu Loth et une partie de la tribu de son père – celle qui avait bien voulu le suivre –, Abraham savait-il qu'il entamait une nouvelle épopée dans l'histoire des hommes ? De cette errance, un peuple allait naître, le peuple des Hébreux qui, par son petit-fils Jacob, deviendrait celui d'Israël.

LE NOUVEAU DESTIN D'ABRAHAM

À gauche :
Josef Molnar, *Le Départ d'Abraham* (1850, Galerie nationale, Budapest).

C'est en quittant Harran pour le pays de Canaan qu'Abraham fait de sa tribu un peuple de passeurs. Passeurs de biens, passeurs d'idées.

À droite :
Rembrandt, *Agar renvoyée par Abraham* (1637, collection Dutuit, Petit Palais, musée des Beaux-Arts de la ville de Paris).

En chassant Agar l'Égyptienne et son fils Ismaël il y a près de quatre mille ans, Abraham ignorait qu'il était en train d'engendrer le conflit israélo-palestinien.

À QUOI RESSEMBLAIT ABRAHAM ?

Cette histoire du peuple juif, qui est aussi mienne, je l'ai découverte pour la première fois dans un petit livre illustré pour enfants, *Les Contes bibliques*, que mon grand-père m'avait offert. Depuis, je me suis souvent demandé à quoi ressemblait Abraham.

Je l'imaginais sous les traits de mon grand-père. Lui aussi s'appelait Abraham. Il travaillait à l'imprimerie d'un journal yiddish. Je ne m'étais pas trompé.

En arrivant à Paris, je découvris au Louvre des statuettes sumériennes de l'époque abrahamique. Je ne pus étouffer un cri de surprise : elles ressemblaient telles deux olives aux Juifs de mon enfance. Tout comme eux, ces hommes de Sumer portaient la barbe et les papillotes. Leurs mains jointes semblaient se frotter l'une contre l'autre, répétant une gestuelle familière. Une statuette représente un couple qui se tient par la main – la femme porte visiblement une coiffe semblable à celle que portent aujourd'hui les femmes juives pratiquantes. C'est l'image vraie de mes grands-parents, peut-être même celle des grands-parents de presque tous les Juifs du monde. Nous sommes loin de ces autres statuettes qui nous viennent d'Égypte, de ces hommes aux épaules carrées, aux bras serrés le long du corps !

ABRAHAM ET LE ROI MELCHISÉDECH

Dans la longue marche qui les mène à travers l'actuelle Syrie et le Golan jusqu'au pays de Canaan, la tribu d'Abraham et ses troupeaux ne passent pas inaperçus. Abraham et les siens atteignent les portes de Salem, aujourd'hui Jérusalem, ville fortifiée. Le roi Melchisédech, roi de justice, vient à leur rencontre avec du pain et du vin. Il bénit Abraham au nom du Dieu Très-Haut. D'où le roi connaît-il ce Dieu un, lui qui vient à peine de rencontrer l'homme qui l'a pensé pour la première fois ? Désormais, avec ces tablettes de terre cuite gravées que transportent des messagers dans toute la région, les nouvelles circulent vite.

LE TOMBEAU DES PATRIARCHES ET LE PUITS DES SEPT

Le pays de Canaan tient son nom de *kinahu*, la « pourpre » : on y fabrique cette teinture dans des ateliers au bord de la mer. De nombreuses peuplades l'habitent. Contrairement aux mœurs violentes de l'époque, Abraham ne tente pas de les chasser pour prendre leur place. Il s'arrête dans la vallée de Mamré, près d'Hébron ; avec le Hittite Ephrôn, il négocie l'acquisition d'un terrain et d'une grotte, la grotte de Macpéla, qui deviendra le caveau familial, le tombeau des Patriarches. Plus tard dans le Néguev, territoire alors fertile et peuplé, il ne fera pas non plus la guerre aux Philistins. Il signe un pacte de non-agression avec le roi Abimelech. L'accord se fait près d'un puits et se scelle par le sacrifice de sept moutons. On appelle ce lieu *Beer-Sheva*, le « puits des Sept ».

À droite :
Jan Provost, *Abraham, Sarah et l'ange* (XVIᵉ siècle, musée du Louvre, Paris).
Avec l'annonce de la naissance d'Isaac à Sarah commence ce que nous appelons l'histoire linéaire. Après Abraham vint Isaac, après Isaac Jacob, et ainsi de suite jusqu'à nos jours.

À gauche :
Dieric Bouts l'aîné, *Abraham et Melchisédech* (XVᵉ siècle, retable du Saint-Sacrement, église Saint-Pierre, Louvain).
Le roi Melchisédech, roi de justice, règne sur la ville de Salem, qui deviendra bientôt Jérusalem. Mais d'où lui est venue l'idée, à lui polythéiste, de bénir Abraham le monothéiste au nom du Dieu Très-Haut ?

DE SUMER À JÉRUSALEM, LA NAISSANCE D'UN PEUPLE

La Bible nous dit qu'Abraham a vécu cent soixante-quinze ans. Son fils Isaac est né tardivement : Sarah était stérile. Quand enfin, à l'âge de quatre-vingt-dix ans, elle apprend qu'elle va être mère, elle éclate de rire. D'où le prénom d'Isaac, *Itzhak*, « il rira » en hébreu. Isaac, lui, vivra cent quatre-vingts ans. Jacob, son fils, mourra à l'âge de cent quarante-sept ans. L'âge des patriarches nous fait sourire. Mais les hommes qui ont compilé les textes de la Bible voulaient ainsi nous faire comprendre que l'épopée fondatrice du peuple juif, qui a certainement connu de nombreux chefs, fut marquée par trois d'entre eux. Elle s'étend sur plus de cinq siècles.

SARAH RIT, NAISSANCE D'ISAAC

Par le lien filial qui tient ces trois personnalités marquantes, Abraham, Isaac et Jacob, les rédacteurs de la Bible introduisirent dans l'Histoire, et ce pour la première fois, la notion d'un temps linéaire, invention révolutionnaire dans un monde qui croyait en une histoire cyclique. C'est à partir de là que les hommes concevront le récit historique comme nous le faisons encore : une génération après l'autre.

INVENTION DU TEMPS LINÉAIRE

À gauche :
Abraham sacrifiant Isaac
(XVIᵉ siècle, Pentateuque en hébreu,
British Library, Londres).

*Mauvaise traduction que le mot
« sacrifice » : Isaac n'a pas été
sacrifié. Cet événement n'incarne-t-il
pas plutôt la première mise à l'épreuve
de l'homme par Dieu ?*

À droite :
*Généalogie biblique : le troisième âge
du monde, d'Abraham à David.
En miniatures : bustes de Jacob et Léa.
Enluminure de Stéphanus Garsia,
Commentaire sur l'Apocalypse,
dit Beatus de Saint-Sever* (1060 ou 1070).

*C'est parce que l'homme a découvert
l'histoire linéaire qu'il a pu concevoir
l'arbre généalogique.*

22   DE SUMER À JÉRUSALEM, LA NAISSANCE D'UN PEUPLE

À gauche :

Léon Joseph Florentin Bonnat, étude pour *Le Combat de Jacob avec l'ange* (1876, Dahesh Museum of Art, New York).

L'homme s'élève vers Dieu et Dieu visite l'homme, pèse sur son destin. Libre à chacun de s'y opposer et de se hasarder à un combat dont il peut, comme Jacob sur cette étude, sortir vainqueur. Mais pas indemne.

À droite :

Reginald Arthur, *Joseph interprétant le rêve de Pharaon* (1894, collection privée).

Avec Joseph commence la longue histoire d'un peuple qui connaîtra de multiples exils, et qui apprendra, par la force des choses, à composer avec les pouvoirs dont son existence dépendra.

Double page suivante :

Adriaen Van De Velde, *La Migration de Jacob* (1663, Wallace Collection, Londres).

Curieux comme une migration ressemble à une autre ! Regardez celle d'Abraham p. 18 et comparez. Elles préfigurent toutes celles à venir.

JACOB COMBAT UN ANGE ET DEVIENT ISRAËL

Jacob, le troisième et dernier patriarche, marquera la fin de la formation du mythe fondateur. Il ira chercher femme en Mésopotamie, chez les Terahites qui y sont restés, comme aujourd'hui de nombreux Français fraîchement naturalisés retournent dans leur pays d'origine pour se marier. Sur le chemin du retour, il se voit combattre une figure, un homme ou un ange. La lutte dure toute la nuit, Jacob en sort victorieux. Comme Abraham, il change de nom pour prendre celui d'*Israël*, en hébreu le « révolté de Dieu ». Ses douze fils seront à l'origine des douze tribus qui formeront le peuple juif, les douze tribus d'Israël.

De nombreux historiens mettent aujourd'hui en question l'existence même de ces personnages. Il est vrai que nous n'en avons aucune preuve. En revanche, nous connaissons parfaitement leur environnement. Des fouilles archéologiques très poussées et des centaines de tablettes, retrouvées et déchiffrées, nous donnent des précisions troublantes et recoupent, en de multiples points, le récit de la Bible.

Une sécheresse particulièrement tenace et la famine qui s'ensuit interrompent momentanément l'histoire des Hébreux dans le pays de Canaan. Ce chapitre de l'histoire du peuple juif commence par une dispute familiale. Joseph est le fils favori de Jacob ; ses frères le jalousent. Pour se débarrasser de lui, ils décident de le vendre à une caravane en route pour l'Égypte. Putiphar, un officier du pharaon, achète Joseph. La femme de Putiphar s'éprend de ce nouvel esclave, mais Joseph rejette ses avances. Elle l'accuse d'avoir voulu la violer. Voilà Joseph en prison. L'échanson du pharaon, qui visite le cachot, découvre que l'Hébreu sait interpréter les rêves. On prenait à l'époque les rêves comme des messages envoyés par les dieux. Informé, le pharaon fait venir Joseph dans son palais. Il ne regrettera pas : le jeune Hébreu résout facilement la plupart de ses énigmes. Quelques années plus tard, Joseph se retrouve vice-roi. C'est alors que la tribu de Jacob, poussée par la famine, arrive en Égypte. Joseph pardonne à ses frères et les installe dans une région particulièrement fertile, le Goshen.

JOSEPH EN ÉGYPTE

Certains historiens situent cet événement à l'époque de Ramsès II, c'est-à-dire 1 300 ans avant notre ère. D'autres deux siècles plus tôt, à l'époque de Thoutmès III. La première théorie s'appuie sur des fresques et des bas-reliefs de l'époque de Ramsès II, où l'on voit des esclaves construire des pyramides sous le fouet des contremaîtres égyptiens. Ces représentations ont été retrouvées dans les temples construits par Ramsès II. On pense aussitôt aux esclaves hébreux dont parle la Bible. On cite également la stèle de Merneptah, fils de Ramsès II. Parti au pays de Canaan pour mater la révolte de quelques rois, Merneptah y mentionne tous les peuples enfin assujettis et ajoute : « Israël est anéanti, il n'a plus de semences. »
Ce dernier argument se retourne contre les tenants de la thèse Ramsès II. Car si Israël est déjà dans le pays de Canaan, il n'est plus en Égypte. Si en revanche ces événements datent de l'époque de Thoutmès III, deux siècles plus tôt, cela donne aux Hébreux le temps de quitter l'Égypte, de traverser le désert, de recevoir les dix commandements et de conquérir leur nouveau pays, conquête qui s'est échelonnée sur plus d'un siècle.
En 1887, des Bédouins ont trouvé par hasard à Tell el-Amarna des tablettes d'argile qui appartenaient aux archives des Affaires étrangères. Celles-ci mentionnent des Habiru (nos Hébreux ?) qui pénètrent en masse dans le pays de Canaan. Il serait donc logique qu'en arrivant, Merneptah, le général de Ramsès II, y trouve Israël déjà bien installé.

POLÉMIQUE : MOÏSE, CONTEMPORAIN DE THOUTMÈS III OU DE RAMSÈS II ?

Michel-Ange, *Moïse* (1513-1516, San Pietro in Vincoli, Rome).
Moïse tel que je l'imaginais depuis mon enfance, et que Michel-Ange a saisi dans le marbre il y a des siècles.

J'ai découvert Moïse dans la Haggadah. La Haggadah est le texte qu'on lit le soir de la Pâque juive, fête qui commémore la libération des Hébreux du joug pharaonique. Puis je l'ai vu des années plus tard dans une petite église romaine, taillé dans la pierre par la massette de Michel-Ange.
C'est la première figure fondatrice du peuple juif dont l'âge n'atteint pas un chiffre mythique. Il y a chez Kafka une phrase pleine de tendresse et de tristesse qui résume parfaitement le sentiment que l'on éprouve face à son histoire : « Ce n'est pas parce que sa vie fut trop brève que Moïse n'atteignit pas Canaan, mais parce que c'était une vie humaine. »

MOÏSE, UNE VIE HUMAINE

MOÏSE, SAUVÉ DES EAUX

Moïse est né en Égypte, je pense sous le règne de Thoutmès III. À Sérabit el-Khadem, en plein massif du Sinaï, des inscriptions datant du XVe siècle avant notre ère racontent l'histoire d'un révolté. On peut penser qu'il s'agit de Moïse.

Il s'est écoulé deux siècles entre l'arrivée de Joseph en Égypte et la naissance de l'homme qui sera le législateur du peuple juif. À l'époque de Joseph, les Hyksôs dominent l'Égypte. Peuple sémite cousin des Hébreux, il est comme eux originaire de Mésopotamie.

Mais les pharaons de la dynastie de Thèbes chassent les Hyksôs et asservissent les Hébreux, jusqu'alors protégés. Pis, de peur de voir les descendants de Jacob se multiplier et devenir majoritaires dans le pays, ils décident d'exécuter tous les nouveau-nés juifs de sexe masculin. La légende nous dit que, pour soustraire son bébé à la mort, la mère de Moïse le place dans une corbeille en osier et l'abandonne aux eaux du Nil. Hatchepsout, fille du pharaon Thoutmosis Ier, future et unique reine-pharaon, trouve le panier parmi les roseaux. N'ayant pas d'enfant, émue par le nourrisson condamné, elle décide de l'adopter. Le garçon reçoit le nom de *Moïse*, « sauvé des eaux » en égyptien.

Tsippora
et Guershom,
la Noire et
l'étranger-là

Fils adoptif de la fille du pharaon, Moïse grandit à la Cour. On le considère tout naturellement comme le cousin de l'enfant qui succédera un jour au pharaon. C'est bien tardivement qu'il découvre l'existence des esclaves hébreux. Un jour, voyant un contremaître fouetter violemment l'un d'eux, de colère, il arrache le fouet des mains de l'Égyptien et le tue. En fuite, il se retrouve dans le désert du Sinaï. Près d'un puits, il rencontre une jeune femme. C'est Tsippora, la fille du prêtre madianite Jethro. Celui-ci l'accueille dans sa maison et Tsippora, la Noire, devient sa femme. Leur premier fils aura pour nom *Guershom*, ce qui signifie en hébreu « étranger-là », ou plus exactement « j'habite un pays étranger ».
Ce nom symbolisera une situation que les Juifs n'oublieront jamais. Le Lévitique dit : « Vous traiterez l'étranger qui vit en ce jour parmi vous comme un indigène au milieu de vous ; vous l'aimerez comme vous-mêmes, car vous avez été étrangers dans le pays d'Égypte. »

À gauche :
Atelier de Raphaël, *Moïse sauvé des eaux* (1518-1519, Vatican).

Ce que j'aime dans ce tableau, ce n'est pas tant l'enfant Moïse que l'émerveillement qui se lit dans les regards de celles qui l'ont sauvé. Des Justes ?

À droite :
Les Hébreux construisent des villes pour Pharaon, *Haggadah de Barcelone* (c. 1350, British Library, Londres).

« Nous étions des esclaves en Égypte… » Combien de fois, y compris dans le ghetto de Varsovie, ai-je entendu ce récit lors de la fête de Pessah ! Un permanent rappel à l'ordre !

Cette règle de solidarité, à laquelle on se réfère si souvent aujourd'hui encore – signe qu'elle est bien peu respectée –, fonde toute relation humaine ; elle figure déjà, il y a près de trois mille cinq cents ans, comme l'une des premières lois du judaïsme.
Moïse ne peut oublier ses frères persécutés : Tsippora les lui rappelle sans cesse. Il ne peut non plus oublier la voix, toujours présente, de Celui qui s'est fait entendre d'Abraham. Toutefois, Moïse se montre bien moins docile que son ancêtre. Il a grandi dans une civilisation plus hiérarchique, plus réaliste et pragmatique que celle de Mésopotamie. De surcroît, c'est un sédentaire. Il ignore l'imagination aiguisée des nomades, ceux qui voyagent et pour qui la vie est une aventure que les hasards mettent constamment à l'épreuve. Pour Abraham, il n'y avait rien d'extraordinaire à ce qu'une voix vînt du ciel. Pour Moïse, c'est un mirage, un fait irrationnel et donc suspect.

Moïse veut savoir à qui il a affaire. Il veut connaître le nom de Celui qui parle. L'étrange preuve que lui fournit l'Éternel, ce buisson ardent qui flambe devant ses yeux sans se consumer, ne lui suffit pas. Il insiste pour connaître son nom : ainsi pourra-t-il le transmettre aux Hébreux qu'il ira libérer.
La réponse est prodigieuse : « Je suis celui qui est. » Dans une traduction libre, cela pourrait s'énoncer ainsi : « Mon nom est sans nom. » Cette réponse éclaire la spécificité, l'énigme et la puissance du Dieu d'Israël : il existe indépendamment de notre regard et de notre préhension. Il est, tout simplement.

"JE SUIS CELUI QUI EST"

Nous connaissons la suite de l'histoire. Mais nous ignorons le nombre des individus qui suivirent Moïse dans le désert. D'après la Bible, ils étaient six cent un mille sept cent trois hommes ! Ce chiffre n'inclut ni les femmes ni les enfants, ce qui déjà le triplerait au minimum. Pas plus qu'il ne prend en compte les esclaves égyptiens, libyens, syriens, et tous ceux qui, comme à chaque grand exode, profitent de l'occasion pour se libérer de leurs maîtres, sans compter le peuple madianite de Jethro qui se joignit à cette fabuleuse cohorte humaine.
Ce sont plus de trois millions de personnes, avec leurs troupeaux, leurs vêtements, leur nourriture et leurs immenses espérances, qui atteignirent Ramsès, une ville à l'est du delta du Nil, tout au nord de l'Égypte. Trois millions d'êtres, pour une population qui, dans tout le Moyen-Orient, en comptait environ quatre fois plus, s'en remirent à la parole de Moïse et le suivirent jusque dans le désert sur le chemin de Canaan.

UN PEUPLE DANS LE DÉSERT

William Blake, *Moïse et le buisson ardent* (1798, Victoria and Albert Museum, Londres).
Difficile, voire impossible, de peindre un Dieu abstrait. Pour les Juifs comme pour les musulmans, la peinture figurative est idolâtre. C'est la raison pour laquelle les Juifs, créateurs par excellence, sont venus si tard aux arts plastiques. C'est aussi la raison pour laquelle si peu d'artistes juifs sont représentés dans l'iconographie qui accompagne mon texte. Reste que, pour beaucoup d'artistes comme William Blake, la Bible fut une source inépuisable de sujets.

LES DIX
COMMANDEMENTS

La Bible nous raconte que Moïse reste quarante jours au sommet du mont Sinaï, à deux mille deux cent vingt-huit mètres d'altitude. Là, il grave les dix commandements sur deux tables de pierre. On les désignera plus tard sous le terme grec *décalogue*, *deka logoï*, les « dix paroles ». Cette tâche accomplie, Moïse se heurte à un premier obstacle : l'incapacité des anciens esclaves à assumer leur liberté. En redescendant la montagne avec les commandements, il découvre les siens en pleine folie, adorant le Veau d'or par des libations et des danses furieuses. Les insoumis d'hier sont déjà prêts à se soumettre au premier despote s'il leur promet un avenir facile et proche. Que signifie pour eux la liberté si elle se réduit à une source d'angoisse, une épreuve inutile dont la finalité leur échappe ? Ne valait-il pas mieux demeurer sous le fouet ? Une terrible colère emporte Moïse : il brise les Tables de la Loi.

À gauche :
Isidor Kaufmann, *Vendredi soir* (c. 1820, The Jewish Museum, New York).

Le shabbat, droit au repos hebdomadaire pour tous (y compris pour les femmes à la maison). Dans mon souvenir d'enfant, ce jour était avant tout un jour de paix. Même les plus pauvres trouvaient une nappe propre pour couvrir la table et y allumer les bougies. Les hommes peignaient leur barbe et, d'un pas digne, se rendaient à la synagogue.

À droite :
Ludovico Carracci, *Moïse brise les Tables de la Loi* (XVe siècle, musée des Offices, Florence).

Oh comme je comprends la colère de Moïse devant des hommes qui ont préféré l'esclavage à la liberté, si difficile soit-elle !

Le hasard n'a pas sa place dans ce livre unique ; le scénario n'use que de scènes indispensables. Voilà pourquoi je me suis longtemps demandé pour quelle raison il avait fallu que Moïse grave les Tables une seconde fois. Après tout, il aurait fort bien pu se fâcher sans briser les pierres sacrées.

Le texte des deux versions de la Loi apparaît de prime abord identique. Mais pas tout à fait. Une petite nuance de première importance apporte la réponse à ma question. Elle concerne le commandement relatif à l'observance du shabbat. Dans la première version, celle de l'Exode, pour instituer ce jour particulier où l'on s'interdit le travail, Moïse se réfère au repos que Dieu s'accorde après avoir créé le monde en six jours. Dans la seconde, celle du Deutéronome, il s'appuie sur le souvenir de l'esclavage en Égypte. En quelque sorte, si la première version des dix commandements est celle de Dieu, la seconde est celle de l'humanité. La Loi a été édictée par amour pour l'homme et non par amour et soumission à un dieu, fût-il l'Éternel.

Moïse meurt à l'âge de cent vingt ans sur le mont Nebo en contemplant la terre promise au-delà du Jourdain. Dans la logique du judaïsme, l'anonymat de sa mort est parfait. Nul ne sait où se trouve sa sépulture. C'est écarter la tentation d'un culte et d'une idolâtrie.

LA LOI CONTRE L'IDOLÂTRIE

LES
HÉBREUX,
DE RETOUR
AU PAYS
DE CANAAN,
RÉCLAMENT
UN ROI

Après la mort de Moïse, les Hébreux s'installèrent enfin dans le pays de Canaan. La Loi s'imposant, des Juges exercèrent le pouvoir. Puis, vers 1025 avant notre ère, un événement considérable bouleversa une société juive de l'époque qui jusque-là s'autogérait. Les peuples de toute la région avaient leur roi ; les Hébreux voulurent avoir le leur. Ils vinrent à Rama, nous raconte la Bible, auprès du dernier Juge, Samuel. Ils lui dirent : « Voici, tu es vieux, et tes fils ne marchent point sur tes traces ; maintenant, établis sur nous un roi pour nous juger comme il y en a chez toutes les nations. » Samuel pria le Seigneur et Celui-ci lui répondit : « Écoute la voix du peuple dans tout ce qu'il te dira […] mais donne-leur des avertissements et fais-leur connaître les droits du roi qui régnera sur eux. » Alors Samuel s'adressa au peuple. C'est l'un des plus beaux discours politiques que j'aie jamais lus :

> « Le roi prendra vos fils pour les affecter à ses chars et à sa cavalerie, et ils courront devant lui. Il les prendra pour labourer son labour, pour moissonner sa moisson, pour fabriquer ses armes et ses harnais. Il prendra vos filles comme parfumeuses, cuisinières et boulangères. Il prendra vos champs, vos vignes et vos oliveraies les meilleures. Il les prendra et les donnera à ses serviteurs. Il lèvera la dîme sur vos grains […]. Il prendra […] les meilleurs de vos jeunes gens pour les mettre à son service […]. Vous-mêmes, enfin, vous deviendrez ses esclaves... »

Nous assistons à l'une des plus grandes démonstrations de liberté et de démocratie biblique. Puisque le peuple, malgré les arguments de Samuel, l'exige, le Juge s'exécute. Il donne aux Hébreux ce roi qu'ils réclament – son nom sera Saül –, mais il établit en retour ce qu'aujourd'hui nous appellerions un contre-pouvoir : le peuple disposera de porte-parole, les prophètes.

APPARITION
DES PROPHÈTES

Tant que les rois acceptèrent l'interpellation des prophètes, que les prêtres se cantonnèrent au domaine spirituel, le royaume hébreu s'épanouit. Dès que l'un empiétait sur les prérogatives de l'autre, le déséquilibre menait au désastre. Le royaume d'Israël ne fut jamais aussi étendu et prospère qu'à l'époque du roi David qui se laissait publiquement sermonner par le prophète Nathan et qui s'excusait, toujours publiquement, pour les injustices qu'il avait pu commettre. En revanche, Sédécias persécuta le prophète Jérémie. Vinrent peu après la destruction de Jérusalem et le premier exil, celui de Babylonie, en 587 avant notre ère...

À droite :
Gustave Doré, *Samuel bénit Saül, La Bible de Tours* (1866).

Personne mieux que Gustave Doré n'a su rendre vivante l'histoire de la Bible. Ses gravures me rappellent les illustrations des Contes bibliques *que m'avait offerts mon grand-père Abraham à Varsovie sous l'occupation pour mon quatrième anniversaire et qui m'ont tant fait rêver.*

Double page suivante :
Biagio Rebecca, *Figures de l'Ancien Testament* (XVIIIe siècle, New College, Oxford).

Étonnante tentative de l'artiste Biagio Rebecca que d'avoir voulu imaginer (et « assimiler » à la vision romaine) les héros de l'histoire juive...

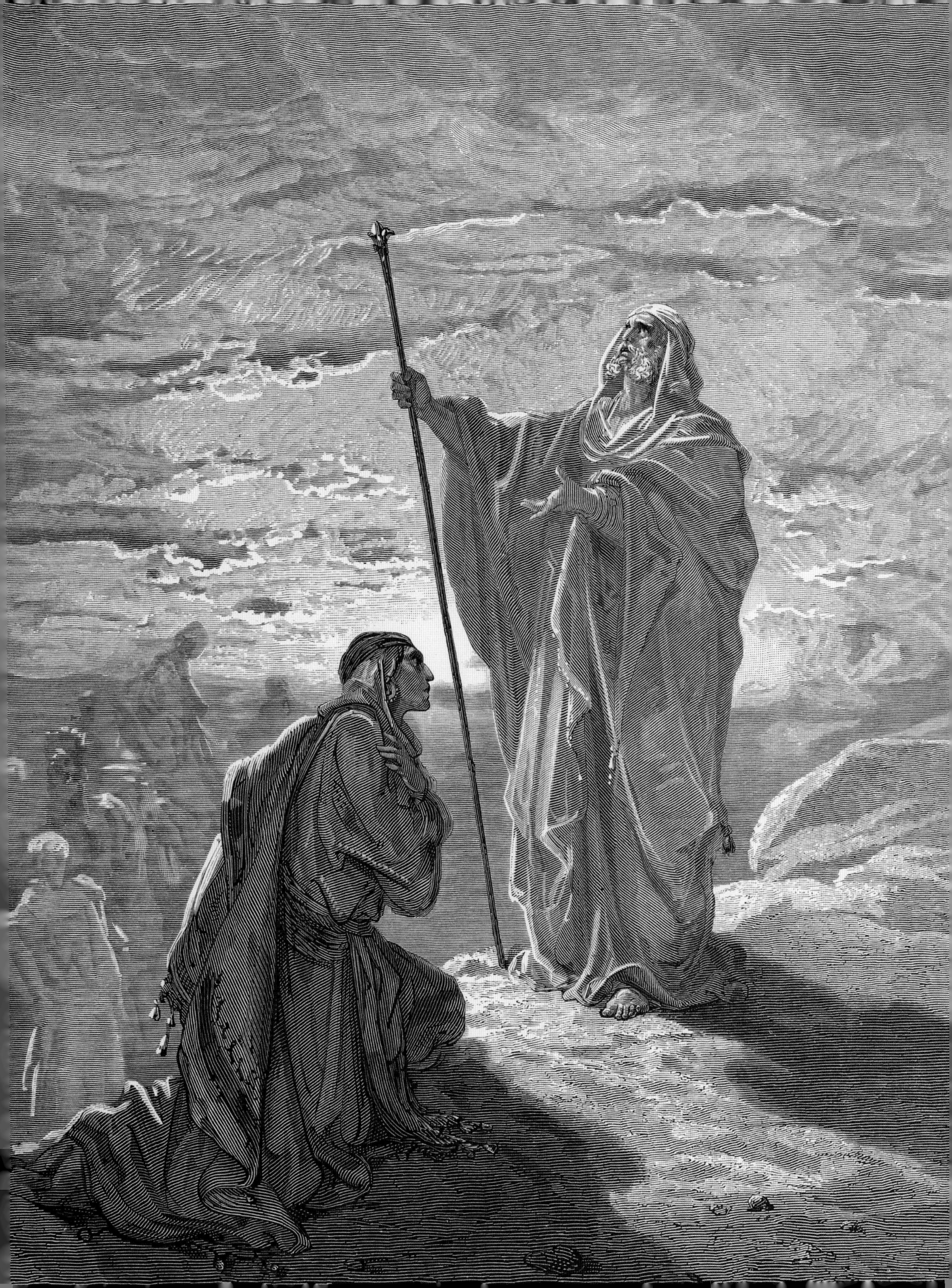

5 Baruch	6 Hosea	7 Daniel	8 Ezekiel	13 Joel	14 Amos
1 Adam	2 Eve	3 Seth	4 Enoch	9 Methusaleh	10 Noah

38   DE SUMER À JÉRUSALEM, LA NAISSANCE D'UN PEUPLE

15	16	21	22	23	24
Obadiah	Jonah	Micah	Nahum	Habakkuk	Zephaniah

11	12	17	18	19	20
Abraham	Isaac	Jacob	Judah	Moses	Aaron

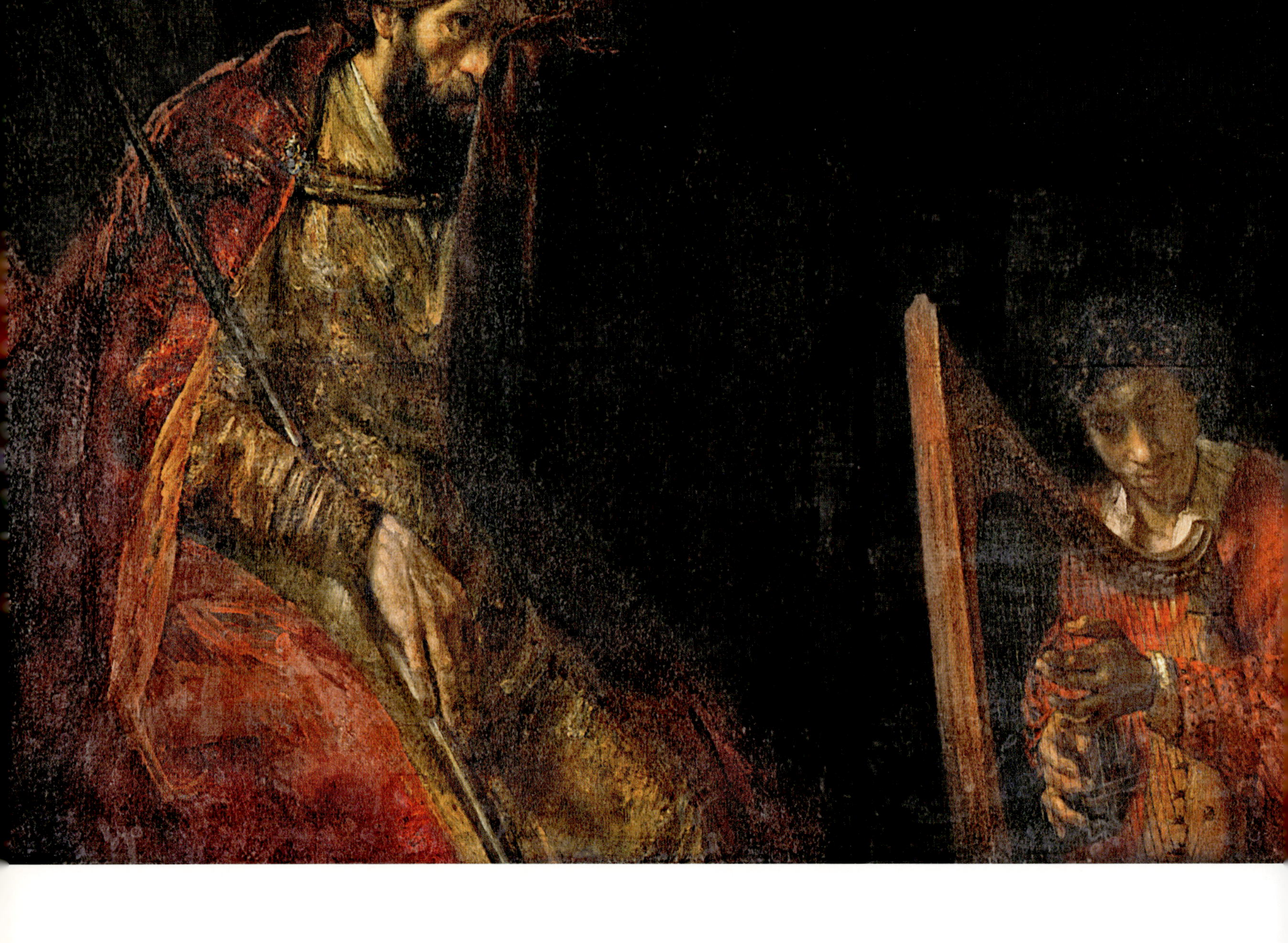

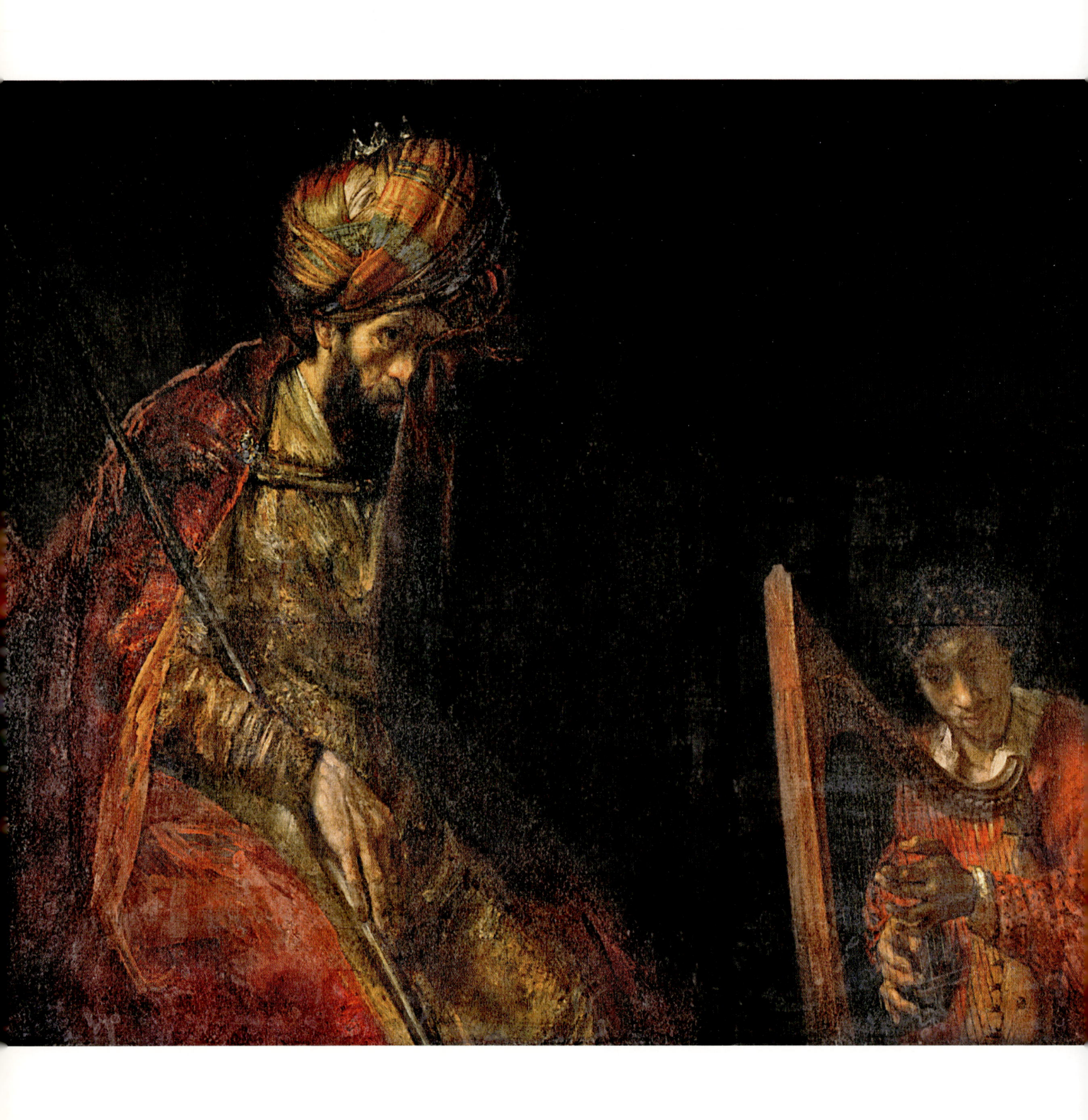

Ci-dessus :
Jacob Keur, *Vue de Jérusalem et du Temple de Salomon* (c. 1700, collection privée).

Jérusalem, encore. Jérusalem dans sa splendeur, Jérusalem dans sa déchéance. Jérusalem ponctuera la totalité de mon récit. Peu de peuples se sont, autant que les Juifs, reconnus dans une ville. Jérusalem est à leurs yeux leur principal patrimoine historique.

À gauche :
Rembrandt, *David joue de la harpe devant Saül* (c. 1657, Mauritshuis, La Haye).

Dans ce tableau, le peintre – ami du grand rabbin d'Amsterdam Menassé ben Israël, qui négocia avec Cromwell le retour des Juifs en Angleterre – a su traduire avec une grande justesse la mélancolie du vieux roi Saül et la jalousie qui transparaît dans son regard posé sur le jeune David.

Suivons les événements pas à pas. Si le peuple juif eut trois fondateurs, Abraham, Isaac et Jacob, la nation hébraïque, elle, fut forgée par trois rois, trois figures emblématiques : Saül, David et Salomon.

Le cas de Saül est fort instructif. Passer brutalement de l'état de berger à celui de maître d'un royaume, il y avait de quoi vous tourner la tête. Une fois roi, le voilà mélancolique, suspicieux, jaloux de son jeune serviteur David, trop populaire à ses yeux. Il lui avait manqué le temps d'apprendre le métier de roi. David, qui lui succède, crée un véritable État, certains disent même un empire, poussant jusqu'à Damas au nord, à la mer Rouge au sud. Il donne à son peuple une vraie capitale : Jérusalem, la fameuse *Salem* de l'époque d'Abraham qu'il conquiert sur les Jébuséens à l'âge de trente-sept ans.

David organise une armée professionnelle, nomme des gouverneurs et des juges, crée une administration et prélève des impôts. David restera dans l'histoire comme un roi guerrier. Mais, comme la vie de l'homme ne peut, selon les principes du judaïsme, se limiter à l'action, David réfléchit, écrit et communique avec l'Éternel. Il signera une grande partie du livre des Psaumes.

DU PEUPLE À LA NATION

LE BERGER SAÜL, ROI AMER

DAVID, BÂTISSEUR D'UN EMPIRE

Son fils Salomon, bien qu'il ait éliminé son frère et ses ennemis, restera dans l'histoire comme un sage et un homme de paix. Son nom même l'indique, qui vient du mot *Shalom*. Pour pacifier ses frontières, il invente et applique, plus de trois mille ans avant la Californie des années 1960, le slogan « faites l'amour, pas la guerre ». Apprenant que l'un de ses voisins s'apprête à l'attaquer, il lui propose d'épouser sa fille ou sa sœur. Il vit avec sept cents femmes et trois cents concubines, maître d'un empire immense et harmonieux.

Réalisant le rêve de son père David, Salomon construit, dans le style des ziggourats mésopotamiennes, le Temple qui abritera le Tabernacle avec les Tables de la Loi de Moïse. Il transforme Jérusalem, érige des palais, aménage de nouveaux quartiers ; il fait de la ville un centre spirituel vers lequel se tourneront des générations de Juifs dispersés à travers le monde. Grâce à sa première femme, la fille du pharaon, Salomon put développer le commerce des chevaux – venus d'Égypte

SALOMON, HOMME DE PAIX

SALOMON ET LA REINE DE SABA

Ci-contre :
Gabriel Jacques de Saint-Aubin, *Le Roi Salomon* (1760, musée du Louvre, Paris).

Salomon, avec ses nombreuses femmes et maîtresses, a fait rêver des générations d'hommes. Misogynes ?

Page de gauche :
Nicolas Poussin, *Le Jugement de Salomon* (1649, musée du Louvre, Paris).

Ce n'est pas ainsi que je m'imagine l'auteur de l'Ecclésiaste et du Cantique des cantiques. J'ai cependant choisi ce tableau, parce qu'il décrit parfaitement son sujet : la querelle entre deux femmes qui se revendiquent mères du même enfant, à l'origine du fameux Jugement de Salomon.

Double page suivante :
Nicolas Vleughels, *Salomon reçu par la reine de Saba* (1728, musée du Louvre, Paris).

Salomon et la reine de Saba, face à face, d'égal à égal. Saba, la première femme politique à avoir accédé au panthéon des hommes. J'en ai fait un livre. Et je soupçonne le Cantique des cantiques *d'être une correspondance passionnée entre ces deux-là. Mais la peur de l'autre, l'actuel racisme, a mené saint Jérôme à traduire le cri de l'amante, « Je suis belle et noire », par : « Je suis belle* mais *noire ». Et dans le tableau de Vleughels que voici, la reine de Saba a carrément perdu sa couleur.*

– et constituer une cavalerie. Grâce à son amitié avec les Phéniciens de Tir, marins fameux, il développa le port d'Ezion-Geber, l'Eilat d'aujourd'hui. De ce port sur la mer Rouge des bateaux hébreux partiront jusqu'aux Indes. C'est dans ce port que Salomon accueillera la reine de Saba, reine d'Éthiopie. De leur amour naîtra un fils, Ménélik, premier roi d'Afrique. Cette aventure extraordinaire entre le roi blanc et la reine noire nourrira des centaines de livres et d'œuvres d'art à travers les siècles.

L'EMPIRE VOLE EN ÉCLATS

Les multiples mariages du roi permirent d'établir la paix aux frontières ; ils provoquèrent en revanche le désordre à l'intérieur de son royaume. Tolérant, Salomon permit à chacune de ses femmes de garder sa religion et fit bâtir un temple pour chacune d'elles. Mais l'entretien d'une pareille famille finit par grever le budget du royaume. Quant aux enfants, ils se battaient entre eux. La Cour bruissait de complots. À ces dépenses royales s'ajouta le coût de la fortification des villes frontières. Dans la vieillesse du roi, le malaise économique et social devint si profond qu'il annihila presque entièrement les bienfaits de ce grand règne.

Le prophète Ahijah de Silo avait pourtant mis son souverain en garde : parce que Salomon avait introduit des idoles dans le royaume, parce qu'il n'avait pas respecté l'alliance exclusive avec l'Éternel, après sa mort son empire volerait en éclats. Ce qui advint.

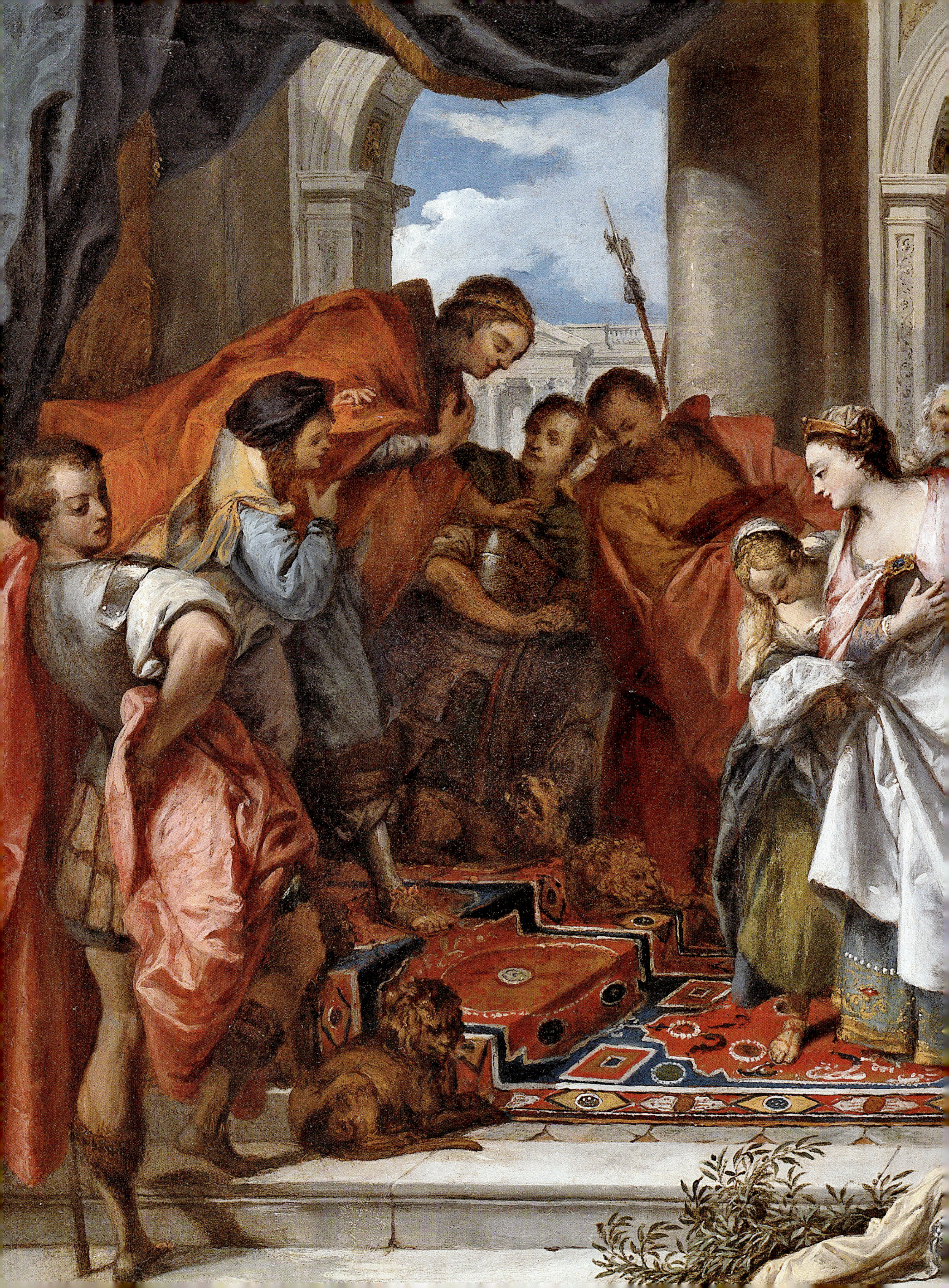

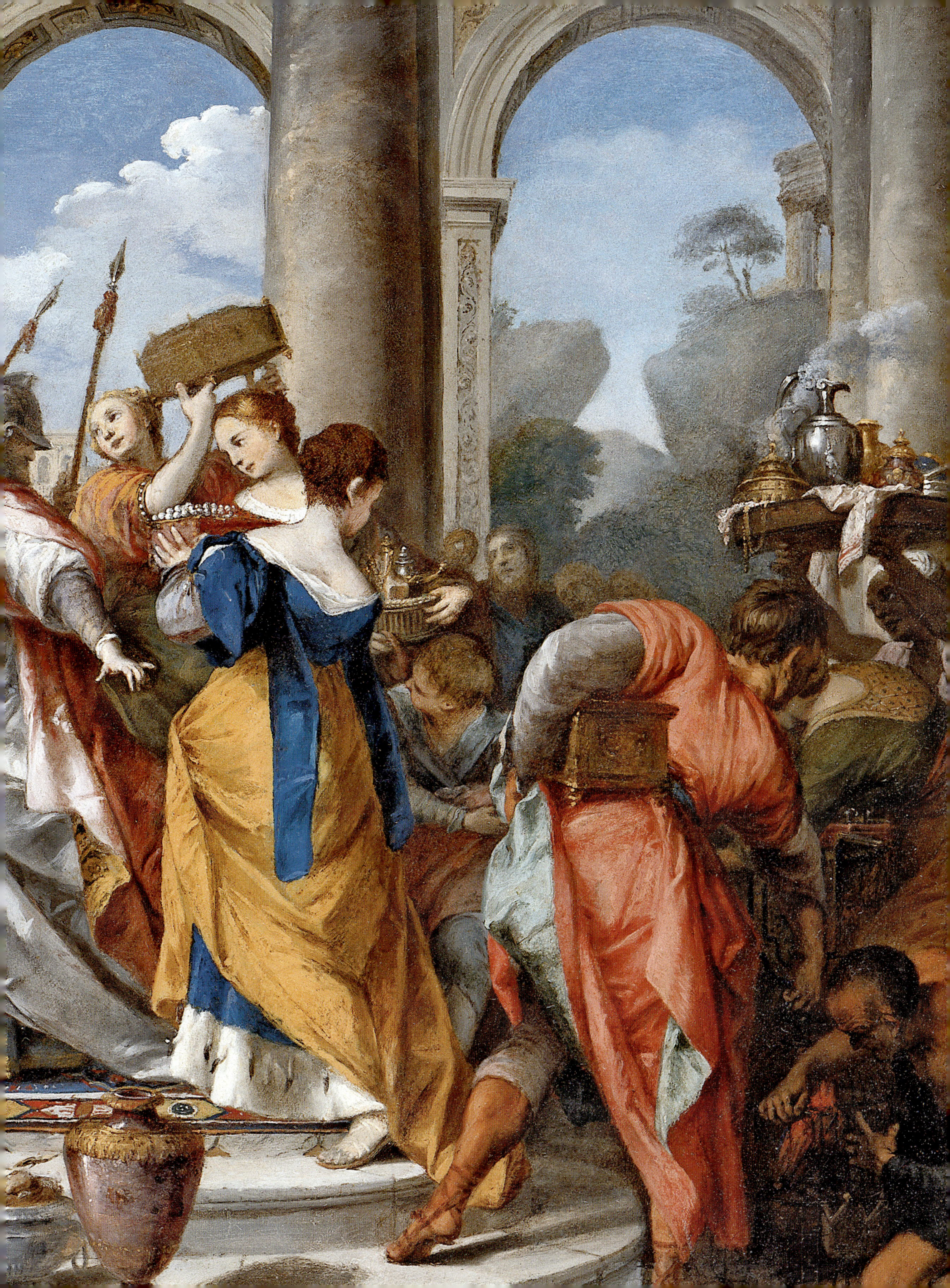

Jean-Honoré Fragonard, *Jéroboam sacrifiant aux idoles* (1752, Beaux-Arts, Paris).

Devant Jéroboam, premier roi d'Israël, qui s'apprête à droite à sacrifier au Veau d'or, se tient à gauche un prophète, les mains levées vers le ciel pour invoquer le dieu d'Israël. Jéroboam donne l'ordre de l'arrêter, mais sa main instantanément se dessèche. L'autel se fend, et la cendre se répand (I, Rois, 12-13). L'opposition aux idoles remonte à Abraham, leur interdiction à Moïse et leur malfaisance à Jéroboam.

NAISSANCE DE DEUX ROYAUMES

À la disparition de Salomon naquirent deux royaumes juifs : celui de Juda, avec Jérusalem pour capitale et Roboam, fils de Salomon, pour roi ; et celui d'Israël, avec Samarie pour capitale et Jéroboam pour roi. D'un côté deux tribus, de l'autre dix. Le royaume d'Israël, que l'on appelait aussi le royaume du Nord, tint deux siècles, de 928 à 721 avant notre ère. Là se succédèrent une cohorte de rois qui n'influencèrent pas particulièrement l'histoire du peuple juif.

Je ferai donc comme la Bible qui raconte l'Histoire, les histoires, mais de manière sélective, qui ne conserve que les événements qui font œuvre d'exemple et d'enseignement.
Prenons le roi Achab, roi d'Israël. En 853 avant notre ère, il mena et remporta l'une des plus grandes batailles de chars jamais engagées dans l'Antiquité. Face aux deux mille chars et cinq mille cinq cent quarante-deux cavaliers assyriens, la coalition dirigée par Achab parvint à rassembler quelque trois mille neuf cents chars, mille neuf cents cavaliers, mille chameliers, etc. Pourtant, malgré l'importance

DES HISTOIRES QUI ENSEIGNENT

Thomas Matthews Rooke, *Elie, Achab, et Jézabel dans la vigne de Naboth* (1879, Russell-Cotes Art Gallery and Museum, Bournemouth).

Voici l'histoire du pouvoir sans frein du roi Achab qui, encouragé par son épouse Jézabel, ira jusqu'à tuer le vigneron Naboth pour s'accaparer sa vigne. Le prophète Élie est là pour rendre témoignage et condamner le crime. Les auteurs de la Bible ont donné avec raison à ce chapitre une importance particulière, comme pour nous enseigner la justice au travers d'exemples.

de la bataille et les mille et une légendes qu'en ont probablement tirées conteurs et historiens, la Bible l'évoque à peine.

En revanche, ce même roi Achab convoitait la maigre vigne de Naboth et fit lapider le pauvre exploitant pour s'en emparer. Cette action-là occupe un chapitre entier du Livre saint et porte enseignement. Je suivrai le même principe.

DISPARITION D'ISRAËL

Le royaume d'Israël dura encore quelque cent trente ans. En 721 avant notre ère, le roi d'Assyrie Salmanazar V s'en empara et soumit Osée, le dernier roi. Son successeur, Sargon, craignant que les survivants d'Israël ne s'allient à l'Égypte, les emmena en captivité et installa à leur place des populations venues d'Orient. Que sont devenus ces exilés d'Israël ? Nul ne le sait. Leurs réapparitions mystérieuses à travers les siècles ont nourri toute une littérature.

À la disparition d'Israël, seul le royaume de Juda perpétua par éclipses l'histoire de la nation juive. Dorénavant, on appellera les Hébreux Judéens ou Juifs.

LES HÉBREUX DEVIENNENT LES JUIFS

48 De Sumer à Jérusalem, la naissance d'un peuple

Don Lawrence, *Samarie, place forte d'Israël, tombe aux mains des Assyriens* (XXe siècle, collection privée).

Bientôt disparaîtra l'un des deux royaumes juifs formés à la mort du roi Salomon. C'est la fin des Israélites, annoncée par le prophète Michée dans la gravure de la p. 51, et le début de l'histoire des Juifs, fils de la Judée.

Mathieu Merian l'Ancien, *La Réforme religieuse de Josias* (1625-1627).

Face à chaque difficulté – crise économique, politique ou idéologique –,
le peuple juif s'est retiré dans sa véritable demeure : le langage.
Ainsi fit Josias. Pour préserver l'unité de la nation menacée par les idolâtres,
il arbora les textes fondateurs et ordonna leur lecture.

Gustave Doré,
Michée exhorte Israël à la pénitence,
La Bible de Tours (1866).

Rois et prophètes de Juda

Parmi les rois de Juda, on ne retiendra que deux noms : Ézékias et Josias. On doit à Ézékias le premier canal d'approvisionnement d'eau à Jérusalem, qu'il fit creuser par une équipe depuis la source de Gihon et depuis la ville par une autre. À l'endroit où se rencontrèrent les deux équipes, il fit graver une inscription, l'un des plus anciens documents écrits de l'histoire biblique. Mais, comme plus tard Josias, Ézékias doit d'abord aux intellectuels, prophètes et artistes de son règne d'être entré dans la postérité.

L'époque d'Ézékias s'impose d'abord par Isaïe, Prophète des prophètes, et par Michée. En ce temps-là, les scribes transcrivent les prophéties d'Amos, d'Osée, de Joël et de Jonas. C'est alors qu'apparaît un texte aussi essentiel que le Livre de Job, ainsi qu'une partie des psaumes rassemblés dans les livres III, IV et V. Quant aux livres I et II, on les doit presque en entier au roi David, à l'exception du psaume 90, attribué à Moïse lui-même.

Quant à Josias, il régna près de trente et un ans au VIIe siècle avant notre ère. Il paraît qu'au cours d'une réfection du Temple, il aurait trouvé un rouleau de la Torah : les cinq Livres de Moïse. À la lecture de ces textes sacrés, Josias eut une révélation : il ordonna la destruction des temples de tous les dieux païens et exigea de ses sujets le strict respect des règles de ses ancêtres.

Des historiens pensent que la rédaction de certains livres de la Bible date de cette époque, et que Josias les aurait brandis pour assurer l'unité nationale. Il fut l'un des premiers *Bal-tchouva*, ceux que l'on nomme aujourd'hui les « repentants ». Comme tel, il fit une véritable œuvre de restauration de la Loi.

Jérémie et les deux derniers rois de Juda

Quel rôle joua le prophète Jérémie dans cette révolution culturelle ? On l'ignore. Les deux derniers rois de Juda furent Joachim et Sédécias. Pris en tenaille entre les deux grandes puissances d'alors, Babylone et l'Égypte, ils furent sommés de choisir. À l'encontre du conseil du prophète Jérémie, ils penchèrent tous deux pour l'Égypte. Mal leur en prit. La révolte des pays vassaux de Babylone, à laquelle Juda se joignit en 597 avant notre ère, se termina par la mort du roi Joachim et la déportation en Babylone de milliers de Judéens. Une seconde révolte, fomentée avec l'aide de l'Égypte par le roi Sédécias en 588, sonna la fin du royaume de Juda. Après un siège de seize mois, les Babyloniens prirent Jérusalem et détruisirent le Temple. L'événement eut lieu aux mois de juillet-août de l'an 586 avant notre ère, le neuvième jour du mois d'Av selon le calendrier juif.

Herbert Gustave Schmalz, *Les Filles de Juda à Babylone* (XIXe siècle, collection privée). *À leur tour, les Judéens se retrouvent en exil, en Babylonie. Ils prennent avec eux non pas l'or comme les Israélites avant eux, mais les livres. Grâce au Texte, sur les rives du fleuve Babylone, ils continuent à rêver de Jérusalem.*

53

L'E NEUVIÈME JOUR
DU MOIS D'AV,
JOUR DE TOUTES
LES DESTRUCTIONS

Six siècles plus tard, en 70 de notre ère, Titus, général romain, détruisit le second Temple, à nouveau le neuvième jour du mois d'Av… Il en fut ainsi de toutes les catastrophes ultérieures : l'expulsion des Juifs d'Espagne en 1492, les massacres par les Cosaques en Europe centrale en 1648, et jusqu'à la Shoah. Tous ces événements tragiques survinrent le neuvième jour du mois d'Av. Par sa répétition, cette date fatidique fixe pour les Juifs un repère tragique dans le cours du temps.

Le Livre des Chroniques raconte que, en Babylonie, par une ironie du sort, le roi Nabuchodonosor parqua les exilés au nord du pays, entre le Tigre et l'Euphrate. C'est en partant de là que, seize siècles plus tôt, la tribu d'Abraham avait commencé son long périple vers le sud et le pays de Canaan. Bâtisseurs et corvéables à merci, nombre de ces Juifs exilés se retrouvèrent sur les immenses chantiers de Babylone. Si notre intérêt pour les pyramides égyptiennes, essentiellement érigées grâce au travail des esclaves juifs, ne faiblit pas, nous négligeons la splendeur des édifices babyloniens élevés à la sueur des Juifs et grâce à leur dextérité. Il suffit de voir, au musée de Pergame à Berlin, la porte d'Ishtar : elle mesure quatorze mètres de haut, et c'est Nabuchodonosor II qui la fit dresser à Babylone devant le temple du même nom.

Francesco Hayez, *La Destruction du Temple de Jérusalem* (1867, Galleria d'Arte Moderna, Venise).
Après celle du premier Temple, les destructions de Jérusalem symbolisent chez les Juifs toutes les autres destructions.

Depuis l'enfance, j'ai le sentiment que l'Histoire n'a aucun sens si la Loi ne l'éclaire. Ma mémoire, celle de mes parents, des parents de mes parents, de génération en génération, connaît l'existence du mal qui possède l'homme et de cette Loi qui lui fut donnée dans le Livre pour l'en préserver. Est-ce un hasard si le mot « histoire », en grec *historia*, signifie récit, témoignage ?

LA LOI ÉCLAIRE L'HISTOIRE

En détruisant le premier Temple, Nabuchodonosor ne met pas fin à la présence des Juifs sur la terre de leurs ancêtres. Il inaugure cependant une phase nouvelle dans l'histoire du peuple juif : la bipolarité. D'une part, l'histoire des Juifs au pays de Canaan, la « terre promise » ; d'autre part, l'histoire des communautés juives à travers le monde, la *diaspora*, « dispersion » en grec. À cette époque, les Juifs avaient déjà vécu une longue histoire. Ils avaient été nomades et sédentaires, esclaves puis rebelles, avant de former enfin un peuple libre et indépendant avec sa terre, ses institutions, ses règles et ses lois. Après une si longue épopée, l'exil et la dispersion bouleversaient tout.

BIPOLARITÉ : "TERRE PROMISE" ET DIASPORA

Face à la menace mortelle de dissolution que promettait l'éclatement, la première urgence fut de préserver l'identité profonde du peuple juif : la connaissance, la transmission et le respect de la Loi. Deux prophètes, Jérémie et Ézéchiel, dessinent alors le cadre de cette nouvelle donne du peuple juif : la diaspora. Peu après la première déportation, celle de 597 avant notre ère, Jérémie adressera une lettre aux Judéens, une sorte de charte du judaïsme diasporique. Dans ce texte, qui semble aujourd'hui encore extrêmement moderne, il engage les Juifs à dépasser une conception trop étroitement nationaliste, et les exhorte à s'intégrer dans les pays étrangers et à intercéder en faveur d'une ville païenne si elle est en danger.
Déporté à Babylone, Ézéchiel développe, dès 592 avant notre ère, un message similaire. L'œil de Dieu lui apparaît dans le ciel de son exil. Aussi le prophète affirme-t-il la transcendance de Dieu. Dieu règne sur toute la terre, et Il est présent à Son peuple, même lorsque celui-ci se trouve parmi les nations.
C'est en Babylonie que naquit la culture de la diaspora : comment s'assimiler à une société tout en organisant une vie communautaire ? Enfin, le rêve du retour, le fameux Psaume 137 (versets 1 et 5) :

JÉRÉMIE ET ÉZÉCHIEL DESSINENT LA CULTURE DE LA DIASPORA

« Sur les bords des fleuves de Babylone, Nous étions assis et nous pleurions, en nous souvenant de Sion. […]
Si je t'oublie, Jérusalem, Que ma droite m'oublie ! »

LE MESSIE OU LE RÊVE DE LA DÉLIVRANCE

L'esclave cherche à se délivrer ; l'exilé rêve à la délivrance. Au sein de la communauté juive de Babylone germe alors une idée, que les chrétiens reprendront six siècles plus tard : un sauveur de l'humanité viendra, le Messie. C'est en Babylonie encore, toujours au sein de la communauté juive, qu'apparut pour la première fois le mythe de l'ange Gabriel, que l'islam reprendra au VIIe siècle de notre ère.

LES PERSES

Pendant un peu plus d'une génération, les Juifs de Babylone supportèrent l'exil, entre l'espérance du retour et l'observance fidèle de la Loi qui maintenait et leur force et leur cohésion. En 539 avant notre ère, une nouvelle puissance émergea en Orient, la Perse. Son roi, Cyrus, conquit Babylone, Sumer et Akkad. La Judée à son tour tomba sous son empire. Cyrus ne partageait nullement les griefs historiques des Babyloniens contre les Juifs. Il affichait au contraire de la bienveillance envers « le peuple de la Loi de Moïse ». En réponse à la demande des exilés, il promulgua un décret autorisant les Juifs de Babylone à retourner en Judée :

> « Ainsi parle Cyrus, roi des Perses : l'Éternel, le Dieu des cieux, m'a donné tous les royaumes de la terre, et il m'a commandé de lui bâtir une maison à Jérusalem en Juda.
> Qui d'entre vous est de son peuple ? Que son Dieu soit avec lui, et qu'il monte à Jérusalem en Juda et bâtisse la maison de l'Éternel, le Dieu d'Israël ! C'est le Dieu qui est à Jérusalem. […] » (Esdras 1.2, 1.3)

Brutalement, le rêve devenait réalité : comme souvent face au désir que l'on croit ne jamais pouvoir exaucer, les Juifs de Babylone ne se précipitèrent pas sur le chemin de Jérusalem. Plus d'un demi-siècle d'exil, d'intégration économique, puis sociale grâce aux droits civiques accordés par les Perses, avait émoussé leur aspiration au départ. Les voyageurs qui revenaient de là-bas racontaient la décrépitude de Jérusalem, la licence des Juifs qui y vivaient et qui semblaient s'être écartés de la Loi.

Gustave Doré, Cyrus II le Grand rend au peuple juif les vases sacrés, La Bible de Tours (1866).

En lisant l'histoire de Cyrus, roi des Perses, et sa lettre au scribe Ezra l'engageant à reconstruire un royaume juif à Jérusalem, comment ne pas penser à Lord Balfour, ministre des Affaires étrangères de Sa Majesté la reine d'Angleterre, et à sa lettre de 1917 à Haïm Weizmann ? À l'époque où Cyrus II restitue aux Juifs leurs biens spoliés par les Babyloniens, on assiste, pourrions-nous dire, à la naissance du mouvement « pré-sioniste ».

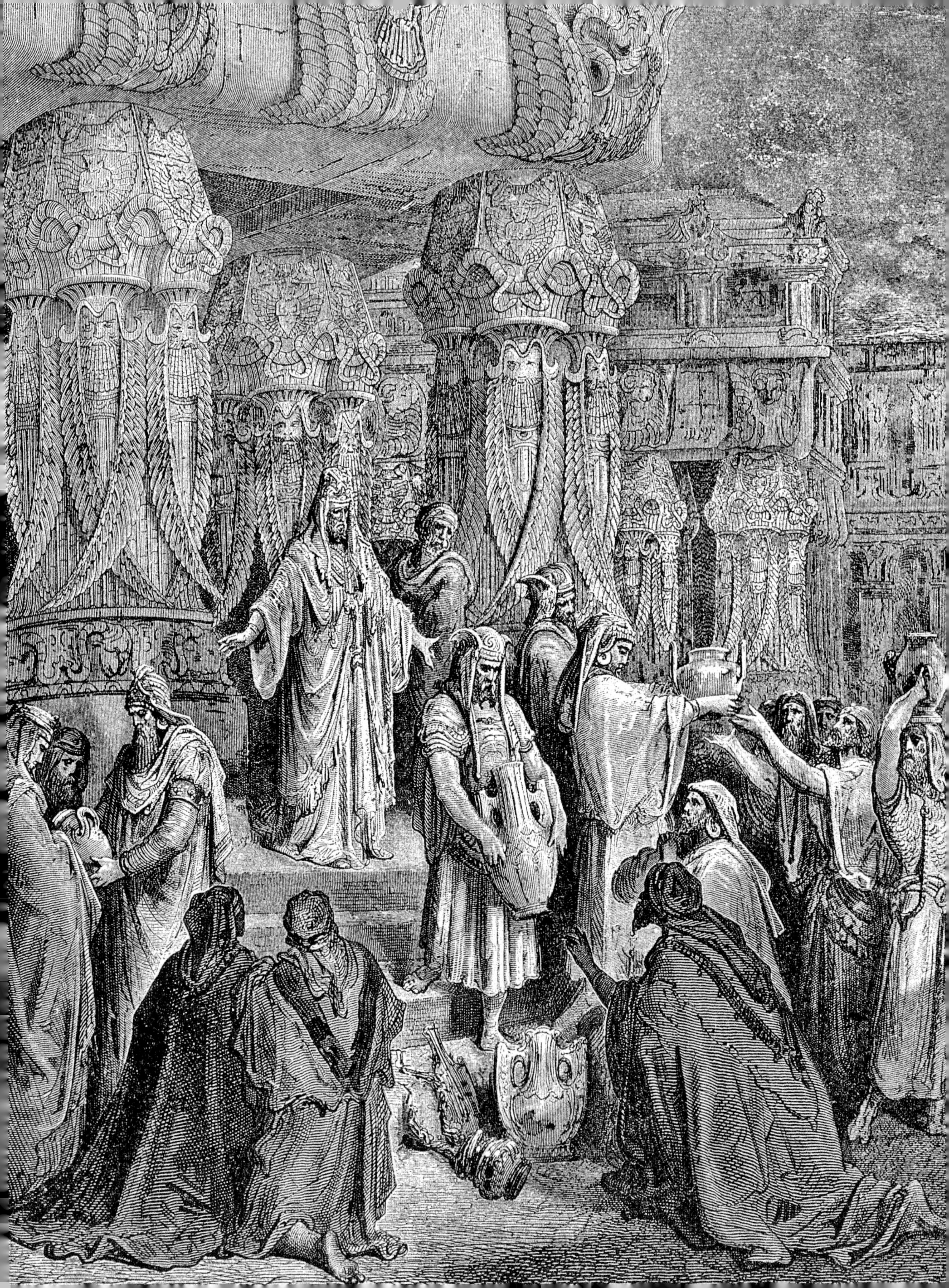

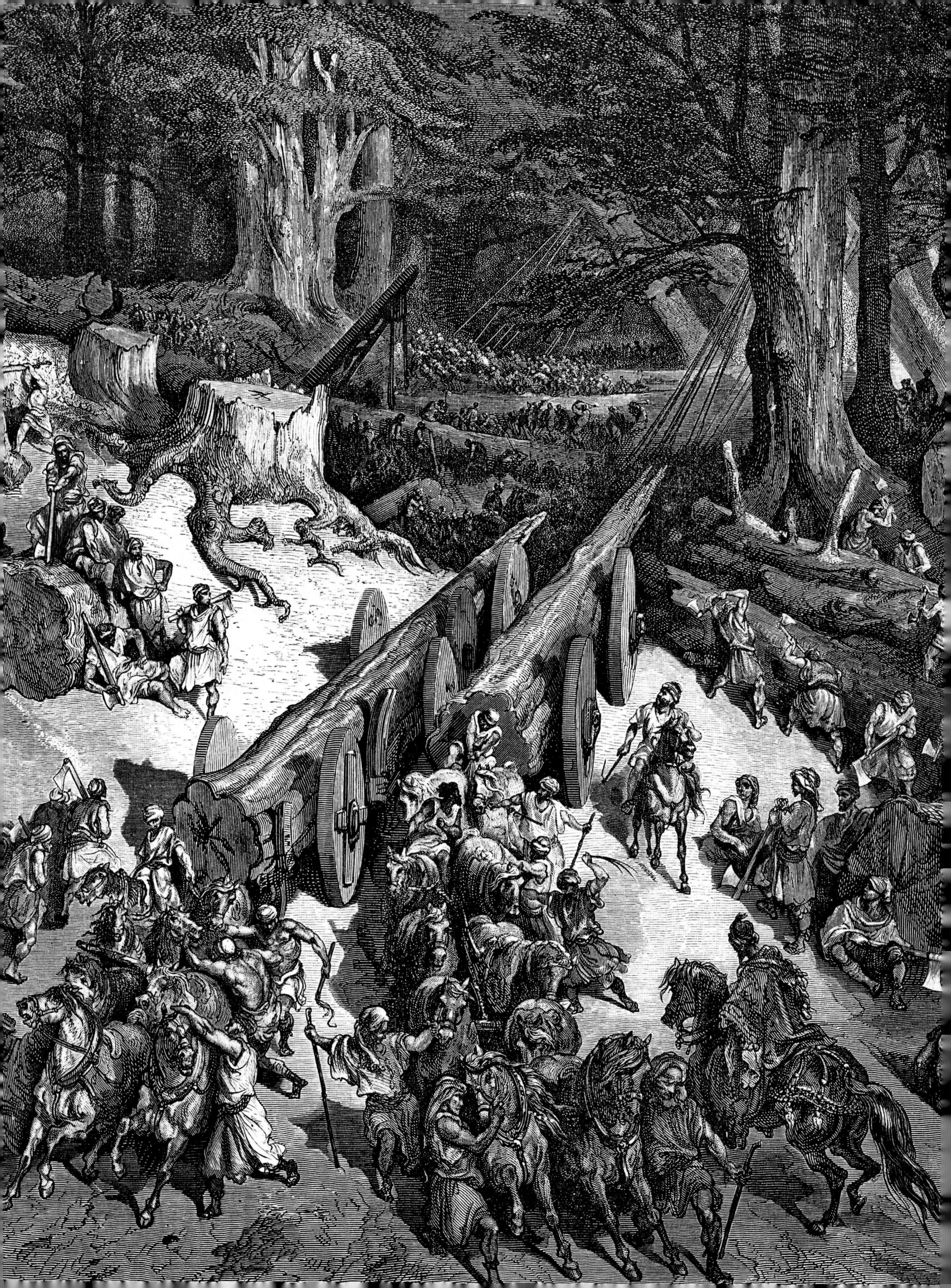

Le temps passait : le retour tant désiré ne s'accomplissait pas. Pour contrer cette imprudente mollesse, un mouvement que l'on pourrait dire sioniste tenta de secouer les indécis et de les entraîner, aussi nombreux que possible, sur le chemin de leur antique patrie.

Il fallut attendre un an après la promulgation du décret de Cyrus pour que quarante-neuf mille personnes environ, soit moins de dix pour cent de la population juive de Babylonie, se mettent en route pour Jérusalem.

Deux hommes incarnèrent ce mouvement de retour : l'un, Zorobabel, petit-fils d'un roi de Juda, l'autre, Josué, petit-fils d'un grand prêtre de Jérusalem. Dès son arrivée, le petit groupe se lance dans la difficile reconstruction de la ville et de son Temple... Les obstacles s'accumulent. Les moyens, l'enthousiasme manquent. Les Juifs demeurés à Jérusalem durant l'exil se sont beaucoup éloignés de la foi et de la pratique de la Loi. Comment la faible cohorte des rapatriés pourrait-elle raviver la ferveur d'autrefois ?

LES PRÉCURSEURS DU SIONISME

En Judée, la religion et la royauté n'ont jamais fait bon ménage. Entre les prêtres et le pouvoir, d'antiques querelles se ravivent. La reconstruction du Temple n'avance pas.

Alors apparaît Ezra (Esdras). Nous connaissons très mal l'histoire de sa vie, et nous ignorons même le lieu de sa naissance. Mais nous savons qu'il était fonctionnaire de l'administration perse en Mésopotamie. Après bien des tractations, Ezra reçoit un ordre royal, un *firman* en perse, ainsi décrit :

LE DIFFICILE RETOUR

> « Artaxerxès, le Roi des rois, à Ezra, prêtre et scribe, familiarisé avec la Loi du peuple juif. Paix d'abord ! J'ai donné l'ordre que tous ceux du peuple d'Israël, prêtres et lévites, qui voudraient aller à Jérusalem de leur propre gré, t'accompagnent. Tu es envoyé par le roi et ses sept conseillers pour étudier la situation en Judée et à Jérusalem. Ton appréciation sera guidée par la Loi de ton Dieu. Tu as le texte de cette Loi entre tes mains... »
> (Esdras, 7,12, 7,13, 7,14)

À l'occasion, nous apprenons que les exilés avaient préservé l'intégralité du texte de Loi de Moïse, que l'on croyait disparu depuis des siècles. Il était désormais entre les mains de l'homme que le monarque perse avait chargé de restaurer Jérusalem... Nous sommes en 458 avant notre ère, deux générations après le premier retour des Juifs babyloniens, dont beaucoup n'étaient pas restés à Jérusalem.

Gustave Doré,
Les Cèdres du Liban servent à la construction du Temple,
La Bible de Tours (1866).
Depuis le roi Salomon et son amitié avec le roi Hiram de Tyr, chaque fois qu'Israël a eu besoin de bois pour construire ou reconstruire Jérusalem, le Liban d'alors l'a approvisionné en bois de cèdre.

Ezra et la reconstruction du Temple

Arrivant en Judée, Ezra plonge dans le désespoir. La population a oublié sa culture et la ville menace ruine. Mais il domine sa colère et, par un coup de génie, tout d'un coup comprend : si le peuple juif a survécu à l'exil et à la destruction du Temple sans perdre son identité et la force de sa foi, c'est que le Temple, si prestigieux fût-il, ne pouvait, à lui seul, assurer la survie du judaïsme et la pérennité de la Loi. Les Juifs de Babylonie furent sauvés parce qu'ils avaient conservé et suivi les textes. En sens inverse, l'oubli causa la perte des Juifs de Jérusalem.

Ezra décide : le nouveau Temple sera beaucoup plus modeste que le précédent, et pas question de rétablir la monarchie. Pour remplacer le pouvoir personnel, il compose la *Knesset Haguedola*, Grande Assemblée de sages qui précédera de deux siècles le *Sanhedrin*. Pour assurer l'armature de l'État, il introduit l'étude de la Loi comme le lieu essentiel de la cohésion sociale.

Les Juifs deviennent le peuple du Livre

C'est la première révolution culturelle de l'Histoire. Pour la réaliser sans violence, Ezra conserve le culte dans l'espace du Temple. Mais il le double d'un second rituel qui, lui, peut intervenir à chaque instant et n'importe où : la lecture publique et obligatoire du livre de Moïse par chaque communauté. Imaginez tout un peuple, de la Galilée au Néguev, sortant le même jour et au même moment dans la rue pour lire à haute voix le même texte !

Cette mesure, si simple en apparence, bouleverse l'histoire des Juifs et les projette dans un avenir qui perdure jusqu'à nos jours. Le culte sacrificiel, écho lointain des pratiques idolâtres, s'efface à jamais devant la connaissance et le respect des textes qui transforment tout un peuple en lecteurs et lettrés. Les prêtres cessent d'être les gardiens exclusifs de la Loi. Les Juifs, tous ensemble, deviennent le peuple du Livre.

Démocratisation du savoir

Conformément à sa volonté d'enseignement et de transmission, Ezra déclare le prophétisme inutile. Sa décision peut surprendre : pourquoi détruire cette institution où se sont épanouies la foi, l'intelligence et la sagesse de Jérémie, Isaïe ou Ézéchiel ?

Mais Ezra est un homme d'avenir. Il sait que la fonction des prophètes – soutiens du savoir et défenseurs du peuple – est appelée à disparaître dès lors que tout un chacun peut devenir son propre prophète et le plein responsable de ses choix. Plus besoin de porte-parole. Plus besoin de déléguer ses plaintes. Chacun parle en son nom propre. Le savoir se démocratise et coupe court aux agissements trop répandus des faux prophètes.

DERRIÈRE
CHAQUE LIVRE
IL Y A
UNE PERSONNE

Les réformes d'Ezra marquent une étape capitale dans l'évolution du judaïsme ; elles manifestent aussi une renaissance biblique. Jamais jusqu'ici dans l'Histoire le Livre n'avait pris une telle place. Selon la *Gematria,* science de la correspondance entre les mots hébreux et leur valeur numérique, le Livre des Prophètes, *Sefer,* correspond au nombre 340. Or, si on examine l'ensemble des mots du dictionnaire hébraïque, un seul a cette valeur numérique : le nom, *chem*.

Derrière chaque livre il y a un nom, une personne. Détruire un livre, c'est détruire une vie humaine. Voilà pourquoi les Juifs se doivent de conserver les livres, même usés par le temps, défaits par l'humidité ou effrités par la sécheresse. Quant à l'ouvrage réellement inutilisable, on l'enterre en récitant une prière comme on le ferait pour un être humain.

L'amour des textes engendre l'amour du savoir, de la mémoire, de la pensée et de la liberté. L'Histoire n'a cessé de nous le rappeler : dès qu'un pouvoir s'attaque aux livres, c'est la liberté et l'essence de l'homme qu'il met en péril.

Jean Jules Antoine Lecomte du Nouy, *La Lecture de la Bible par les rabbins, un souvenir du Maroc* (1882, Guildhall Art Gallery, Londres).

« *Lis, dit le Traité des Pères : même si tu ne comprends pas ce que tu lis, tu finiras par aimer la lecture.* » C'est cet amour du Livre qui a permis aux Juifs d'être le seul peuple de l'Antiquité à avoir traversé les siècles.

Alexandre le Grand à Jérusalem

En 333 avant notre ère, à la bataille d'Issos, Alexandre de Macédoine met en déroute le dernier roi perse de la dynastie achéménide, Darius III. Une nouvelle ère commence. Les Grecs prennent Tyr, Jérusalem, Gaza, occupent l'Égypte et repartent vers les Indes. Alexandre, impressionné paraît-il par Jérusalem et son Temple, laisse une entière autonomie aux Juifs. Il garantit l'exercice de leur religion et interdit même de convoquer un Juif devant un tribunal le jour de shabbat. La tentation était semble-t-il grande chez les Grecs, et l'interdiction dut être souvent répétée.

À l'époque d'Alexandre, les synagogues étaient protégées par la Loi. Le vol des livres sacrés des Juifs était considéré comme un sacrilège entraînant la confiscation des biens du contrevenant au profit du Trésor public. La violation de tombes juives était passible de dures amendes au bénéfice de la cité et du fisc impérial. On comprend dès lors la reconnaissance des Juifs à l'égard d'Alexandre. L'année de sa visite à Jérusalem, la plupart des nouveau-nés se prénommèrent Alexandre, et des milliers d'hommes s'engagèrent dans son armée.

Sebastiano Conca, *Alexandre le Grand dans le Temple de Jérusalem* (1735-1737, Prado, Madrid).

Par sa volonté de rendre la culture juive accessible aux Grecs, Alexandre le Grand a introduit l'hellénisme au sein du monde juif. La légende dit que, pour le remercier de son amitié, les Juifs lui offrirent la bibliothèque de Salomon, qu'il transmit à son tour à Aristote.

Dans l'Antiquité, les mercenaires juifs étaient très recherchés. À la tête de son armée, Alexandre traverse l'Asie et s'arrête à la lisière de l'Afghanistan. Conseillé par Aristote, son précepteur qui redoute les gorges imprenables qui séparent l'Asie centrale des Indes, Alexandre retourne sur ses pas. On dit qu'il désirait revoir Jérusalem une fois encore. Mais Alexandre tombe malade pendant le voyage et meurt à Tikrit, en Irak d'aujourd'hui, dans le village où est né Saddam Hussein. Lieu de naissance également de Saladin, le Kurde, qui, des siècles plus tard, reprendra Jérusalem aux rois chrétiens.
À la mort d'Alexandre, ses généraux se partagent l'Empire. La Judée comme l'Égypte échoient à Ptolémée Ier, dont la dynastie exercera un pouvoir fort libéral sur la région pendant tout le IIIe siècle avant notre ère. Les Juifs payent des impôts à l'occupant, mais c'est un Conseil de notables qui prend les décisions.

L'A GRÈCE EN JUDÉE

L'arrivée de la Grèce en Judée influencera durablement le judaïsme. Improbable rencontre entre les Juifs tournés jusque-là vers l'Orient et enracinés dans un Livre dicté par un Dieu un et l'hellénisme porté par des dieux multiples vivant en harmonie avec les hommes : de ce choc intellectuel naîtra ce que l'on appellera plus tard la civilisation occidentale. Civilisation marquée par la notion de temps, inventée par les Juifs, et la notion de l'espace, inventée par les Grecs – d'un côté la Bible, de l'autre Homère.

L'A BIBLE S'OUVRE AU MONDE : UNE TRADUCTION GRECQUE

La dynastie des Ptolémées ne cachait pas son admiration pour le peuple juif. Ptolémée II Philadelphe, qui régna sur l'Égypte de 282 à 246 avant notre ère, fit traduire la Torah en grec. La légende veut que Ptolémée ait réuni soixante-douze sages, six de chacune des douze tribus d'Israël, et les ait enfermés deux par chambre sur l'île de Pharos, dans la baie d'Alexandrie. Deux sages tombèrent malades, les soixante-dix autres participèrent par binômes à la traduction de la Bible. Miracle : les trente-cinq traductions qui en résultèrent étaient identiques. Cette traduction porte le nom de *Septante*.
Cette première traduction grecque, enrichie d'autres textes juifs, dont les originaux se perdirent au fil du temps, joua deux siècles plus tard un rôle central dans l'avènement du christianisme. Grâce aux Grecs, les Juifs découvrirent un monde bien plus vaste qu'ils ne l'imaginaient, un monde dans lequel ils se lancèrent avec fougue et passion. Des communautés juives se formèrent dans tout l'espace méditerranéen et connurent un fourmillement intellectuel et économique exceptionnel.

LA RÉVOLTE CONTRE L'HELLÉNISATION DE LA JUDÉE

L'hellénisation à outrance des Juifs de Judée suscita une réaction ultra-religieuse, le refus d'une assimilation qui commençait avec la culture grecque. Les Séleucides, dynastie rivale des Ptolémées, prirent le contrôle de Jérusalem. L'un de leurs rois, Antiochos IV Épiphane dit le Fou, construisit un autel païen dans le Temple pour y déposer des sacrifices en l'honneur du Zeus olympien. La révolte éclata aussitôt. À sa tête, Mattathias, prêtre juif d'un village nommé Modiin, au nord de Jérusalem. Mattathias avait cinq fils : Jean, Simon, Juda – surnommé Maccabée –, Eléazar et Jonathan. Des milliers de Juifs pieux nommés hassidéens, ou *hassidim* en hébreu, se joignirent à eux. Ils vainquirent l'armée grecque d'Antiochos, Juda libéra Jérusalem et son Temple.

À gauche :
Gustave Doré, *Juda Maccabée poursuit Timothée*, *La Bible de Tours* (1866).
Il n'y a pas de bonne occupation. Les Grecs, à la longue, ne s'avérèrent pas plus tolérants que les autres. Ils voulurent obliger les Juifs à s'identifier à eux. S'ensuivirent la grande révolte de Maccabée et l'indépendance d'Israël.

Ci-dessous :
Anonyme, *Illumination du Ménorah* (collection privée).
Pour célébrer cette victoire, et peut-être plus encore le miracle qui lui succéda – une fiole trouvée au Temple et dont les quelques gouttes d'huile brûlèrent durant huit jours –, les Juifs allument chaque année le Ménorah. C'est la fête de Hanouka, la fête des Lumières.

En 164 avant notre ère, le vingt-cinquième jour du mois de Kislev du calendrier juif, trois ans jour pour jour après la profanation du Temple, le sanctuaire fut purifié. Pour marquer ce moment, Juda alluma une lampe à huile, l'unique qu'il ait trouvée. Elle aurait dû brûler le temps d'une nuit, elle éclaira le Temple pendant huit jours et huit nuits. On instaura une fête dite d'inauguration, *Hanouka* en hébreu, la fête des Lumières, qui est célébrée jusqu'à nos jours.

Avant d'être assassiné en 142 avant notre ère, Jonathan, le frère de Juda, agrandit le territoire et rétablit la Judée dans ses frontières d'antan. Son frère Simon lui succède, prince des Juifs mais aussi grand prêtre : pour la première fois dans l'histoire, un seul homme incarne les pouvoirs spirituel et temporel. Simon fait battre monnaie et, pour se protéger de ses nombreux ennemis au nord comme au sud, il se déclare, tout comme son frère Juda, l'allié de Rome.

Son fils Jean Hyrcan proclame enfin l'indépendance de la Judée. La dynastie hasmonéenne naît. Elle marquera deux siècles de l'histoire juive. Le royaume de Jean Hyrcan englobe la Transjordanie, la Samarie et les côtes grecques du littoral. On y pratique alors les conversions forcées. On estime la population de la Judée d'alors à deux millions cinq cent mille habitants, dont vingt pour cent de minorités samaritaines et nabatéennes.

VICTOIRE DES MACCABÉES

L'INDÉPENDANCE

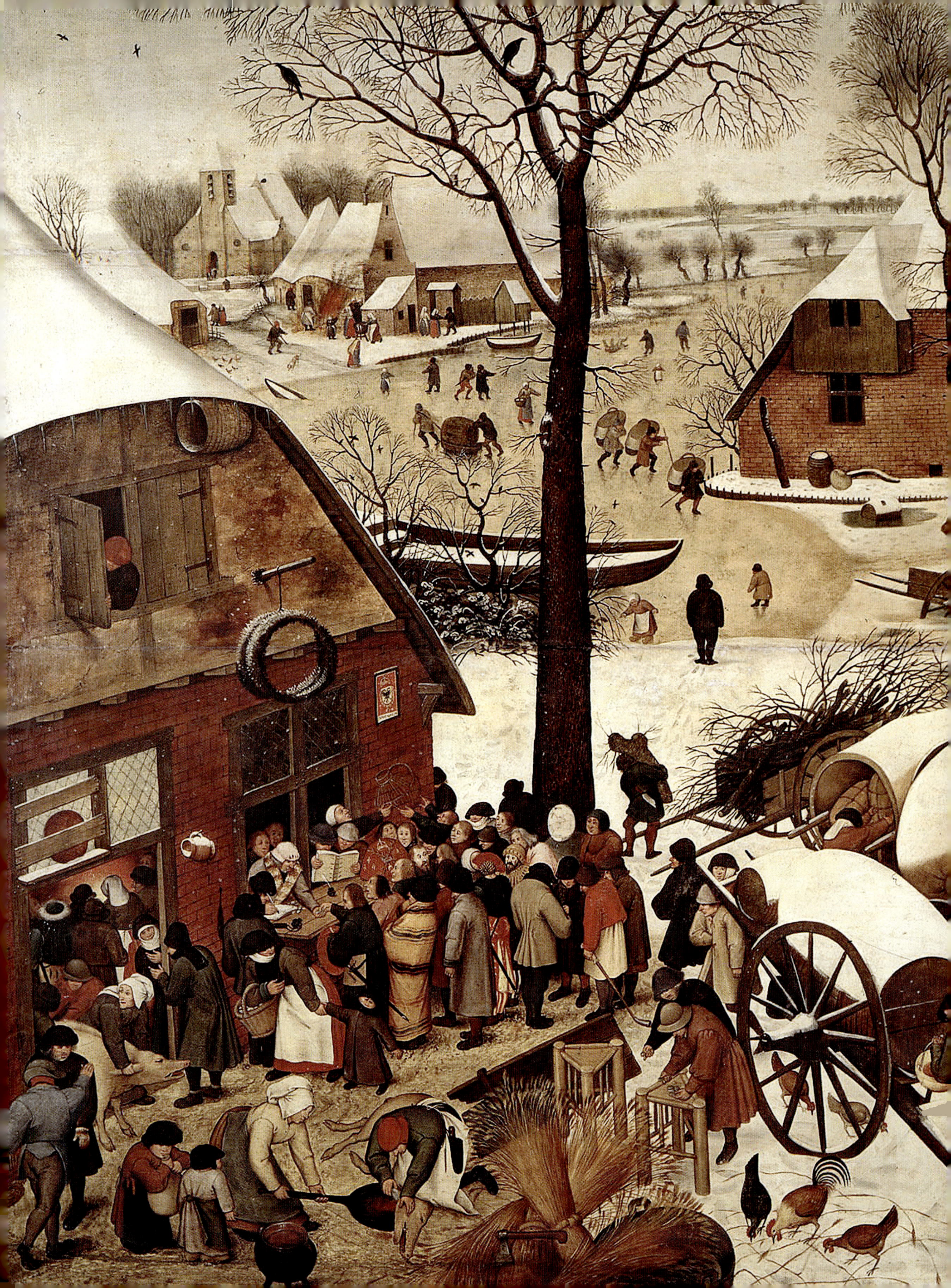

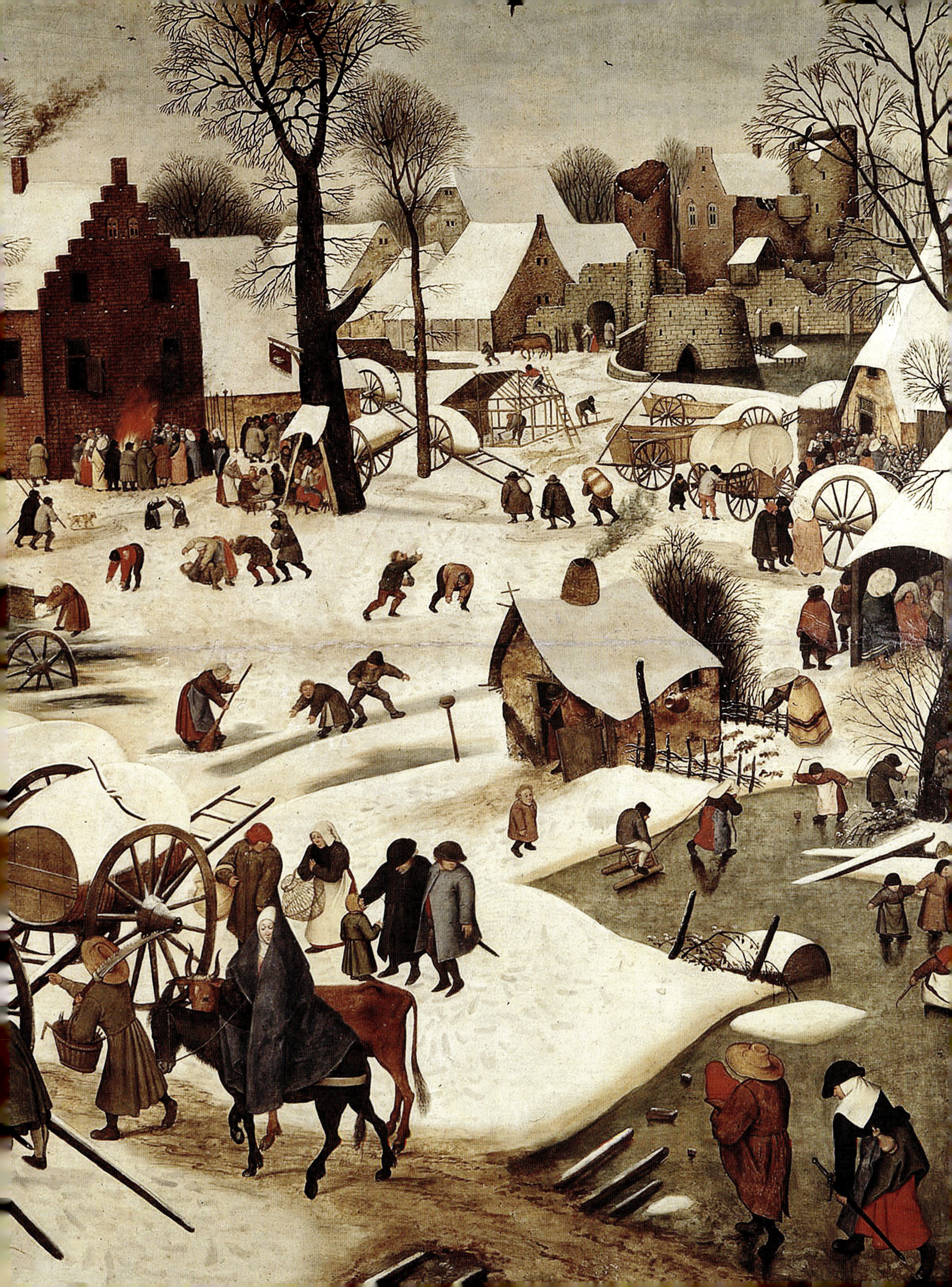

Ci-dessus :
James Jacques Joseph Tissot,
Les Pharisiens et les Hérodiens
(Brooklyn Museum of Art,
New York).

Les Évangiles accusent à tort les pharisiens de tous les maux d'Israël. Ce ne sont pas eux qui régnaient alors mais les hérodiens, l'administration du roi Hérode qui gérait le pays pour le compte de Rome, ainsi que les sadducéens qui contrôlaient le Temple.

Double page précédente :
Pierre Brueghel l'Ancien,
Le Recensement à Bethléem
(1566, musées royaux des Beaux-Arts, Bruxelles).

Le recensement général imposé en l'an 0 par César Auguste obligea Joseph à se rendre, en compagnie de Marie enceinte, à Bethléem où il était né pour inscrire leurs noms sur le registre de l'occupant romain.

EXPANSION
DE LA DIASPORA

La diaspora connaît elle aussi une étonnante expansion : sept millions cinq cent mille individus répartis dans le monde connu. Selon le recencement ordonné un siècle plus tard par César Auguste, les Juifs représentaient un peu plus de dix pour cent des quatre-vingts millions d'habitants de l'Empire romain. C'est à l'occasion de ce recensement que Joseph le charpentier et Marie de Nazareth, enceinte, se rendirent à Bethléem.

LE GRAND
ISRAËL

C'est à cette époque, qui fut aussi celle du Grand Israël, que se constituèrent les partis politiques religieux qui marqueront la vie de la nation et du peuple jusqu'à nos jours.

Au temps de Jésus, nous en avons deux qui jouent un rôle essentiel, celui des pharisiens et celui des sadducéens. Le premier recrute dans la classe moyenne, le second dans l'aristocratie. Les sadducéens se revendiquent du Grand Prêtre Sadoq qui officiait sous le règne de David : ils se disent les représentants exclusifs de l'orthodoxie, gardiens de la Torah, et récusent toute interprétation des textes. À l'inverse, les pharisiens cultivent une tradition orale et croient en la résurrection. Ils sont populaires parce qu'ils s'opposent à la rigueur des sadducéens et dénoncent la corruption des cercles du pouvoir, religieux comme laïcs. En hébreu, leur nom se dit *péroushim*, ce qui signifie « séparés ». Une minorité pourtant s'en détache : pour ceux-là, les pharisiens se montrent trop laxistes sur la pureté des rites et les règles de la vie tant privée que publique. Exclus du parti, ils créent des communautés, sortes de kibboutz religieux, sur les monts de Judée et aux abords de la mer Morte. Sans connaître la signification de ce nom, on les appelle les esséniens. Ni la Bible ni les Évangiles n'en parlent. Leur nom apparaît pour la première fois dans les écrits des historiens juifs et romains, tels Philon d'Alexandrie, Pline l'Ancien, Flavius Josèphe, Tacite, etc. Mais on les connaît surtout parce qu'entre 1947 et 1956, des Bédouins découvrirent par hasard plus de six cents de leurs manuscrits dans onze grottes près de la mer Morte, non loin de Qumrân, l'un de leurs monastères. Leur doctrine et leur organisation ressemblent à celles des chrétiens primitifs. Mais ces proto-chrétiens pieux et non violents ne suivent pas le Christ en son temps. Ils participent à la révolte contre Rome. Un important groupe d'esséniens, dirigé par un homme nommé Jean, aurait défendu la partie nord de Jérusalem pendant le siège. Il y eut de nombreux esséniens parmi les neuf cent soixante hommes et femmes qui se suicidèrent dans la forteresse de Massada pour échapper à l'occupant.

L'A Secte de Damas

Quelques centaines d'esséniens refusaient aussi bien la violence que la misogynie et le repli sur soi de leurs camarades de Qumrân. Ceux-là se seraient réfugiés à Bet-Zabdaï, près de Damas, d'où leur nom de Secte de Damas. Cette branche joua, je pense, un rôle essentiel dans l'avènement du christianisme. Il n'est pas impossible que Marie, la mère de Jésus, l'ait fréquentée. Cela expliquerait aussi pourquoi, selon les Évangiles, Jésus prit la route de Damas à la fin de son existence, après sa résurrection. La Secte de Damas rassemble d'abord des thérapeutes, des médecins. La famille royale les consulte en cas de maladie. Certains d'entre eux créent le village d'Ha-Ramathaïm (Arimathie) en Judée, près du Lod d'aujourd'hui. Joseph d'Arimathie, qui accompagnera le Christ lors de la Passion et ensevelira son corps, en est originaire. Tous ces personnages font partie de l'une des histoires du peuple juif.

Les Zélotes

Il existe également un quatrième parti, celui des zélotes, les zélés en hébreu. Ce sont des Juifs ultra-orthodoxes et ultra-nationalistes. Pour eux, le peuple d'Israël ne saurait obéir à personne d'autre qu'à son Dieu. Ils sont donc les premiers à se battre les armes à la main contre Hérode et contre Rome.

Qui est Hérode ? Un vassal de Rome certes, mais aussi un roi d'Israël qui marqua la géographie du royaume. Grand bâtisseur, on lui doit l'agrandissement et l'embellissement du Temple, que l'empereur romain Titus détruisit en 70 de notre ère, et l'enjolivement de la Jérusalem antique. Il érigea de multiples forteresses – Massada, Machéronte, Hérodion au sud de Bethléem, Cypros près de Jéricho… Il fonda Césarée et son port.

Pour accomplir ces œuvres gigantesques, il augmente les impôts. La population, déjà écrasée par les prélèvements de toutes sortes qu'imposent les Romains, se rebelle. Ces insurrections commencent toujours en Galilée, où le terrain montagneux est propice à la guérilla : les grottes fournissent des caches imprenables aux insurgés. Certains chefs de maquis, qui défient l'occupant, deviennent célèbres.

Parmi eux Judas de Gamala, dit le Galiléen, et Barabbas dont le nom, que l'on trouve à plusieurs reprises dans les Évangiles – et ce n'est peut-être pas un hasard – signifie en araméen le « fils du père ».

LES FAUX MESSIES RANIMENT L'ESPOIR

DE SUMER À JÉRUSALEM, LA NAISSANCE D'UN PEUPLE

De gauche à droite :
- Jean Bourdichon, *Hérode le Grand, maître de Jérusalem* in Flavius Josèphe, *Antiquités judaïques* (XVe siècle, Bibliothèque nationale, Paris).
- James Tissot, *Temple d'Hérode à Jérusalem* (c. 1886-1894, Brooklyn Museum, New York).

Hérode, roi « collaborateur », était aussi un bâtisseur. On lui doit plusieurs places fortes telles Massada ou Césarée et l'agrandissement du Temple de Jérusalem.

Des légions romaines dépêchées de Syrie écrasèrent ces révoltes les unes après les autres. Le désespoir qui s'ensuivit fit renaître l'ancienne prophétie d'Isaïe : l'annonce d'un Messie. Aux yeux d'une population éprouvée, seul un libérateur envoyé par l'Éternel lui-même semblait capable de ranimer l'espoir. Les faux messies, soutenus par de faux prophètes, proliférèrent. La plupart d'entre eux finirent sur la croix. C'est dans ces circonstances que naquit et grandit Myriam, Marie, fille de Joachim de Nazareth, un tout petit village de Galilée. On comprend mieux pourquoi cette jeune patriote juive rêvait de donner naissance au véritable libérateur d'Israël. On comprend aussi que les chroniques de la fin du règne d'Hérode aient totalement ignoré cet événement comme tant d'autres du même genre.

La naissance de Jésus, fils de Myriam, Marie, et sa crucifixion, qui prirent à partir du IVe siècle l'ampleur qu'on connaît, n'influèrent à l'époque en rien sur les événements qui conduisirent à la fameuse révolte contre Rome et à la destruction du Temple. Elles provoquèrent cependant, un siècle plus tard, le premier grand schisme au sein du judaïsme.

LA GRANDE
RÉVOLTE

Nous arrivons donc à la révolte de 66-70 et à son échec. L'Arc de Titus, toujours debout sur le forum de Rome, rappelle l'importance de cette victoire pour les Romains. La défaite, elle, a fortement marqué la mémoire juive, davantage que le soulèvement de l'an 135, soixante-cinq ans plus tard, que lança Bar-Kokhba contre l'empereur Hadrien et qui se solda, dit-on, par près d'un million de morts.

LA DESTRUCTION
DU SECOND TEMPLE
PAR TITUS

La légende historique voudrait que l'échec de l'insurrection de 66-70 et la destruction du second Temple par Titus inaugurent la dispersion du peuple juif qui perdure jusqu'à nos jours. Mais la diaspora existait bien avant, depuis l'époque hellénistique, depuis le règne d'Alexandre le Grand. Les communautés juives de Babylonie, Cyrénaïque, Cappadoce, Alexandrie, Chypre et Rome se sentaient assez puissantes pour affronter l'Empire les armes à la main et l'obliger au respect de leur religion et de leur indépendance. Ainsi le soulèvement de la diaspora dans les années 115-117 sous le règne de Trajan, qui fit près de deux millions de morts.

Ci-dessus :
Arc de Titus, Rome, érigé en l'an 81 en l'honneur de la victoire de Titus sur les juifs en 70 apr. J.-C. Détail du relief intérieur gauche : le cortège de triomphe, avec le chandelier à sept branches du Temple de Salomon.

« Dis-moi qui est ton ennemi et je te dirai qui tu es. » Rome a-t-elle saisi l'importance pour son image de la révolte en Judée ? Le fait est qu'elle commémora amplement sa victoire sur les Juifs.

À droite :
Thomas Hartley Cromek, *L'Arc de Titus avec le Colisée* (1842, collection privée).

La grande Rome et la petite Judée. Mais la grandeur dans l'histoire ne se mesure ni par la force ni par la démographie.

De Sumer à Jérusalem, la naissance d'un peuple

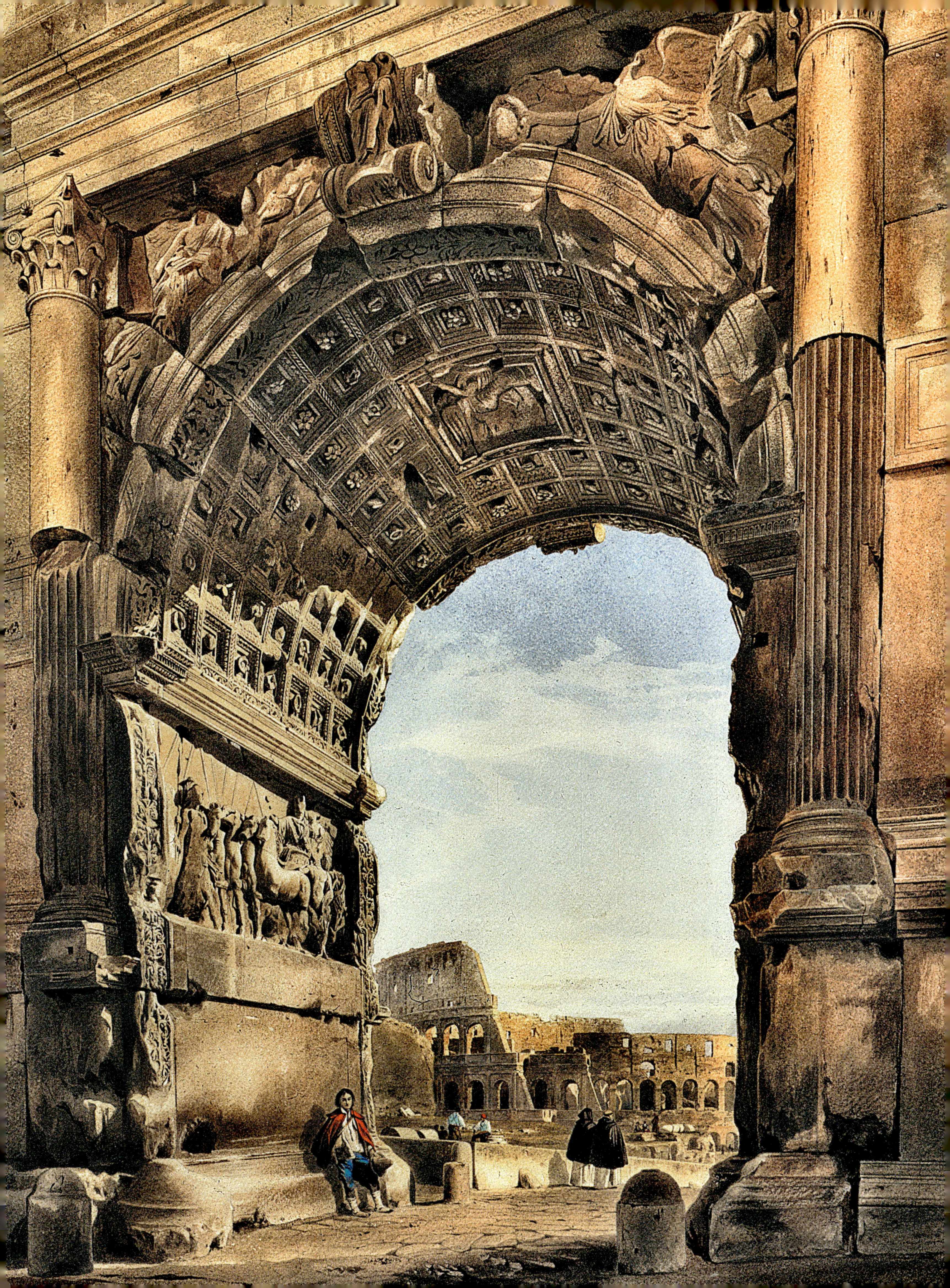

De Sumer à Jérusalem, la naissance d'un peuple

LES JUIFS SUIVENT LEUR DIEU DANS L'EXIL

L'an 70 ne marque pas le début de l'exil du peuple juif, mais celui de son Dieu. Jusque-là, et durant deux mille ans, le Dieu d'Israël et Son peuple furent inséparables : depuis Ur en Mésopotamie, lieu de leur première rencontre, jusqu'au pays de Canaan, puis de l'Égypte au retour à Canaan. À l'époque de Salomon, les Juifs construisirent pour leur Dieu une demeure que ce dernier ne quittera pas, même après la première destruction de Jérusalem en 597 avant notre ère par Nabuchodonosor, roi de Babylone. Contrairement à ce qui se passa en 66-70, ce n'est pas Dieu qui suivit les Juifs, mais les Juifs qui revinrent à Lui.

YOHANAN BEN ZAKKAÏ ET "L'ÉDIFICE INVISIBLE DU JUDAÏSME"

Après Titus et la destruction du Temple, cette dispersion de Dieu profitera aux judéo-chrétiens qui lui bâtirent d'autres demeures : à Rome d'abord, puis à Byzance. Quant aux Juifs, ils tirèrent une autre leçon : si cet édifice de pierre et de bois pouvait s'effondrer sous l'assaut des légions romaines, alors il fallait en édifier un nouveau, indestructible celui-ci, ce que Freud appellera « l'édifice invisible du judaïsme ». Cette idée, nous la devons au rabbin Yohanan ben Zakkaï, chef spirituel de la révolte. Alors que la défense des rebelles faiblissait, il négocia avec Titus et obtint l'autorisation de quitter la ville assiégée et de créer une académie d'une centaine d'étudiants à Yavné, petit village à quarante kilomètres à l'ouest de Jérusalem. Le Romain ne réalisa sans doute jamais les conséquences de sa décision. L'université imaginée par Yohanan ben Zakkaï était bien particulière. Dès qu'un étudiant en savait assez, il en prenait cent autres sous sa coupe qui, leur tour venu, enseigneraient chacun cent nouveaux étudiants et ainsi de suite. Une fois de plus, les Juifs avaient trouvé le moyen de préserver le judaïsme. Dans un monde hostile qui les tenait à l'écart de la vie publique, ils transmirent le savoir et la sagesse de la Loi comme une force suprême de résistance et d'action.

LE LIVRE, UN TEMPLE INDESTRUCTIBLE

« Les Perses, les Grecs, les Romains ont disparu de la terre, constate simplement Chateaubriand qui s'étonne, et un petit peuple, dont l'origine précéda celle de ces grands peuples, existe encore. » Dans l'Histoire, en général, son sanctuaire détruit, sa capitale dévastée, une culture s'évanouit. Si le judaïsme échappa à la règle commune, c'est, selon Freud, que « l'édifice matériel ne représentait pour les Juifs qu'un temple apparent qui dissimulait un temple latent, bien plus vaste et indestructible ». Chateaubriand parle de miracle. Mais, sans le savoir, il l'explique : « Pénétrez dans la demeure de ce peuple, vous le trouverez dans une affreuse misère, faisant lire un livre mystérieux à des enfants qui, à leur tour, le feront lire à leurs enfants. Ce qu'il faisait il y a cinq mille ans, ce peuple le fait encore. »

Sigmund Freud dans son bureau (c. 1930).
Freud, je lui en veux pour son Moïse et le monothéisme. Pensait-il qu'en démontrant que les Juifs n'étaient pour rien dans l'invention du monothéisme, il allait détourner d'eux le courroux des nazis ? Il a fait fausse route sur le plan historique et ne sauva pas les Juifs pour autant. Il érafla en passant le socle même du génie de ce judaïsme qu'il admirait tant. Nous lui devons par ailleurs une œuvre incomparable. Et une expression qui à elle seule justifierait sa place dans ce livre : « l'édifice invisible du judaïsme ».

FLAVIUS JOSÈPHE

À la même époque, un autre Juif, qui lui aussi avait fui le combat lors de la révolte de 66-70, eut la même idée que Yohanan ben Zakkaï. Il s'agit de Josèphe fils de Mattathias, l'historien Flavius Josèphe. Mais, à la différence du chef de l'académie de Yavné, c'est aux nations qui formaient l'Empire, et non aux survivants du désastre, qu'il voulut transmettre l'épopée et les malheurs du peuple juif. Il écrivit donc en grec cette histoire de l'Antiquité à la grande révolte. Le magnifique témoignage de Flavius Josèphe donne de précieuses informations sur le passé du peuple juif ; l'initiative de Yohanan ben Zakkaï, elle, assura son avenir.

Jusqu'à l'académie de Yavné, la tradition ne reconnaissait comme Livre que le seul texte de Moïse composé sous la dictée de l'Éternel. Aussi, parallèlement à la transcription scrupuleuse de la Torah par les scribes, se développa une tradition non écrite. De père en fils, les Juifs transmirent oralement de nouvelles règles et leurs commentaires. Ils les apprenaient par cœur. Ce sont ces paroles que les étudiants de Yavné commencèrent à transcrire.

L'EMPEREUR HADRIEN INVENTE LA PALESTINE

En 135, nous l'avons vu, l'ultime révolte contre Rome échoua. L'empereur Hadrien accusa les Juifs de l'avoir entraîné dans une guerre qu'il aurait préféré éviter et décida d'effacer radicalement Israël de la carte. Il transforma le nom même de Jérusalem en *Ælia Capitolina*, et celui de la Judée en Philistie, d'après les Philistins, peuple de la mer venu de Crète à l'époque des Juges. D'où le mot de Palestine.

LA RÉDACTION DU TALMUD

Cela ne mit pas fin à l'histoire des Juifs sur le sol de leurs ancêtres : ils ne le quitteront jamais complètement jusqu'aux temps modernes. Bannis de toute action politique, les Juifs de l'époque se lancèrent dans une intense activité intellectuelle. L'académie de Yavné se déplaça à Oucha en Galilée puis, en l'an 200, à Sepphoris. C'est là, sous la présidence de l'érudit Yehouda Hanassi, que des scribes rédigèrent la *Mishnah*, de l'hébreu « répétition ». Sous l'influence du mot araméen *Tanna*, il s'élargit au sens d'« étudier ». La Mishnah rassemble la plupart des lois orales juives. Elle fera l'objet de quantités de commentaires et de réflexions, dont naîtra un nouvel ouvrage : la *Gémara*, c'est-à-dire le « complément ».

Après Sepphoris, une autre académie s'organisa à Tibériade, qui rédigera le Talmud, l'« enseignement », l'« étude ».

Flavius Josèphe offrant son livre aux empereurs Titus et Vespasien, *De Bello Judaico* (c. 1100, Bibliothèque nationale, Paris).

En l'an 75-79 de notre ère, bien avant que Chateaubriand n'écrive son Génie du christianisme, *Flavius Josèphe rédigea en araméen – puis en grec avant sa parution –, en sept volumes, les textes les plus remarquables à la gloire du génie du judaïsme :* La Guerre des Juifs *et* Antiquités judaïques.

QVOD VATES BELLVM CREVIT NON ESSE DVELLVM
EDIDIT & MVLTIS · VOBIS QVI CERNERE VVLTIS ·
EST IOSEPHVS DICTVS FERT LIBRVM CORPORE PICTVS ·

De Sumer à Jérusalem, la naissance d'un peuple

LE TALMUD DE JÉRUSALEM ET CELUI DE BABYLONE

Ce Talmud, dit de Jérusalem, n'est pas le seul. Un autre verra le jour dans la diaspora de Babylonie, dans les académies de Soura, au sud, de Nehardea et de Poumbedita, au centre. Les communautés d'Espagne, d'Italie, de France et d'Allemagne adopteront le Talmud de Babylonie.

LA POPULATION JUIVE DANS LE MONDE AUX PREMIERS SIÈCLES

Aux premiers siècles de notre ère, l'édifice éclaté du peuple juif prend forme, comme les fondements intellectuels de sa culture. Quelle est l'étendue de la population juive dans le monde ? Nous l'ignorons. L'historien grec Strabon souligne, non sans admiration : « On ne trouverait pas facilement un endroit sur la terre habitée qui n'ait donné asile à ce peuple et dont il ne soit maître. »
Je me suis amusé à refaire les comptes. Le premier recensement instauré par César Auguste contraignait la population à se présenter dans le lieu de naissance du chef de famille. (C'est ce qui obligea Marie enceinte de Jésus et Joseph à se rendre à Bethléem.) À l'issue de ce recensement, les Juifs représentaient dix pour cent des quatre-vingts millions d'individus qui formaient l'Empire. Or, la révolte de 66-70 fit, comme je l'ai dit, près d'un million de victimes, celle de 115-117 près de deux millions, et enfin celle de 135 plus d'un million encore. Deux siècles plus tard, un autre recensement chiffre la population juive de l'Empire à six millions neuf cent quarante-quatre mille, dont un tiers en Palestine. Si l'on ajoute à ce chiffre plus d'un million de résidents juifs en Babylonie, on revient au nombre recensé par César Auguste à l'époque de Jésus.

EXPLOSION DÉMOGRAPHIQUE ET CONVERSION

D'où vient cette explosion démographique ? De la forte natalité, mais aussi du prosélytisme. Mosaïque de peuples et de religions dans l'Antiquité gréco-romaine, Rome admettait sans réserve l'existence et le développement des diverses communautés. Aussi n'importe quel païen pouvait-il se convertir et devenir membre à part entière du peuple juif – fils d'Abraham – et partager son espérance nationale. L'Empire donnait droit à l'association et une personnalité juridique à chaque ethnie. Un conseil d'anciens, la *gerousia*, représentait le peuple juif, toutes communautés confondues. Chaque communauté devait posséder au moins une synagogue, une école, une bibliothèque, un bain rituel pour les hommes et un pour les femmes, une cantine pour les démunis, une boucherie *kacher*, un hôpital et un cimetière.
Bien des païens furent séduits par l'affirmation d'un Dieu unique. L'historien Flavius Josèphe raconte avec force détails la conversion des souverains d'Adiabène, petit royaume situé à l'est du Tigre et rattaché à l'Empire parthe.

Édouard Moyse,
La Leçon de Talmud
(1881, musée de Nancy).

*Talmud, étude : soixante traités, commentaires de textes et commentaires de commentaires publiés, selon les éditions, en de nombreux volumes, dont l'écriture s'étale sur sept siècles, depuis l'an 200 avant notre ère jusqu'à l'an 500 de notre ère. Quand un Juif religieux se penche sur un livre, il s'agit immanquablement du Talmud.
C'est le seul livre sacré ouvert à ma connaissance : chacun peut, en principe, l'augmenter de son commentaire, de son interprétation ou de sa traduction. C'est le cas de la toute nouvelle édition annotée par le rabbin Adin Steinsalz, l'un de ses plus subtils commentateurs.*

DEVENIR JUIF

Le judaïsme n'encourageait pas une activité missionnaire. L'universalisme d'Israël était centripète. Il ne s'agissait pas d'aller vers les nations pour les convertir ; c'est le Seigneur lui-même qui, à la fin des temps, devait attirer les peuples à Sion.

Cependant, le judaïsme avait en lui-même une force d'attirance spécifique : sa religion épurée, ses exigences éthiques, son monothéisme fascinaient. En outre, les Juifs semblaient appartenir à une confrérie puissante, une organisation sociale et économique à laquelle il était bon d'adhérer. La société païenne traversait alors une crise profonde : les dieux du Panthéon avaient perdu leur prestige, les Romains recherchaient le mystère, la face cachée des choses. Jusqu'à la christianisation de l'Empire, sous l'empereur Constantin (306-337), l'appartenance au peuple juif présentait un avantage tant spirituel qu'économique.

Les conversions se faisaient en deux étapes. Avant de devenir juif, le non-Juif attiré par le judaïsme était nommé craignant-Dieu. Il affirmait sa foi en un Dieu un, fréquentait la communauté, suivait les traditions d'Israël et respectait scrupuleusement les sept principes noahides : justice sociale, interdiction de blasphémer, rejet de l'idolâtrie, interdiction de l'inceste, du meurtre, du vol, interdiction de manger la chair d'un animal vivant. Le statut des craignant-Dieu n'entraînait pas l'obligation de la circoncision. Aussi les craignant-Dieu pouvaient-ils fréquenter sans crainte les bains publics romains. Les prosélytes, ceux qui rentraient dans la synagogue, étaient en majorité recrutés parmi les couches modestes – pour lesquelles le bain ne tenait pas une place particulière dans l'ascension sociale. Le terme *prosélyte*, « celui qui vient à », trouve ses origines dans la Septante, cette traduction grecque de la Torah qui traduit, et cela soixante-dix fois, le mot *guere*, l'« étranger » en hébreu, par prosélyte.

Ce mot a cependant évolué. Au premier siècle de notre ère, il désignait le païen qui acceptait de s'assimiler totalement au peuple juif. Philon désigne le prosélyte par le terme *épélytès*, « celui qui vient de dehors ».

LE PROSÉLYTISME CHRÉTIEN

C'est en s'adressant à ces nombreux craignant-Dieu que les premiers chrétiens parvinrent à recruter. C'est au seuil de la synagogue que bien des judéo-chrétiens finirent par proclamer leur différence avec la foi juive, celle que Jésus voulait « accomplir et non abolir ».

On peut le dire aujourd'hui sans se tromper : en proclamant le christianisme comme religion d'État, Constantin empêcha le judaïsme de devenir la religion dominante de l'Empire.

École française, *La Cérémonie de circoncision* (XVIIIe siècle, collection privée).

La circoncision est le signe de l'alliance entre l'Éternel et son peuple. Dans son Voyage en Italie, *Michel de Montaigne, juif par sa mère Antoinette de Louppes, fait le récit minutieux et captivant d'une circoncision à Rome.*

MOUVEMENTS
RÉFORMISTES ET
RÉVOLUTIONNAIRES

À sa périphérie, au cours des siècles, le peuple juif vit surgir des mouvements réformistes et révolutionnaires, des diverses formes du christianisme aux diverses formes de l'islam. Tous se réclamaient d'Israël, en bien ou en mal. Tous tentèrent de convertir les Juifs à leur nouvelle religion : en vain. Le peuple juif restait le gardien de la Loi que l'Éternel grava à l'attention de l'humanité. Même si, selon les prophètes, il manque parfois à ce devoir, il demeure le seul témoin de l'existence divine.

LE CHRISTIANISME

Apparut d'abord le christianisme. Sorti du berceau même du judaïsme, il s'en affranchit : vers 62-64 de notre ère, Saül de Tarse, le saint Paul des Évangiles, le transforme en une religion singulière en décrétant la nature divine de Jésus. Comme ses successeurs, l'apôtre Paul savait l'importance que représentait la caution du judaïsme.
Il fit donc le tour des communautés juives du Bassin méditerranéen, prêcha dans les synagogues, rendit visite aux Juifs influents, débattit avec des érudits. Conformément à la Loi juive, il circoncit même Timothée, fils d'une Juive et d'un Gentil.

Les Juifs ne le suivirent pas pour autant. Ils ne pouvaient admettre la divinité de Jésus, ni croire qu'il était le Messie attendu. Saint Paul en est ulcéré : « C'est à vous qu'il fallait que la parole de Dieu fût annoncée d'abord. Puisque vous la repoussez et que vous ne vous jugez pas dignes vous-mêmes de la vie éternelle, voici que nous nous tournons vers les Gentils. » (Actes 13,46). Avec les Pères de l'Église, cette déception se transformera en une franche hostilité.

L'ISLAM

Presque six siècles plus tard, un autre réformateur, né en 570 à La Mecque, décida de révéler la vraie foi, le Dieu unique, aux nomades polythéistes de la péninsule Arabique. À l'âge de quarante ans, Mahomet croisa l'archange Gabriel dans la grotte de Hira et y reçut le premier verset du Coran.

Les polythéistes de La Mecque, dont des membres de sa tribu, refusèrent d'entendre parler d'Allah, ce Dieu un et invisible. Ils lui préféraient leurs dieux multiples, trois cent soixante idoles alignées dans la Ka'ba, leur temple cubique. À La Mecque, désormais, Mahomet risque sa vie : on veut l'assassiner.

École turque, *L'Archange Gabriel révèle la huitième sourate à Mahomet* (c. 1595, musée du Louvre, Paris).

Ces miniatures figurant Mahomet en train de rédiger une sourate après l'autre sous la dictée de l'archange Gabriel m'ont fait prendre conscience que, curieusement, la seule religion monothéiste non révélée est le judaïsme. Seuls les dix commandements ont été dictés par l'Éternel à Moïse. Pour le reste, ce sont les hommes qui ont, à ma grande joie, transformé leur histoire, vraie ou mythique, en religion.

Il s'enfuit avec quelques partisans à Yathrib, plus tard appelée Médine. Tel est le jour de l'Hégire – « émigration, exil, séparation » –, le 9 septembre de l'an 622, point de départ du calendrier musulman.
Pourquoi Mahomet choisit-il de fuir à Médine ? Parce que les Juifs y étaient majoritaires. Trois tribus y faisaient la loi : les Banu Qaynuqa', les Banu Nadir et les Banu Qurayza. Convaincu que les Juifs prendraient sa défense face aux polythéistes de La Mecque, Mahomet crut qu'ils adopteraient la nouvelle forme de monothéisme abrahamique qu'il prônait : l'islam, la soumission à un Dieu un. « Nous avons déjà donné aux fils d'Israël l'écrit, la sagesse et l'inspiration, nous les avons pourvus des biens, nous les avons favorisés plus que les univers. » (Coran, 45,16)
Les Juifs l'accueillirent amicalement, signèrent avec lui une trêve comme c'était la coutume, mais n'adhérèrent pas à sa doctrine. Mahomet ne désespéra pas. Apprenant que les Juifs jeûnaient pour l'Achoura – le dixième jour de Mouharram, *Yom Kippour* chez les Hébreux –, il décida, en souvenir de leur victoire sur le pharaon, d'adopter ce jour de fête pour commémorer ses propres victoires. Il recommanda également à ses disciples de prier dans la direction de Jérusalem. Pour gagner le cœur et l'appui du « peuple du Livre », il alla jusqu'à reprendre une part des rites juifs.
Dans leur écrasante majorité, les Juifs récusèrent son message, scandalisés par les postures messianiques du Prophète. De là, pour Mahomet, les Juifs devinrent une secte que « Dieu a maudite pour son impiété et pour la tiédeur de sa croyance » (Coran, 4,46). Furieux, il rompit la trêve avec les tribus de Médine. Les Banu Qaynuqa' fuirent la ville en 624, les Banu Nadir en 626 et les Banu Qurayza, qui avaient continué à lui faire confiance, furent exterminés.

LE PROTESTANTISME

Neuf siècles plus tard vint un autre réformateur, Martin Luther (1483-1546). En 1542, le fondateur du protestantisme publia un pamphlet antisémite mémorable : *Contre les Juifs et leurs mensonges*. Il y écrivit : « Je ne puis pas convertir les Juifs ! Notre Seigneur, le Christ, n'y a pas réussi : mais je peux leur fermer le bec, de manière qu'il ne leur restera qu'à rester étendus par terre. »
Voici son programme : incendier leurs synagogues, confisquer leurs livres, leur interdire de prier Dieu à leur façon, les contraindre à travailler de leurs mains ou, mieux, que les princes les expulsent de leur pays.
En affrontant à la fois le pape et l'empereur, Luther avait d'abord espéré, comme ses prédécesseurs, trouver l'appui et la bénédiction des Juifs. Pour les séduire, il publia en 1523 un livre intitulé *Jésus-Christ est né juif* :

« Nos imbéciles, les papistes et les évêques, les sophistes et les moines, en ont usé avec les Juifs de telle manière qu'un bon chrétien aurait cherché à devenir juif. Si j'avais été juif, j'aurais préféré me faire porc plutôt que chrétien, voyant comment ces nigauds et ces ânes bâtés gouvernent et enseignent la foi chrétienne. Ils ont traité les Juifs comme si ceux-ci avaient été des chiens et non des hommes ; ils n'ont fait que les persécuter. Les Juifs sont les parents de sang, les cousins, les frères de Notre Seigneur : si l'on peut se louer de son sang et de sa chair, ils appartiennent à Jésus-Christ bien plus que nous. Je prie donc mes chers papistes de me traiter de Juif lorsqu'ils seront fatigués de me traiter d'hérétique […]. » Malgré ces propos, les Juifs ne se rallièrent pas davantage et Luther prit mal leur refus.

LES JUIFS, LA VENUE DU MESSIE ET LA RÉSURRECTION DES CORPS

Les Juifs croient en la venue du Messie et en la résurrection des corps. C'est dans le Livre d'Isaïe et la tradition du monothéisme judaïque que le christianisme et l'islam puisent leur foi mystique : « Voici que la Vierge a conçu et elle enfante un fils, Et elle lui donne le nom d'Emmanuel [Dieu est]. » (Isaïe, 7,14) Alors, prédit Isaïe : « Le loup habitera avec l'agneau, Et la panthère se couchera avec le chevreau ; Le veau, le

De gauche à droite :
• Jusepe de Ribera, *Saint Paul* (XVIIᵉ siècle, musée des Beaux-Arts, Nîmes).
• *Mahomet* (gravure anonyme extraite de Michel Baudier, *Histoire générale de la religion des Turcs*, 1625, Bibliothèque nationale, Paris).
• Lucas Cranach le Vieux, *Martin Luther* (c. 1532, Museum der Stadt, Regensburg).

Saint Paul (Saül de Tarse), Mahomet et Luther, trois réformateurs du monothéisme à l'origine de trois grands courants religieux, ont, en vain, essayé de séduire les Juifs, témoins du Dieu un dont ils se réclamaient. Face à la résistance de ces derniers, ils devinrent leurs plus implacables dénonciateurs.

lionceau et le bétail qu'on engraisse, seront ensemble, Et un petit enfant les conduira » (Isaïe, 11,6). Dans la pensée juive, cette vision prophétique ne se réalisera cependant « qu'après les jours », à la fin de l'Histoire. En attendant, le Messie se trouve en chacun de nous. Il suffirait pour le découvrir que tous les hommes posent leur part de Messie sur la table comme dans un immense puzzle : alors nous n'en aurions plus besoin. L'idée est lumineuse. Aussi, pour les Juifs, tout Messie ne peut être qu'un faux Messie.

À ce stade de mon récit, l'histoire du peuple juif se complique et se multiplie. Jusque-là, toutes les communautés juives vivaient à l'heure de Jérusalem. Il suffisait de suivre l'évolution de la capitale de la Judée pour comprendre ce qui se passait dans ses lointaines banlieues. Mais les banlieues devinrent des villes et les villes des pays. Chacun développa sa propre langue puis sa propre culture, de ces cultures juives qui continuaient à puiser dans la source d'une Jérusalem perdue et transformée en un espoir lointain. De là cet adage que l'on répète lors de la Pâque juive : « L'an prochain à Jérusalem ! »

" L'AN PROCHAIN À JÉRUSALEM "

L'an prochain à Jérusalem

Lumières, destruction, renaissance

LES JUIFS
EN FRANCE

Commençons par la France. On y trouve les premières traces d'une présence juive au début de notre ère, lorsque Rome exila Archélaüs, ethnarque de Judée, à Vienne, en Isère. Son frère, Hérode Antipas II, tétrarque de Galilée et de Pérée, connut un sort identique en 39 et mourut à Lyon. J'imagine que tous deux vinrent en Gaule avec des suites nombreuses, noyaux des futures communautés. Ils ne furent certainement pas les premiers à s'installer dans notre pays. Comment un port aussi influent que celui de Marseille, et qui attirait une majeure partie du commerce de l'Orient, n'aurait-il pas accueilli des négociants juifs bien avant l'ère vulgaire ?

L'APPARITION
DU YIDDISH

Dès l'an 50 avant notre ère, au moment où Jules César distribuait à ses légionnaires des terres publiques en Sicile, en Grèce, en Orient, en Afrique et en Gaule, les soldats juifs, eux, s'établirent dans la vallée du Rhin. L'archéologie le confirme. Ces hommes et leurs familles y apprirent la langue germaine. Mais, pour se protéger de l'hostilité de la population, ils transformèrent, à l'aide de mots hébraïques, la langue vernaculaire en une langue singulière : le yiddish, seule langue qui ne soit pas née de la nécessité de communiquer mais de résister.

À gauche :
Jean Colombe, *Archelaüs et Antipas devant Auguste* (xve siècle, Bibliothèque nationale, Paris).

La réalité rejoint souvent les paraboles que nous donnent en exemple les compilateurs de la Bible. Le pouvoir absolu d'Hérode laissait peu de place à ses fils, Archelaüs et Antipas, tétrarques de la Judée et de la Galilée. Que font-ils ? Ils se plaignent à l'occupant. Les voici devant César Auguste. Que fait-il ? Il les méprise. Aucun d'entre eux ne deviendra roi. Ils furent même déportés l'un après l'autre en Gaule. C'est le début de la présence juive en France.

À droite :
Pierre Puvis de Chavannes, *Marseille, porte de l'Orient* (1869, musée des Beaux-Arts, Marseille).

Ainsi les fils d'Hérode découvrirent Marseille en arrivant en France.

Double page suivante :
Marco Comirati, « Lévi, prêtre, roi et soldat juifs avec des objets liturgiques et des instruments de musique » (in *L'Histoire des nations*, xixe siècle, collection privée).

Curieuse cette planche. Elle atteste ce que j'ai lu dans de nombreuses chroniques de l'époque. Les soldats juifs étaient très appréciés des généraux de l'Empire.

Un roi juif à Narbonne

Très vite, on trouve des communautés juives dans presque toutes les régions de France. En 629, à la demande de l'empereur byzantin Héraclius, le roi Dagobert Ier les expulse. Les Juifs se replient sur la côte méditerranéenne. En 720, les Arabes venus d'Espagne envahissent l'Occitanie. À cette époque, Narbonne était un grand port prospère et sa communauté juive puissante. Les troupes de Pépin le Bref assiègent Narbonne pendant plus d'un an sans résultat. On négocie : si les Juifs lui ouvrent les portes de la ville, Pépin le Bref leur accordera le droit d'avoir leur propre roi. C'est ainsi que, en l'an 759, on vit un monarque juif à Narbonne. Il venait de Babylonie, descendait du roi David et s'appelait Natronaï bar Habibaï.

Charlemagne et les Juifs

Charlemagne s'était entouré de plusieurs conseillers juifs. En 797, il chargea son ami Isaac d'Arles de mener une ambassade auprès de Hârûn al-Rachîd, grand calife de Bagdad. Face à la montée en puissance de Byzance comme, plus à l'est, de l'Empire khazar converti au judaïsme, Charlemagne crut bon de proposer un pacte d'amitié et de non-agression au chef des musulmans.

Fin du viiie, début du ixe siècle, les grands marchands internationaux sont majoritairement juifs. On les appelle les *radhanites*, du mot perse qui signifie « voyageur ». « Ces marchands, dit le géographe perse Ibn Khordadbeh, parlent arabe, persan, grec, franc, espagnol et slave. Ils voyagent d'ouest en est et d'est en ouest, partiellement sur terre, partiellement sur mer. Ils transportent depuis l'Occident [...] des soieries, des castors, des martres et d'autres fourrures, et des épées. [...] Ils embarquent sur la mer Rouge et naviguent d'al-Kolzum à al-Jar ou al-Jeddah, ensuite ils vont à Sind, en Inde, et en Chine.

14. Levita   13. Sacerdote

Squaldi dis.

Trono

Arred

Busato dis.

Stramenti

Classe I. Tav. 2.

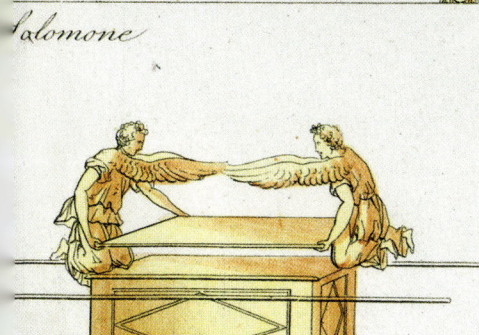

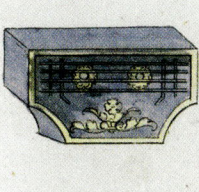

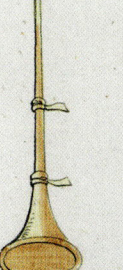

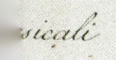

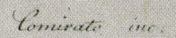

15. Re 16. Soldato

Sur le chemin du retour de Chine, ils emportent du musc, de l'aloès, du camphre, de la cannelle et d'autres produits des pays orientaux vers al-Kolzum. [...] Certains naviguent vers Constantinople pour vendre leurs produits aux Byzantins ; d'autres vont au palais du roi des Francs pour y vendre leurs biens.

» Parfois, aussi, ils prennent la route depuis Rome et, traversant le pays des Slaves, arrivent à Khamlidj, la capitale des Khazars. »

Vers la fin de son règne, Charlemagne donna aux Juifs de France le droit de régler leurs différends conformément à la Loi juive : c'était leur octroyer une sorte d'autonomie.

Au début du XIe siècle, le centre culturel de la vie juive en France se déplace vers l'est, dans le triangle Mayence, Worms et Troyes. C'est là que naît en 1040 le rabbin Salomon ben Isaac, dit Rachi. Son académie attire les érudits et son influence dépasse de loin les frontières de la Champagne où la plupart des vignerons étaient juifs. On ne transcrit plus une seule Bible sans ses commentaires, plus un Talmud sans ses explications. Pour mieux se faire comprendre, Rachi emploie des expressions françaises. On a pu ainsi établir un dictionnaire du français médiéval grâce aux mots tirés de ses textes.

Sous les comtes de Champagne, plusieurs synodes juifs purent se tenir à Troyes lors de foires internationales. L'un d'eux adopte un texte qui révèle, mieux que tous les témoignages parcellaires, l'ampleur de la présence des Juifs dans la France d'alors : « C'est pourquoi nous, les anciens de Troyes et ses sages, ainsi que ceux de notre province, les sages de Dijon et des alentours, les maîtres d'Auxerre, de Dijon et de ses villages, les anciens d'Orléans et des alentours, nos frères qui habitent Chalon-sur-Saône, les sages des pays du Rhin, nos maîtres de Paris, les lettrés de Melun et d'Étampes, les habitants de Normandie et ceux du rivage de la mer, ceux d'Anjou et de Poitiers, ainsi que les docteurs les plus éminents de notre génération, nos maîtres du pays de Lorraine, nous nous sommes concertés. »

C'est à cette époque que les rabbins de Champagne ressortirent la doctrine quelque peu oubliée du rabbin Samuel du Talmud : « La loi de ton pays est ta loi. » L'actualisation de cette règle du IIe siècle, qui permit jadis à la communauté babylonienne de s'épanouir, transforma les relations entre les communautés juives et les populations environnantes, permettant aux Juifs de s'intégrer dans leurs pays d'accueil, tout en conservant leurs traditions.

RACHI EN CHAMPAGNE ET LES VIGNERONS JUIFS

Ci-dessus :
Rachi, rabbi Salomon ben Isaac, est l'un des plus fameux commentateurs du Pentateuque et du Talmud. La plupart de ceux qui l'ont suivi étaient des vignerons juifs de Champagne. Je ne manque jamais, en passant à Troyes, de visiter sa maison. Son visage, sur cette gravure anonyme, est-il vraiment fidèle ?

À droite :
Eugène Beyer, Le Massacre des Juifs (1857, Musée historique de Strasbourg).

Les guerres de Religion furent les plus meurtrières. Se croyant protégés par Dieu, les hommes libéraient facilement leur pulsion de mort. Les croisades ont décimé des communautés juives entières.

LES JUIFS
EN POLOGNE

À partir de 1096, la première croisade dissémine les communautés juives vers l'est de l'Europe. De nombreux Juifs sont massacrés, d'autres convertis de force, d'autres encore, la majorité, fuient en Pologne où le roi Boleslas Ier le Vaillant, en quête d'hommes capables de développer le commerce et l'industrie, les encourage à l'immigration. Les Juifs s'installent en Pologne en même temps que les réfugiés khazars chassés de leur royaume juif par les tribus vikings, varègues et rus.

LES KHAZARS   Le cas des Khazars m'a toujours fasciné. Originaires du Turkménistan oriental, aux confins de Xinjiang, poussés hors d'Asie par les Chinois, ils traversent l'Asie centrale au VIIe siècle et occupent le vaste territoire de la Russie européenne d'aujourd'hui. Ils construisent des forteresses à l'embouchure de la Volga, près de la mer Caspienne, que les cartes régionales nomment encore aujourd'hui mer des Khazars. Ils asservissent les tribus indigènes et déplacent vers le Danube deux tribus amies, les Bulgares et les Magyars, pour qu'elles gardent la frontière à l'ouest. Vers la fin du VIIe siècle, ils forment déjà un vaste empire et deviennent la quatrième puissance mondiale après les Empires carolingien et byzantin et le califat abbasside de Bagdad. À la stupéfaction de tous, en 740, ils se convertissent à la religion juive.

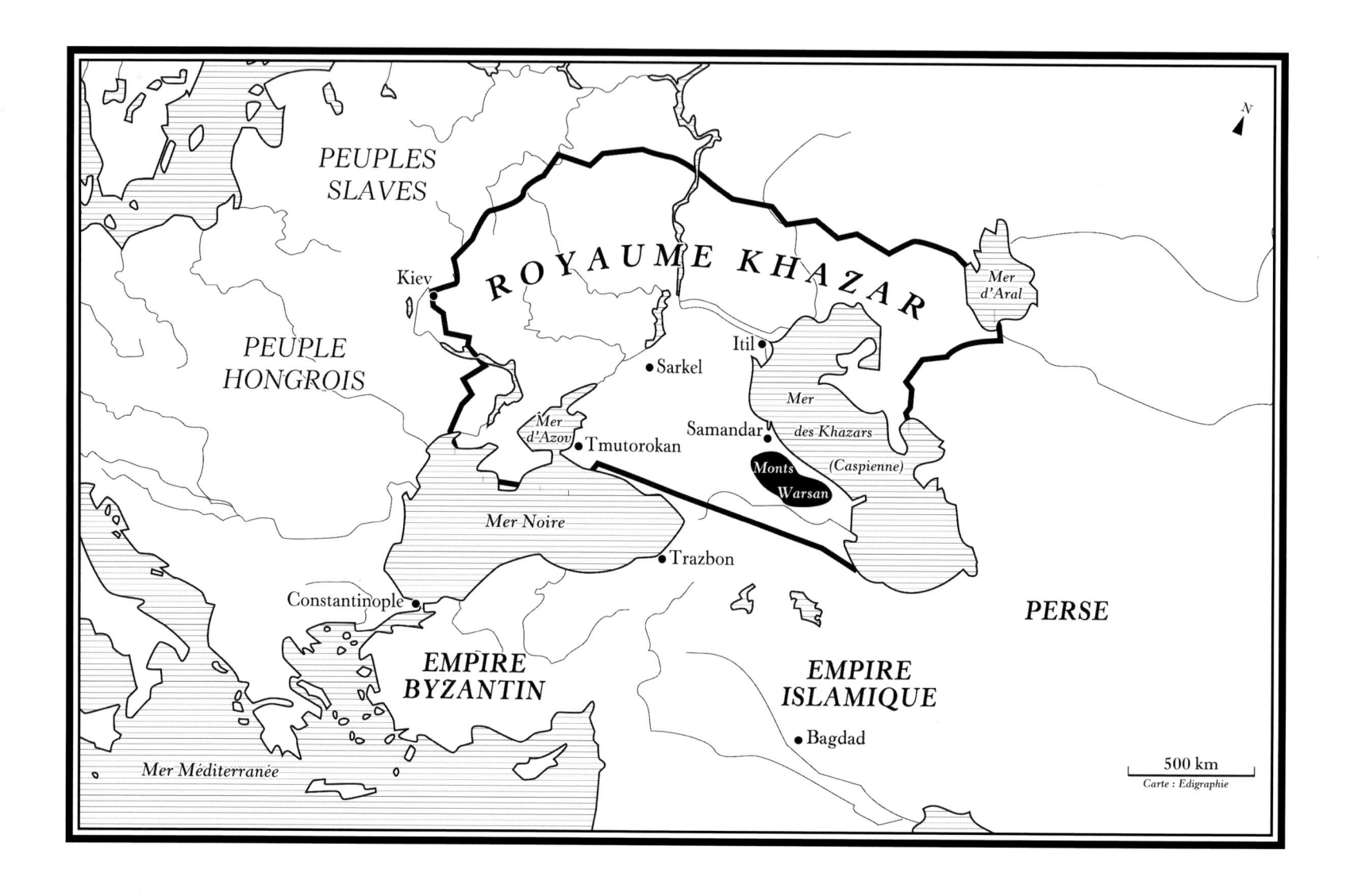

Nous n'avons retrouvé jusqu'à aujourd'hui que peu de documents sur cette extraordinaire épopée. Restent les témoignages des voyageurs et géographes d'alors, pour la plupart arabes, quelques vestiges archéologiques, des pièces de monnaie frappées sur l'avers du chandelier à sept branches, des stèles et d'étonnants échanges de lettres en hébreu entre le rabbin Hasdaï ibn Shaprout, chef de la communauté juive de Cordoue, et le khagan Joseph, roi des Khazars. Ces correspondances datent de l'an 960. La bibliothèque de Christ Church, à Oxford, et celle de Saint-Pétersbourg en conservent une copie. Il est probable qu'à la chute de leur empire, à la fin du Xe et au début du XIe siècle, une partie des Khazars se soit convertie à l'orthodoxie russe ; d'autres, minoritaires, se sont repliés sur le Caucase où on les qualifie encore aujourd'hui de Juifs des montagnes. Quant à la majorité, elle s'est exilée en Pologne où elle importa son artisanat, certaines expressions présentes dans la langue yiddish, des plats comme le *tcholent* ou le fameux *bagel*, petit pain en forme d'anneau à la mie très dense, *tom* en ouïghour, qui commence sa carrière à Kachgar dans le Xinjiang, débarque avec les Khazars dans les boulangeries polonaises et finit sa course dans les delicatessens new-yorkais.

Ci-dessus :
• Vitrine de Leon's Delicatessen, New York (Library of Congress, Washington).
• Kachgar, Xinjiang, Chine.
• Vendeur de bagels (1932).

Amusant de voir le trajet parcouru par le bagel jusqu'à nous. Né à Kachgar dans le Xinjiang, il est arrivé en Pologne avec les Khazars pour finir sa course dans les delicatessens new-yorkais.

À gauche :
Carte du royaume khazar.

Voilà le royaume des Khazars, cette peuplade turkmène qui en l'an 740 se convertit au judaïsme. À la chute de leur empire, trois siècles plus tard, beaucoup d'entre eux se réfugièrent en Pologne, où je suis né. Sans doute suis-je moi-même un peu khazar.

NAISSANCE
DU JUDAÏSME
ASHKÉNAZE

Au début du XIIe siècle donc, nourri par ce double flux migratoire, sémite – venu de l'Europe occidentale – et turkmène – véhiculé par les Khazars –, se constituera le judaïsme ashkénaze, ce qui signifie « d'origine allemande », de la même manière que séfarade signifie « d'origine espagnole ».

LES JUIFS
EN ESPAGNE

C'est bien plus tôt que les communautés juives, pense-t-on, s'installèrent dans toute la péninsule Ibérique : dès l'époque biblique. Les preuves de leur établissement datent de la présence romaine. À la chute de l'Empire, les barbares, les Wisigoths, envahirent l'Espagne. Mais ils respectèrent les droits des Juifs alors citoyens romains. Les choses s'enveniment en 587 avec la conversion au christianisme de leur roi, Récarède Ier. Huit conciles successifs promulguent des lois antijuives à Tolède. Quelques siècles plus tard, l'Inquisition réactivera ces textes qui mèneront à l'expulsion des Juifs de la péninsule en 1492. Ainsi comprend-on mieux l'accueil enthousiaste que les Juifs réservèrent aux musulmans lorsqu'ils s'emparèrent de l'Espagne en 711, d'autant plus que les sept mille cavaliers qui vainquirent les Wisigoths à Jerez de la Frontera étaient des Juifs berbères islamisés, descendants du royaume de la reine Kahena.

L'ARRIVÉE
DES ARABES,
LES CALIFATS

Tariq ibn Ziyâd, chef des Berbères, donna son nom au détroit d'Hercule qui sépare l'Afrique de l'Europe, *Jebel Tariq*, Gibraltar. Ce n'est pas un chef religieux, mais militaire. Il veut organiser le territoire conquis. Il a besoin d'aide. Il charge les Juifs d'installer une nouvelle administration, de développer le commerce et de penser une diplomatie. On construit des mosquées et des synagogues. Moins d'églises, car la plupart des chrétiens se sont repliés dans les provinces de Navarre, León et Galice d'où partira, quelques siècles plus tard, la *Reconquista*.

À droite :

Mme Jean Tonoir, *Tête de femme Biskra* (XIXe siècle, musée du quai Branly, Paris).

Pas la moindre trace d'un portrait de la reine Kahena. Guerrière berbère et juive, par deux fois elle arrêta avec son armée l'avancée des troupes islamiques vers le Maghreb. Cette femme de Biskra lui ressemble, j'en suis persuadé.

Ci-dessous :

Intérieur de la synagogue de Cordoue.

J'aime me promener dans la juderia de Cordoue, le quartier juif, où on peut encore admirer cette synagogue de l'époque des califats dont l'ornement rappelle celui d'une mosquée.

L'AN PROCHAIN À JÉRUSALEM, LUMIÈRES, DESTRUCTION, RENAISSANCE

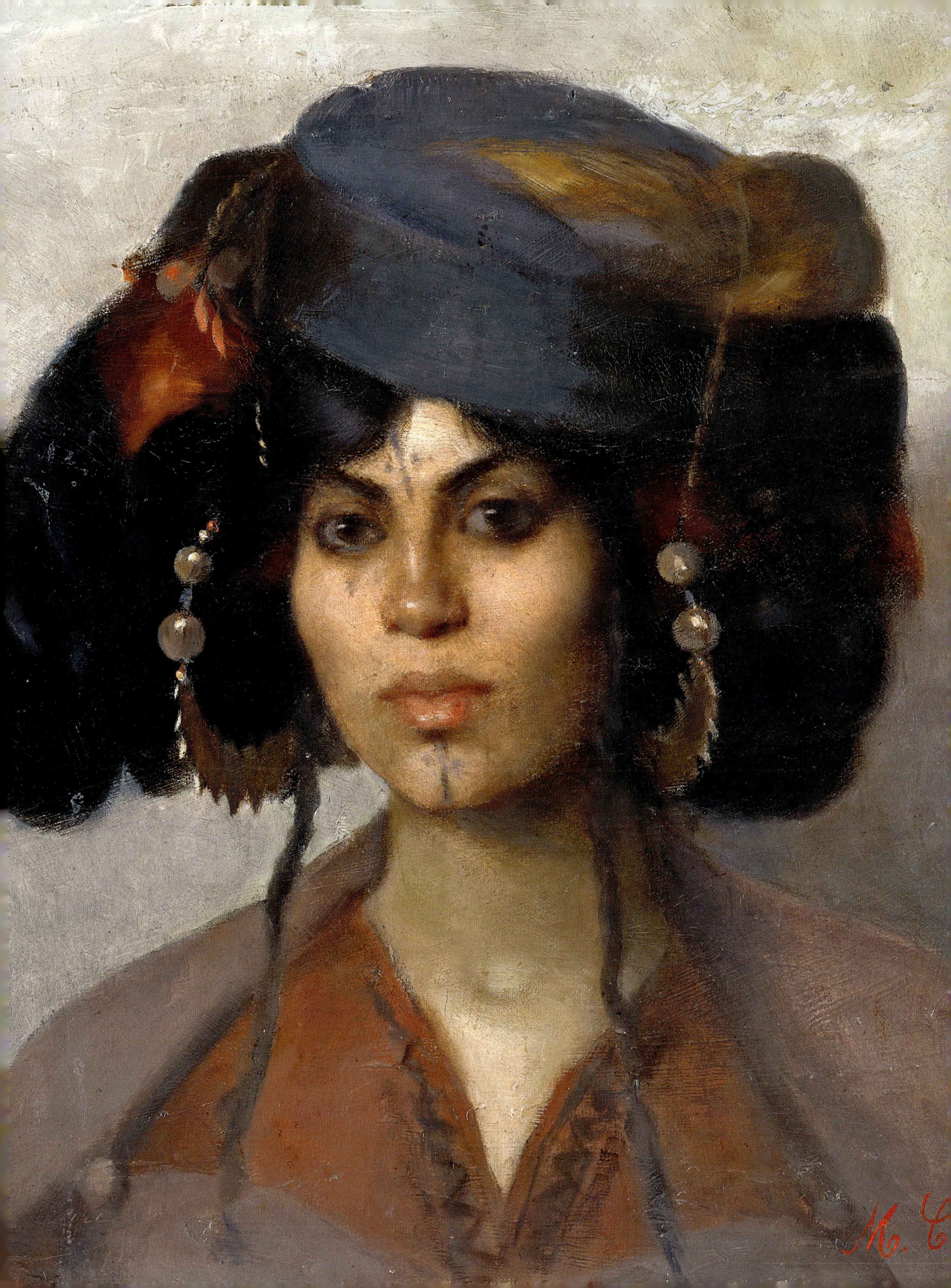
M. C

דויד קורא משה עליו

קולנו ... ...
... מנגינה בבל ...
... נוגה ...
... והגר מי ...
...

יונק ויקצר ולא יושע
אחרי מכלתו ייקף

חזקני

En 756, la dynastie syrienne des Omeyyades, chassée d'Orient, prend le pouvoir en Espagne. Rivalisant avec son ancien ennemi, le califat de Bagdad, elle ambitionne de faire de Cordoue le centre culturel du monde arabe. Les Juifs et les chrétiens y jouent un rôle primordial. La littérature et la philosophie se développent, la poésie et le théâtre aussi. La grande bibliothèque de Cordoue compte alors plus de quatre cent mille volumes.

L'ÂGE D'OR DE LA CULTURE JUIVE

Pour exciter la jalousie de l'Orient, les califes de Cordoue, de Séville et de Grenade eurent pour ambition de développer la puissance militaire, économique et culturelle de leurs royaumes. Les « trois nations » fraternisèrent. À l'ombre des califats, une littérature et une riche philosophie juives, en hébreu et en arabe, s'imposèrent. Le poète Yehouda Halevi inventa l'expression « l'âge d'or de la culture juive ». Il écrivit des livres en arabe et des poèmes en hébreu : des chants d'amour pour la terre d'Israël et un livre de réflexions sur la conversion des Khazars.

LA FIN DU MIRACLE ANDALOU

En 1147, les Almohades venus du Maroc envahissent à leur tour l'Andalousie. Ce sont des sectaires, les islamistes de l'époque. Ils reprochent aux califes leur interprétation trop libérale des règles du Coran, des *hadiths*. Ils brûlent la bibliothèque, détruisent églises et synagogues. Ils transforment l'Andalousie en *Dar al-Islam*, terre d'Islam. Moïse Maïmonide, l'un des plus importants philosophes juifs, celui-là même qui, avec son ami Ibn Rouchd, Averroès, traduisit en arabe l'œuvre d'Aristote, est forcé de se convertir.
Bien d'autres en font autant. Méfiants envers ces nouveaux croyants, les Almohades les obligent à porter un signe distinctif : un bout d'étoffe jaune. Déjà ! Seule Grenade laisse ses Juifs prospérer un temps encore.

L'INQUISITION

Du côté chrétien, la situation n'est pas meilleure. Tant que les rois de Castille, comme Ferdinand II puis Ferdinand III, mènent une guerre nationale de reconquête contre les Arabes, ils se font appeler « rois des trois religions ». Mais leurs héritiers transforment cette guerre en une guerre sainte : ils se donnent le titre de « rois très catholiques » et engagent des persécutions contre les Juifs et les musulmans. Ce sectarisme engendre la théorie de la *pureza de sangre*, la « pureté du sang », et l'Inquisition. En 1492, la Reconquête achevée par la prise de Grenade, Isabelle la Catholique expulse définitivement les Juifs d'Espagne.

À gauche :
Maïmonide, *Le Livre des égarés* (1348, Royal Library, Copenhague).

C'est grâce à la co-traduction de ses œuvres par le Juif Maïmonide et par son ami Averroès l'Arabe qu'Aristote survécut à travers les siècles.

Double page suivante :
Francisco Jose de Goya y Lucientes, *Tribunal de l'Inquisition* (1816, Real Academia de Bellas Artes de San Fernando, Madrid).

Avec l'Inquisition naît l'idée de la « pureté du sang ».

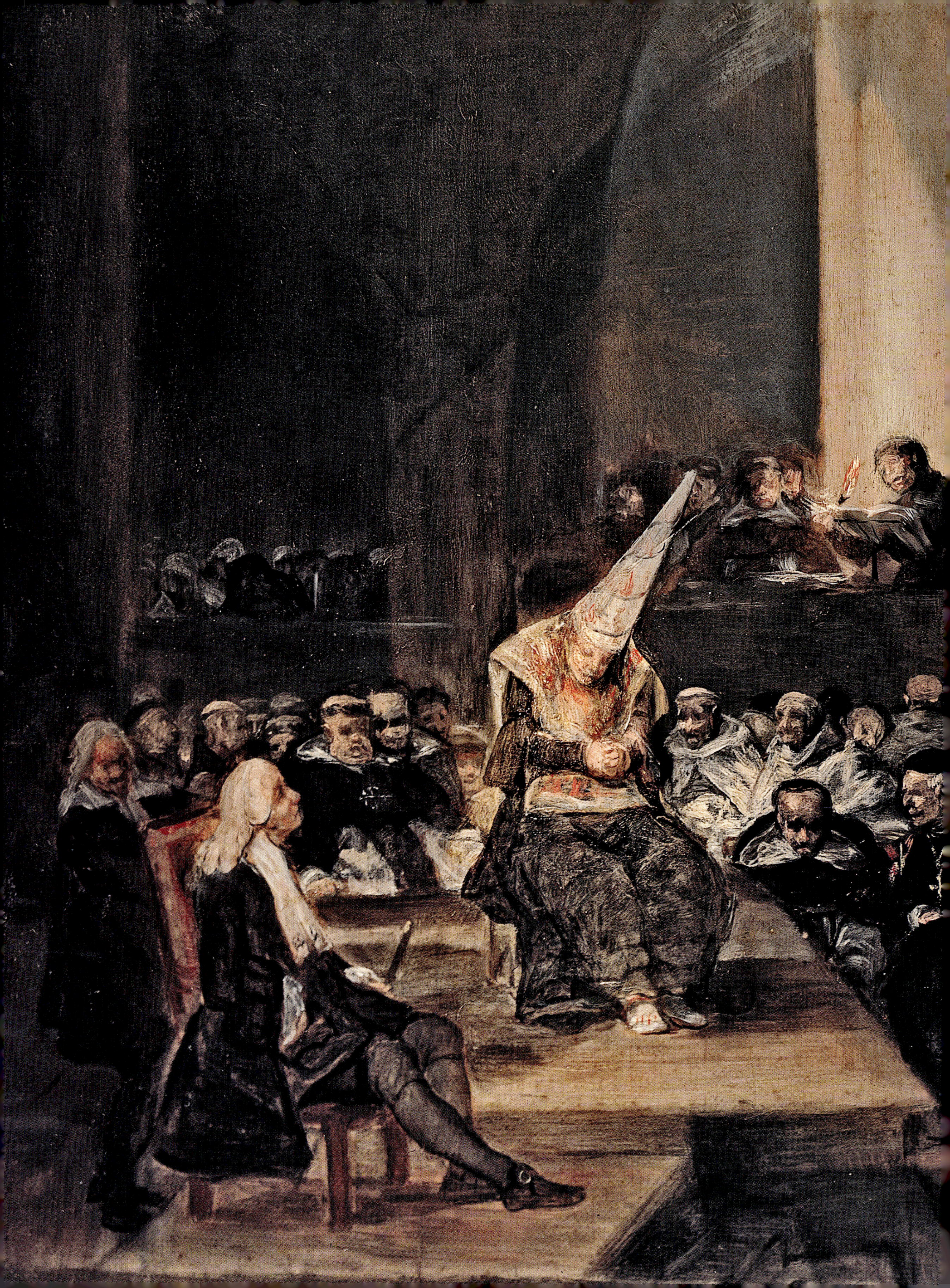

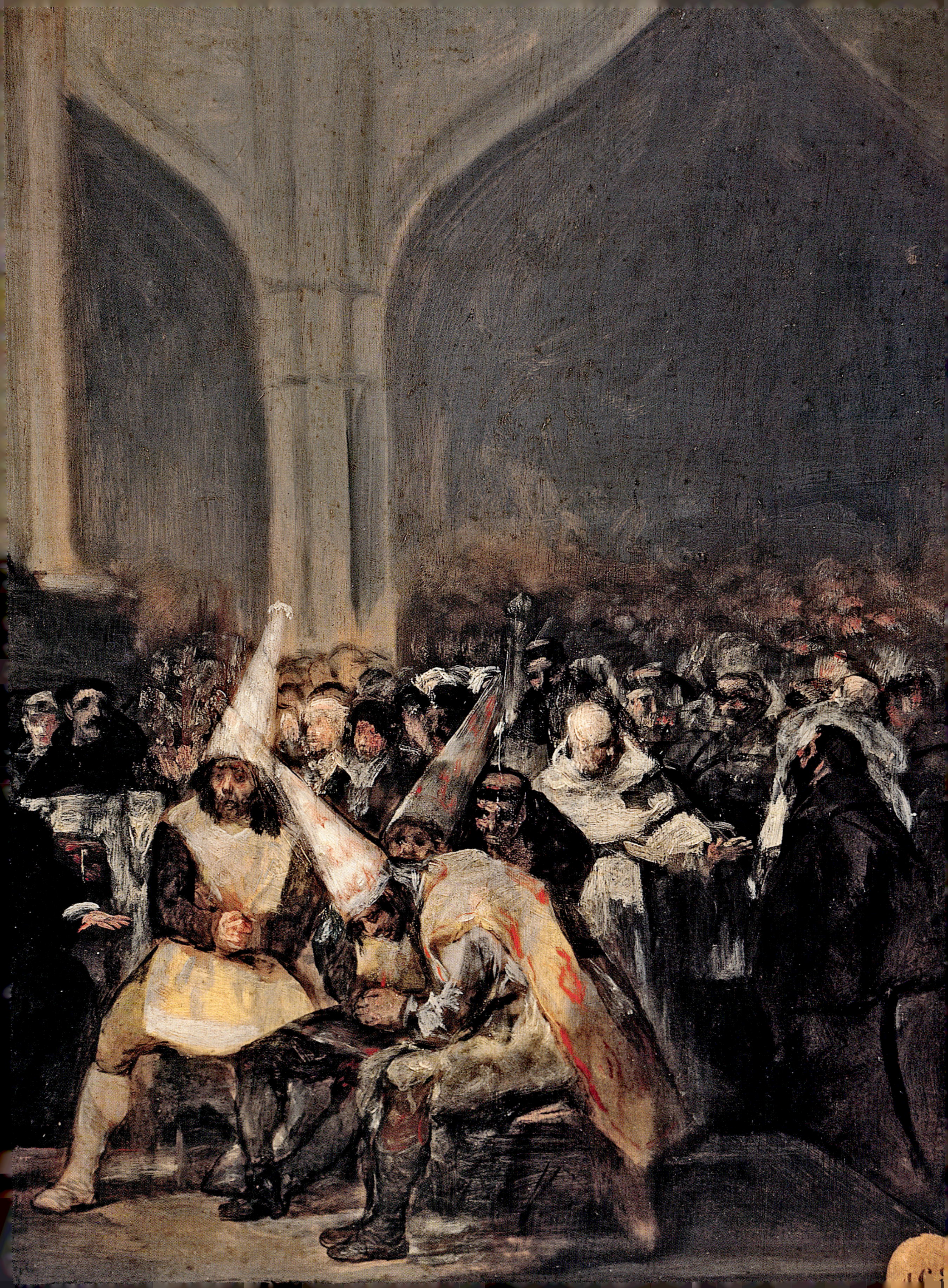

SVLYMAN · OTOMAN · REX · TVRCX ·

der Hjmo virl
80000 ducat

Die Cron dieses Türckischen Keysers Selimanni
ist geschätzt auf fünffmal hundert tausend ducaten.

À droite :
Édouard Moyse, *Famille marrane* (c.1870, musée d'Art et d'Histoire du judaïsme, Paris).
Une famille juive dans la peur. Peur de l'Inquisition ? Des SS ? Du KGB ?

À gauche :
Anonyme, *Le Sultan Soliman le Magnifique portant un casque orné de cabochons* (c. 1532, The Metropolitan Museum of Art, New York).
Guerrier lettré, Soliman le Magnifique fut le seul à accueillir les Juifs chassés d'Espagne. Ce qu'il fit, disait-il, non par charité mais par intérêt. Les Juifs, comme il l'avait prévu, enrichirent et renforcèrent son Empire.

La plupart d'entre eux migrent vers l'Empire ottoman qui les accueille. Ils s'installent à Constantinople, Smyrne, Salonique… Certains vont jusqu'à Jérusalem que restaurait alors Soliman le Magnifique. On lui doit la muraille actuelle qui entoure la vieille ville. « Vous appelez Ferdinand un roi sage, se serait-il exclamé. En expulsant les Juifs, il a appauvri son pays et enrichi le nôtre ! » En effet, nombreux sont les forgerons et les poudriers juifs qui permirent au sultan de renforcer son potentiel militaire. Les artisans juifs, qui avaient importé d'Espagne des techniques éprouvées, ne tardèrent pas à acquérir un grand renom dans les principales villes de l'Empire. L'un de ces Juifs, Joseph Hanassi, devint le conseiller principal de la Sublime Porte à Constantinople et y gagna le titre de duc de Naxos. En représailles contre les persécutions des communautés juives, la tante de Joseph Hanassi, doña Gracia Mendes – forte femme dont je raconterai un jour la vie – bloqua avec sa flotte marchande les ports italiens de l'Adriatique.

LES JUIFS DANS L'EMPIRE OTTOMAN

Encouragés par le duc de Naxos, qui obtint une concession sur la ville de Tibériade, bien des Juifs espagnols, les marranes, ceux qu'on avait convertis de force, vinrent s'installer à Jérusalem, Safed, Hébron et Tibériade. Safed se développa rapidement. Elle compte au début du XVIᵉ siècle près de dix mille Juifs, nombre d'importance pour l'époque. Sous l'influence du rabbin Isaac Louria, qui donna une interprétation toute personnelle du *Zohar* et de la Kabbale, Safed devint le centre de la mystique juive.

LES JUIFS ESPAGNOLS À SAFED

Emanuel de Witte, *Synagogue portugaise d'Amsterdam* (c.1680, musée d'Israël, Jérusalem).

Admirables, ces Juifs qui à peine arrivés plantent leur décor. La synagogue portugaise d'Amsterdam en témoigne. Après quoi, ils prennent acte des règles et traditions du pays. Je m'y suis un jour égaré. Le bedeau m'y enferma involontairement. Je passai la nuit à réfléchir...

Anonyme, *Vue de la Nouvelle-Amsterdam* (1673).
*New York, New York. La Nouvelle-Amsterdam
a aussi ses synagogues et son lot de traditions.*

LES JUIFS SÉFARADES À LA CONQUÊTE DU MONDE

Les Juifs convertis cherchaient un moyen de revenir à la foi de leurs ancêtres, comme le feront des siècles plus tard les Juifs russes. Ils s'installèrent à Naples, aux Pays-Bas et en France, en Gironde, à Bordeaux et à Bayonne notamment. Ce sont ces fameux Juifs portugais dont Pierre Mendès France était si fier. La mère de Michel de Montaigne, née Antoinette de Louppes, était l'une des leurs. À Amsterdam, leur grande synagogue, la synagogue portugaise, où Baruch Spinoza fut excommunié le 27 juillet 1656, attire toujours des foules de touristes. C'est encore chez eux, dans le ghetto – idée d'un doge vénitien en 1516 –, que Rembrandt alla chercher ses personnages. Un autre marrane, le rabbin Menassé ben Israël, fut à l'origine de la Compagnie des Indes occidentales qui aida les Juifs à s'installer au Brésil. Au XVIIe siècle, ceux-ci remontèrent par bateau le long des côtes de l'Amérique latine, où les descendants des marranes, qui avaient accompagné Christophe Colomb dans ses expéditions successives, avaient établi des communautés prospères. Le 4 septembre 1654, ils accostèrent à la pointe de l'île de Manhattan et participèrent à l'édification de la Nouvelle-Amsterdam, qui deviendra New York. Ils ne se doutaient pas que, trois cents ans plus tard, leur petite communauté américaine serait la plus importante au monde.

RETOUR EN POLOGNE

En attendant, c'est en Europe centrale que se concentrait la majorité du peuple juif. Persécutés en Occident et dans les pays de l'islam, les Juifs trouvèrent refuge en Pologne. L'accueil qu'on leur réserva fut si généreux que les nouveaux arrivants traduisirent le nom de ce pays, Polin, par deux mots hébreux, *po-lin*, qui signifient « ici tu te reposeras ». Certains textes hébraïques vont jusqu'à nommer la Pologne Canaan en souvenir de la Terre promise.

Paolo Uccello, *Profanation de l'hostie* (c.1468, Palazzo Ducale, Urbino).

Uccello est le premier peintre à mettre en scène champ et contre-champ. Rares sont les artistes qui, comme lui, surent saisir les corps des hommes noués par la peur des pogromistes, les regards inquiets rivés sur la porte risquant à chaque instant de céder à l'assaut de leurs bourreaux. C'est en découvrant La Bataille d'Uccello, au Louvre, à mon arrivée en France, que je décidai de devenir peintre.

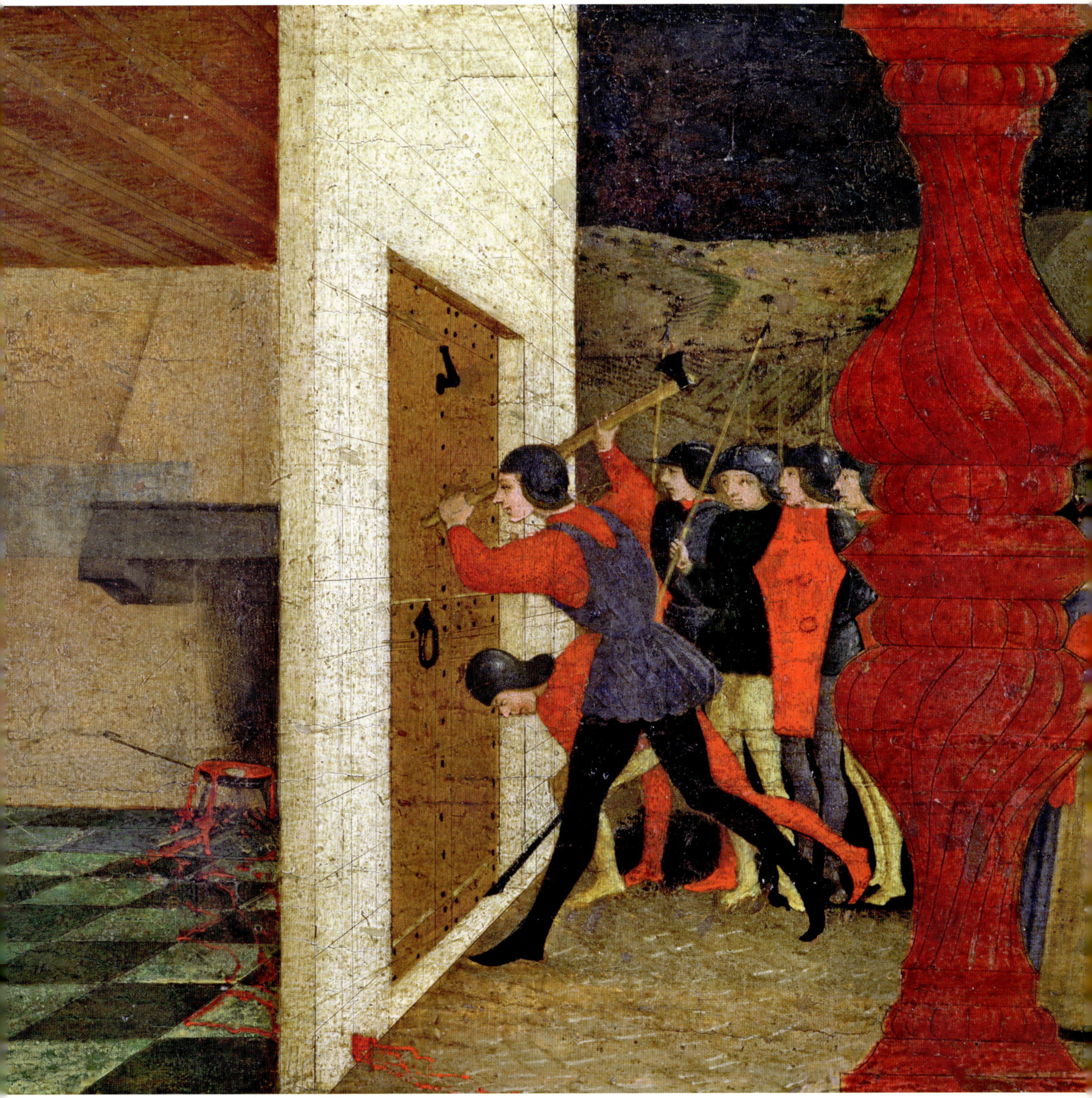

Nombre de régions et villages polonais de l'époque portent un nom à consonance juive. Ainsi, dès le XIIIe siècle, les bourgs de Zydowo et Zydowska (*zyd* veut dire juif en polonais), aux environs de Gniezno et Kalisz. Voilà qui atteste, mieux que les trop rares documents existants, la présence massive des Juifs dans ce jeune royaume.

Chaque fois que l'Europe occidentale persécute les Juifs, les communautés de Pologne et de Lituanie s'agrandissent. Cette migration atteint son paroxysme en 1348, lors de la grande peste : à Chambéry, dans le duché de Savoie, on accuse les Juifs d'empoisonner les puits. Condamnés à être brûlés vifs, ceux-là fuient en grand nombre vers une Pologne toujours disposée à les accueillir.

C'est ainsi que durant plusieurs générations, la Pologne attire des populations juives d'Italie, de Bohême-Moravie, de Bavière, d'Espagne – une colonie séfarade s'installe à Lwów (actuelle Lviv) – et de Crimée. L'unification de la Pologne et de la Lituanie agrandit considérablement le territoire du royaume qui en devient le plus vaste d'Europe après la Russie. La communauté juive de Pologne augmente en proportion. Elle compte alors plus de trois cent mille individus, soit un peu plus de 4 % de la population. Les commerçants et les marchands juifs se font exportateurs, financiers, banquiers et, pour les moins favorisés, fermiers, artisans, ouvriers, etc. Il en naquit une belle culture, religieuse mais aussi laïque.

Ci-dessus :
Rue d'un *shtetl* ashkénaze (1916-1917).

Le shtetl n'était pas un ghetto. C'était un village entièrement habité par des Juifs qui y développèrent, en marge de la société, une économie et une langue, le yiddish. Ce fut le monde de mon enfance.

À droite :
Wilhelm Arndt, *Salomon Maimon* (c.1800).

Lorsque la société chrétienne s'est ouverte aux Juifs, ces derniers, comme ce fut le cas de Salomon Maimon, disciple de Kant, se sont intégrés. Sans pour autant perdre leur judaïté.

D'où vint que cette minorité juive pût accéder à de si grandes responsabilités économiques au sein de la société polonaise ? En Pologne comme ailleurs, l'aristocratie guerrière possédait la terre et détenait le pouvoir. Ses chevaliers, la *Szlachta*, guerroient un peu partout en Europe et jusqu'au Proche-Orient pour leur bonne cause. Leurs exploits nourrissent, comme en France, une littérature et une poétique polonaises.

Mais, à la différence de la France, le roi de Pologne ne tient pas son autorité de Dieu : ce sont ces chevaliers, la Szlachta, qui l'élisent. Cette noblesse, que les guerres éloignent bien souvent du pays, loue ses monopoles aux Juifs, terres, fermages, distillation et commerce de l'alcool… Ces derniers quittent alors les villes en nombre pour s'installer dans les villages où ils ouvrent des débits d'alcool : les *karczma*.

Les lois autorisent les Juifs à voyager sans contrainte et à commercer librement. Souvent receveurs d'impôts et de droits de douane, on les surnomme les « esclaves du trésor ». Leur immunité est telle que la justice punit plus sévèrement le meurtre d'un receveur d'impôts que celui d'un chevalier. Ils jouissent d'une totale liberté de culte. L'Église catholique s'en irrite, elle qui juge exorbitants ces droits contraires aux « principes de la foi chrétienne ». La noblesse, par intérêt ou par amitié, soutient les Juifs contre l'Église.

Les Juifs ont pris une part active au développement économique de la Pologne. Ils ne sont pas les seuls : des Allemands, des Italiens et des Écossais s'installèrent eux aussi dans ce pays en plein essor. Pour la plupart chrétiens, ceux-ci s'assimilèrent. Les Juifs, eux, fidèles à leurs religion, traditions, culture et langues, s'ils s'intégraient, ne s'assimilaient pas. Aussi, malgré le soutien dont ils bénéficiaient, l'Église réussit à les refouler et à les assigner dans des villages, des quartiers ou des rues à part « pour protéger la population chrétienne ». C'est dans ces *shtetl* (petites villes, en yiddish, à majorité juive) que se forgea une solidarité de destin qui permit la conservation du groupe.

Un disciple de Kant, le philosophe juif Salomon Maimon, précise dans ses *Mémoires* : « Il n'existe probablement aucun pays où, comme en Pologne, la liberté de culte soit aussi répandue que la haine religieuse. Les Juifs jouissent d'une totale liberté de croyance et de toutes les libertés civiles. Ils possèdent même leur propre juridiction. En revanche, le seul mot de "juif" sonne comme une abomination. »

LES JUIFS PROTÉGÉS

LA PARTICIPATION DES JUIFS À L'ÉCONOMIE POLONAISE

Paul Lacroix, *Les Juifs de Cologne brûlés vifs* (in *Mœurs et coutumes au Moyen Âge*, 1493, collection Kharbine-Tababor, Paris).

Tous ceux qui voulurent la disparition du peuple juif commencèrent par brûler ses écrits. Enraciné dans les livres, tout Juif devenait alors un livre. De l'Antiquité à Auschwitz, leurs ennemis finirent par les brûler eux-mêmes.

Devant l'hostilité des populations chrétiennes, on ne s'étonnera pas que ces centaines de milliers d'hommes et de femmes qui parlaient le yiddish, surtout les pauvres, se mirent à rêver de se retrouver « l'an prochain à Jérusalem ». Vœu pieux qu'à leurs yeux, seul l'Éternel pouvait accomplir.

DÉBUT DES HOSTILITÉS CHRÉTIENNES

Les hasards de l'Histoire voulurent qu'à la fin du XVIᵉ siècle, les hommes découvrirent que la Terre était bien plus étendue qu'ils ne le croyaient, ronde de surcroît. Ils comprirent que l'univers était infini, parsemé d'autres planètes elles aussi en orbite autour du Soleil. Pour l'avoir proclamé haut et fort, le théologien Giordano Bruno fut brûlé le 17 février 1600 sur la place du Campo dei Fiori, à Rome. Une cohorte d'astronomes s'en sortit mieux que lui : Nicolas Copernic, Tycho Brahe, Johannes Kepler, Galileo Galilei, etc. Par leurs découvertes et dans leurs publications, ils posèrent une question évidente mais fort inquiétante : si Dieu a créé d'autres terres que la Terre, quel est son projet pour l'humanité ? C'est ainsi qu'à la Renaissance le *Zohar*, chef-d'œuvre de la Kabbale composé en araméen vers l'an 1300, fit sa réapparition en hébreu. Grâce à l'invention de l'imprimerie, de Pic de La Mirandole jusqu'au pape Clément VII et à l'empereur Rodolphe II de Habsbourg, l'intelligentsia européenne se mit à étudier la mystique juive et l'hébreu.

L'ASTRONOMIE ET LE ZOHAR

Dès le XVᵉ siècle, les Juifs, soucieux de partager leur savoir, furent parmi les premiers à se lancer dans l'art de l'imprimerie. En 1475 précisément, on trouve déjà leurs ateliers à Reggio de Calabre et Piove di Sacco, puis à Ferrare et Bologne, en Italie. À cette époque, partant d'une xylographie – tablette de bois gravée –, les imprimeurs ne pouvaient cependant tirer qu'une trentaine d'épreuves : la surface encrée du bois, sur laquelle on posait les feuilles de papier l'une après l'autre, s'effritait au bout de quelques passages sous la lourde presse.

L'IMPRIMERIE JUIVE

Le premier à comprendre que, pour tirer des textes à de nombreux exemplaires, il fallait d'abord trouver un matériau plus résistant que le bois fut Johannes Gensfleisch. On le connaît mieux sous le nom de Gutenberg, qui lui vient de son bourg natal près de Mayence. Réfugié à Strasbourg, à l'époque ville libre, pour fuir ses créanciers, il installa son atelier sur la colline Saint-Michel, aujourd'hui quartier de la Montagne verte. Un jour de l'an 1438, il eut l'idée de remplir des moules creux en forme de lettres avec du métal fondu. Le principe était simple, le problème complexe : il fallait trouver le métal – ou l'alliage – capable de résister au poids de la presse. Cette année-là donc, aidé de son associé Hans Düne et du jeune Juif Gabriel, fils d'Aaron, Gutenberg trouva l'alliage parfait, un composé de plomb, de fer, d'étain et d'antimoine. D'une grande fluidité à l'état fondu et d'une grande résistance à l'état solide, il suffisait de le couler dans les moules creusés pour obtenir des caractères métalliques.

GUTENBERG ET GABRIEL, DIT LE HALTER

Une fois le métal refroidi, on assemblait les différentes lettres de manière à former des mots puis des lignes, on les encrait et l'on posait une feuille sur le tout. La presse permettait enfin l'impression du texte sur le papier.

Le jeune Gabriel, fils d'Aaron, descendait d'une longue lignée de scribes. C'est pourquoi, en Alsace, on l'appela Halter – le « gardien » du Livre. C'est mon ancêtre direct.

LA BIBLE DE SONCINO

Après sa révolutionnaire découverte, Johannes Gutenberg retourna à Mayence où il imprima en 1454 la fameuse Bible qui porte son nom. Parce qu'il était juif, Gabriel fils d'Aaron, dit le Halter, ne put obtenir l'autorisation d'avoir une imprimerie à Strasbourg. À Bâle, même refus. À Milan, des Juifs lui parlèrent d'un typographe, Nathan Israël, fils du rabbin Samuel de Spire. Nathan d'Israël s'était installé à Soncino, petite commune de la plaine du Pô, non loin de Crémone, où naîtra plus tard le fameux Antonio Stradivari. Gabriel fils d'Aaron arriva là au bon moment : Nathan Israël et ses deux fils Josué Salomon et Moïse se désespéraient de ne pouvoir faire face aux nombreuses commandes qu'ils recevaient pour le traité Berakhot du Talmud commenté par Maïmonide. Les lettres de bois s'effritaient sans fin. Avec l'invention de Gutenberg, le jeune Gabriel leur apporta la solution. L'imprimerie de Soncino devint très vite l'une des imprimeries juives les plus célèbres d'Europe. Elle put même s'agrandir grâce au parrainage du duc Francesco Sforza, alors maître de la région. La première Bible avec l'indication des voyelles, 580 feuilles comportant chacune deux colonnes de trente lignes, fut achevée en 1488. On l'appela la Bible de Soncino.

De gauche à droite :
• Anonyme, *Gutenberg et sa presse en 1450* (1842, Archives d'art et d'histoire, Berlin).
• Page d'ouverture de la Bible hébraïque de Soncino (1536).

Depuis que j'ai découvert que l'un de mes lointains ancêtres, Gabriel dit le Halter, co-fondateur de l'imprimerie de Soncino, avait travaillé, en 1435 à Strasbourg, avec Johannes Gensfleisch dit Gutenberg, je regarde l'inventeur de l'imprimerie avec admiration et tendresse.

LE LIVRE : LA DEMEURE DIVINE

Pourquoi, se demandent les Juifs, la Bible ne commence-t-elle pas par la lettre *a*, première lettre de l'alphabet, mais par le *b*, la deuxième ? Réponse : parce que la première lettre, c'est Dieu, le Créateur lui-même ; la deuxième est Sa demeure. En hébreu, *b*, *bet* renvoie au mot *baït*, « maison ». La Bible est donc la demeure divine. Une maison, on doit la meubler, l'entretenir, l'enrichir, surtout l'embellir. Aussi, dans la Bible de Soncino, la lettre *b* fut-elle ornée d'une splendide gravure sur bois. Son premier acheteur fut Pic de La Mirandole. La légende veut que Luther se soit procuré cet exemplaire pour sa fameuse traduction en allemand. Quant à la maison des imprimeurs juifs de Soncino, elle existe encore. On peut la voir au croisement de la via Lanfranco et de la via della Stampa. Pour le cinq centième anniversaire de la publication de la Bible de Soncino, le gouvernement italien décida de faire de La Casa degli Stampatori Ebrei un musée national : le Museo della Stampa.

Le *Zohar*, best-seller de l'époque, étonnait par sa clairvoyance. Ce que découvraient, dans leur observatoire de Benatek près de Prague, le Danois Tycho Brahe et l'Allemand Johannes Kepler, assistés du Juif David Ganz, le *Zohar*, lui, l'avait décrit trois siècles plus tôt : « La Terre est ronde comme un globe (*kadour*, en hébreu) et ses habitants diffèrent en raison des conditions climatiques. Ses révolutions veulent que, lorsqu'il fait jour dans l'une des moitiés du globe, la nuit règne sur l'autre moitié et que, lorsque la lumière éclaire une part des habitants de la Terre, pour l'autre part, c'est l'obscurité. De plus, il y a des lieux où le jour est perpétuel, la nuit n'y durant que quelques instants. »

LES MOUVEMENTS MESSIANIQUES

Si les grandes découvertes confirmaient les descriptions du *Zohar*, pourquoi n'en serait-il pas de même pour l'une de ses prévisions essentielle : la délivrance du peuple juif qu'annonce la Kabbale ? Deux grands mouvements messianiques secouèrent alors les communautés juives en Orient et en Occident : celui de David Reubeni en 1524 et celui de Sabbataï Tsevi en 1648.

David Reubeni, à qui j'ai consacré un livre, débarqua un jour à Venise d'un bateau en provenance de l'Égypte. Une garde armée l'entourait et il se disait le frère du roi d'un lointain royaume juif. Il ne prétendait pas incarner le Messie ; il se voyait plutôt en chef militaire chargé de reconquérir Israël par les armes et d'y établir un État juif. C'est dans cet esprit qu'il proposa au pape Clément VII une alliance entre les Juifs et les chrétiens. Le pape prit son projet au sérieux et le recommanda au roi du Portugal. Celui-ci autorisa David Reubeni à rassembler sur son sol une armée composée de marranes. Il lui fournit même les armes.

Ce projet sioniste avant l'heure aurait pu se réaliser si l'un des conseillers du roi portugais Manuel Ier, le jeune converti Diogo Pires, nourri de récits mystiques, n'avait vu dans le personnage de David Reubeni le Messie tant attendu. Pires revint au judaïsme, prit le nom de Salomon Molkho, fit le tour de l'Europe et de la Judée en prédisant coup sur coup, dans ses livres et ses homélies, aussi bien la destruction et l'inondation de Rome qu'un tremblement de terre à Lisbonne. Et voilà Rome noyée par les eaux, Lisbonne ravagée par un effrayant séisme.

Si Salomon Molkho avait prévu ces drames, il pourrait bien avoir aussi raison en annonçant la venue du Messie ? Devant les foules en extase, il désigna David Reubeni comme libérateur du peuple juif, transformant ainsi un projet politico-militaire en un mouvement messianique.

En ces temps d'intolérance religieuse, l'entreprise ne pouvait qu'échouer : Salomon Molkho finit sur le bûcher de l'Inquisition le 13 décembre 1532 et David Reubeni, malgré l'amitié du pape, disparut dans les geôles de l'empereur Charles Quint à qui Salomon Molkho avait auparavant proposé de se convertir au judaïsme. La vague messianique parvint jusqu'à Prague, mais n'atteignit pas la Pologne.

En revanche, un siècle plus tard, le mouvement de Sabbataï Tsevi ébranla profondément les communautés juives polonaises. Né à Smyrne – aujourd'hui Izmir – en 1626, Sabbataï Tsevi, lui, se présente d'emblée comme le Messie. Il a alors vingt-deux ans. Le prophète Nathan de Gaza, un rabbin illuminé mais très populaire, le soutient. Le message messianique de Sabbataï Tsevi sonnait comme une réponse au désespoir des diverses communautés. Ces années-là, en 1648-1649, les bandes de Cosaques de l'hetman Bogdan Khmelnitski massacraient les Juifs en Europe centrale et en Russie, l'Espagne les chassait ou les convertissait de force, le Maroc et le Yémen les persécutaient. Après l'apocalypse, disait la Kabbale, viendrait la délivrance. À l'appel de ce nouveau Messie, des centaines de milliers de Juifs se mirent en route pour Jérusalem.

LA FIN DE L'ESPOIR

Les Turcs arrêtèrent Sabbataï Tsevi en 1666. À Andrinople, aujourd'hui Edirne, le sultan Mehmet IV lui donna le choix entre la mort et l'apostasie. Sabbataï Tsevi choisit la conversion à l'islam. Cette désertion n'empêcha pas la plupart de ses adeptes de continuer à croire en lui. La délivrance ne vint pas.

Anonyme, *Sabbataï Tsevi* (d'après la page de titre du *Tikkun* d'Amsterdam, 1666).

Le rêve messianique accompagne le peuple juif dans ses pérégrinations depuis la destruction du premier Temple de Jérusalem. Mais l'exigence des Juifs envers le Messie est telle qu'aucun prétendant à ce titre ne put apporter les preuves de son élection. On peut dire sans se tromper que, pour les Juifs, tout Messie ne peut être qu'un faux Messie.

עטרת צבי

בימים ההמה ובעת ההיא
אצמיח לדוד צמח צדקה
ועשה משפט וצדקה בארץ

תקון

והגית בו יומם ולילה

Les hassidim

L'a déception engendre l'abattement. Et l'abattement, chez les Juifs, provoque toujours le retour à l'essentiel : l'étude. C'est ainsi, disent les rabbins, que l'homme peut se hisser à la hauteur de la parole divine. Mais les millions de Juifs absorbés par leur travail et la peur des persécutions n'avaient pas le temps de se consacrer à l'étude. De là surgit l'un des mouvements populaires qui marqua le plus la culture de la diaspora : le hassidisme. Pour les hassidim, il suffisait d'une prière sincère, d'une danse, d'un chant ou même d'un cri, pour être entendu de l'Éternel. Les *tsadik*, les justes, avaient la charge de l'étude ; ils partageaient ensuite avec les dévots, les hassidim, les réflexions et commentaires qu'inspiraient leurs lectures et leur fréquentation de la divinité.

Le fondateur du hassidisme fut le rabbin Israël ben Eliezer dit Baal Shem Tov, le « maître du bon nom » en hébreu, né dans les Carpates en l'an 1700. Le hassidisme s'organisa autour des écoles dirigées chacune par un maître et en forte compétition entre elles. Certaines, tels les *loubavitch*, dépassaient par leur renommée les frontières de leur pays. C'était toute une culture, des musiques, des danses, un folklore… Le hassidisme marqua fortement la littérature yiddish et hébraïque.

Les mitnagdim, les opposants

Pareil succès se devait de susciter une contestation. Celle-ci vint des *mitnagdim*, les opposants, organisés autour du rabbin Elyahou ben Salomon Zalman, le *Gaon de Vilna*, le génie de Vilno, soit Vilnus. Pour lui, les hassidim méprisaient le savoir et ses détenteurs pour mieux flatter les masses ignorantes. Les *Pirké avot*, les *Maximes des pères*, sont formelles : seule la lecture et la connaissance peuvent sauver le monde. « Lis, même si tu ne comprends pas ce que tu lis, tu finiras par aimer la lecture. »

La Haskala : l'émancipation

Les hassidim se heurtèrent bientôt à un second groupe d'adversaires : les amis des Lumières, la *Haskala*, influencée par les philosophes du XVIIIe siècle. En Allemagne, le protestantisme ayant adopté le principe de la séparation des Églises et de l'État, certains Juifs comprirent qu'ils pourraient s'intégrer dans leur pays d'adoption sans abandonner leur foi. De là surgirent la revendication de l'émancipation, la reconnaissance des droits civils des Juifs.

Moses Mendelssohn et les Lumières juives

Le philosophe allemand Moses Mendelssohn, ami de Kant et grand-père du compositeur, s'imposa comme le penseur de ce nouveau mouvement. Impressionné par le personnage, Mirabeau publia en 1787 un livre consacré à Mendelssohn et à la lutte pour les droits des Juifs.

Page de gauche :
La bes midresh (maison d'étude) de Baal Shem Tov.

En attendant la délivrance, les Juifs se réunissaient autour des rabbis, les sages. Baal Shem Tov en fut l'un des plus célèbres. On lui attribue la fondation, au début du XVIIIe siècle, du mouvement hassidique, mouvement populaire auquel nous devons une masse d'histoires et de paraboles qui ont nourri l'œuvre de générations d'écrivains, la mienne comprise.

Ci-contre et ci-dessous:
• Anonyme, *Gotthold Ephraim Lessing et Johann Caspar Lavater chez Moses Mendelssohn* (1856, Bibliothèque nationale, Berlin).
• Abbé Grégoire, *Essai sur la régénération physique, morale et politique des Juifs* (1788, Bibliothèque nationale, Paris).

Si le hassidim cherchait des étincelles divines et rédemptrices dans la tradition juive, d'autres, penseurs et philosophes juifs, crurent les avoir trouvées dans le vaste mouvement des Lumières qui traversait alors l'Europe.

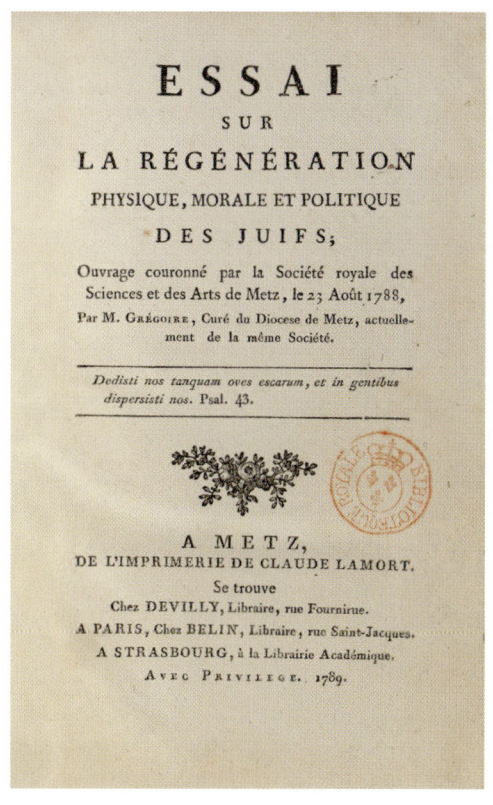

L'abbé Grégoire s'en inspira lorsqu'il défendit devant la Constituante les décrets qui accordaient enfin aux Juifs de France une émancipation civile et politique entière.

Les Américains avaient devancé l'abbé Grégoire, ou du moins l'État de Virginie qui, en 1776, inscrivit ceci dans sa nouvelle Constitution : « Tout homme peut bénéficier du libre exercice de la religion selon sa conscience. » À l'époque, cette décision majeure ne toucha qu'un tout petit nombre de Juifs : ceux qui vivaient en Virginie.

LIBERTÉ des CULTES maintenue par le Gouvernement.

Un Gouvernement sage protège toutes les Religions.
Vous etes tous frères aimez tous le Gouvernement sous lequel vous vivez.

EXPLICATION

1. Buonaparte *montre l'Etre Suprême.* 3. Juif. 5. Ministre Protestant. 7. Evêque Grec. 9. Mahometan.
2. Evêque Catholique. 4. Quaker. 6. Bonze, Prêtre Chinois. 8. Morave. 10. Idolâtre des Indes.

A Paris chez Basset, Md d'Estampes et Fabriquant de Papiers peints, rue St Jacques au coin de celle des Mathurins. N° 670.

La Révolution française

Revenons à l'épisode plus décisif que fut la Révolution française. Quand elle éclata en 1789, il existait en France quatre catégories de Juifs : les Juifs portugais, ceux de Bordeaux, Bayonne et des environs – parmi lesquels des convertis qu'on appelait les « nouveaux chrétiens » et qui installaient des synagogues au sous-sol de leurs églises – ; les Juifs des enclaves pontificales du Comtat Venaissin : Avignon, Carpentras, L'Isle-sur-Sorgue et Cavaillon ; les « Juifs allemands », ceux d'Alsace et de Lorraine, les plus pauvres et les plus nombreux ; enfin les Juifs de Paris, des clandestins puisqu'ils étaient, depuis la signature de l'édit d'expulsion du 17 septembre 1394, interdits de résidence dans la capitale et dans la plus large partie du royaume.

Les Juifs à Paris

On trouve cependant de nombreuses traces d'une présence juive à Paris. Grégoire de Tours décrit en 582 une synagogue précisément située en lieu et place de l'actuel parvis de Notre-Dame. Il y avait aussi, paraît-il, une « cour de la juiverie » là où fut construite la gare de la Bastille et aujourd'hui l'opéra du même nom. Tout le quartier était juif à l'époque, jusqu'à l'expulsion des Juifs de France par Philippe Auguste en juillet 1182. Au Moyen Âge, la rue de la Harpe s'appelait la rue de la Juiverie. C'est là, sous saint Louis, que se tenait en 1225 la fameuse *yeshiva* du Rav Yehiel. En ce temps-là, le cimetière juif s'étendait jusqu'à l'angle des futurs boulevards Saint-Michel et Saint-Germain. Lors des grands travaux en 1849, on y découvrit des pierres tombales portant des inscriptions hébraïques. Au XIIIe siècle, à l'époque où l'on brûlait le Talmud sur la place de Grève, derrière l'actuel Hôtel de Ville, la grande synagogue s'élevait rue de la Cité. Philippe le Bel la détruisit en 1306, le jour de la Sainte-Madeleine. Il y avait aussi, avant la Révolution, un traiteur juif rue Michel-le-Comte, une autre synagogue rue des Bouchers, l'imprimerie de Simon Jacob rue Montorgueil où travailla mon ancêtre Berl Halter venu d'Alsace…
Les débats sur les droits civils à accorder aux Juifs durèrent plus de deux ans. Enfin, le 27 septembre 1791, l'Assemblée nationale vota le texte définitif du décret d'émancipation. Mais c'est le comte de Clermont-Tonnerre qui précisa l'idée que se faisaient la plupart des membres de la Constituante : « Il faut tout refuser aux Juifs comme nation et tout accorder aux Juifs comme individus. »
C'est Napoléon qui réclama la création d'une représentation communautaire, le Grand Sanhédrin, en 1807. Dès lors, les Juifs de France récupérèrent le droit de gérer leurs affaires consistoriales, tout en étant citoyens à part entière de la République.

Anonyme, *Liberté des cultes maintenue par le gouvernement* (1801, musée Carnavalet, Paris).

Avec la Révolution française, le messianisme laïc prit de court le messianisme religieux.

Ci-dessus :
Quartier juif de Cochin, État du Kerala, Inde (par Abraham Nowitz).

Il suffit qu'un hindou adhère à la religion juive pour qu'il devienne automatiquement l'héritier de l'histoire juive et qu'il répète chaque année à Pâque : « l'an prochain à Jérusalem ».

À droite :
Alfred de Dreux, *Le Baron Lionel de Rothschild* (1838, NM Rothschild & Sons Ldt., Londres).

Dans les ghettos de l'Europe centrale, disait-on, les Juifs n'avaient que deux moyens de s'en sortir : suivre le chemin de Jehudi Menuhin ou celui des Rothschild. Acheter un violon était évidemment plus réalisable qu'une banque. Le violon devint donc l'instrument de prédilection des Juifs d'alors. Quant aux Rothschild, leur rang était envié mais inaccessible. Comme disait mon grand-père Abraham : « La calèche n'abolit pas l'image que l'antisémite se fait des Juifs. »

L'émancipation des Juifs par la Révolution française eut un retentissement mondial. En revanche, les Juifs d'Europe de l'Est durent attendre la révolution russe de février 1917 pour accéder au titre de citoyens. Cela n'empêcha pas les bolcheviks, une fois au pouvoir, de lancer de virulentes campagnes contre le judaïsme. Les pays musulmans renoncèrent moins facilement à leur loi de discrimination. En Afrique du Nord, les pouvoirs coloniaux imposèrent l'émancipation ainsi qu'au Levant, après la Première Guerre mondiale, dans les territoires enlevés à l'Empire ottoman vaincu. Mais le Yémen, par exemple, ne supprima jamais les discriminations qui frappaient les Juifs et ceux-ci n'obtinrent de pleins droits civils qu'en quittant le pays pour s'installer en Israël.

Et les Juifs d'Asie ? La communauté chinoise de Kaifeng, qui s'était constituée, dit-on, sous la dynastie Song (960-1279), les communautés établies aux Indes dans la région de Cochin depuis 973 avant notre ère vécurent, comme les autres sectes locales, sans problème majeur. De même que les Enfants d'Israël, *Bneï Israël*, installés à Bombay et ses environs, et qui prétendaient appartenir aux dix tribus d'Israël déportées par le roi d'Assyrie Teglath-Phalasar en 722 avant notre ère.

L'AFFAIRE DREYFUS

L'émancipation donna aux Juifs d'Europe occidentale des droits identiques à ceux de leurs concitoyens. Elle ne fit pas pour autant disparaître la haine. L'affaire Dreyfus éclata en 1894. Elle est exemplaire. Sans émancipation, un Juif n'aurait jamais pu accéder à l'académie militaire et, de surcroît, entrer à l'état-major de l'armée. On y découvrit un jour un acte d'espionnage. Et, parce que Dreyfus était juif, c'est lui que l'on soupçonna aussitôt de trahison. Une partie de l'opinion se mobilisa contre les Juifs à la suite de la Ligue nationale antisémite de France. Mais d'autres Français, isolés au départ mais ralliant à eux tous les défenseurs de la République, prirent le parti de la justice, celui de Dreyfus. En 1898, Zola publia son fameux « J'accuse…! » à la une de *L'Aurore*, journal de Georges Clemenceau. Les intellectuels ne furent pas seuls à défendre un innocent.

Au sein de l'armée, des hommes courageux, tel le colonel Georges Picquart, alors chef du contre-espionnage, s'engagèrent eux aussi contre les mensonges de l'état-major. L'affaire Dreyfus passionna et divisa la France pendant près de dix ans. Elle se termina en 1906 par l'acquittement de Dreyfus. Le vrai coupable, l'homme qui avait transmis des documents secrets aux Allemands, le commandant Ferdinand Walsin Esterházy, s'enfuit en Grande-Bretagne. La communauté juive anglaise réagit violemment à son arrivée.

C'était là aussi une longue histoire. L'Angleterre avait expulsé les Juifs en 1290 ; ils n'y revinrent qu'en 1656 sous Édouard Ier. Leur retour fut négocié entre le rabbin amsterdamois Menassé ben Israël, l'ami de Rembrandt, et Cromwell. En 1855, David Salomons devint lord-maire de Londres et, trois ans plus tard, le baron Lionel de Rothschild se fit élire au Parlement. Un autre Juif, Benjamin Disraeli, fut par deux fois le Premier ministre de la reine Victoria, en 1867-1868 et de 1874 à 1880. Au moment de l'affaire Dreyfus, il y avait plus de trois cent mille Juifs en Angleterre.

LES JUIFS EN ANGLETERRE

Musée des Horreurs

N° 6

le Traître!

V. Lenepveu

Imp.-Gérant: LENEPVEU, 58, rue Dula...

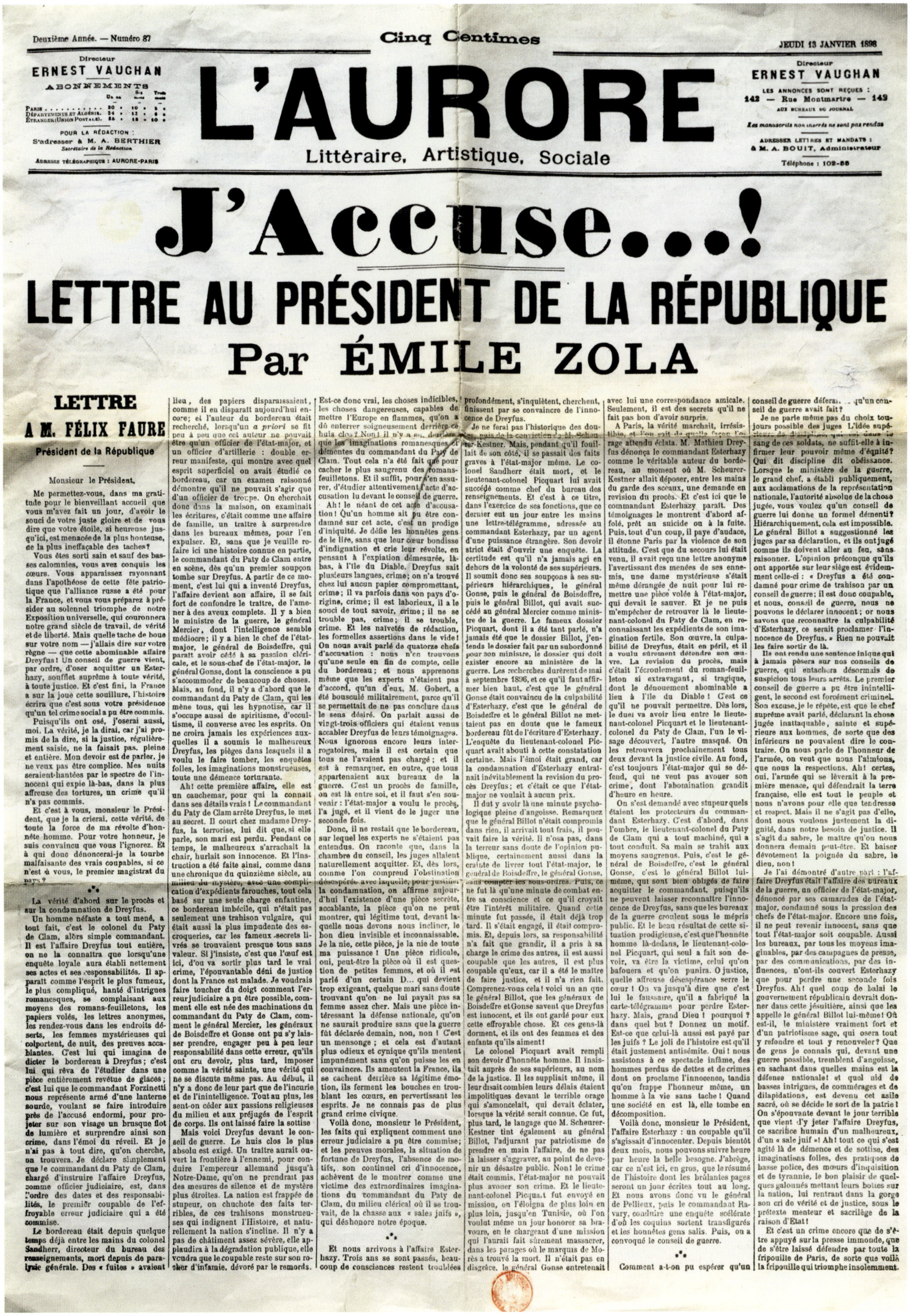

Deuxième Année. — Numéro 87

Cinq Centimes

JEUDI 13 JANVIER 1898

Directeur
ERNEST VAUGHAN

ABONNEMENTS

	Un an	Six mois	Trois mois
Paris	20 »	10 »	5 »
Départements et Algérie	24 »	12 »	6 »
Étranger (Union Postale)	35 »	18 »	10 »

POUR LA RÉDACTION :
S'adresser à M. A. BERTHIER
Secrétaire de la Rédaction

Adresse télégraphique : AURORE-PARIS

L'AURORE

Littéraire, Artistique, Sociale

Directeur
ERNEST VAUGHAN

LES ANNONCES SONT REÇUES :
142 — Rue Montmartre — 142
AUX BUREAUX DU JOURNAL

Les manuscrits non insérés ne sont pas rendus

ADRESSER LETTRES ET MANDATS :
à M. A. BOUIT, Administrateur

Téléphone : 102-88

J'Accuse...!

LETTRE AU PRÉSIDENT DE LA RÉPUBLIQUE

Par ÉMILE ZOLA

LETTRE
A M. FÉLIX FAURE
Président de la République

Monsieur le Président,

Me permettez-vous, dans ma gratitude pour le bienveillant accueil que vous m'avez fait un jour, d'avoir le souci de votre juste gloire et de vous dire que votre étoile, si heureuse jusqu'ici, est menacée de la plus honteuse, de la plus ineffaçable des taches?

Vous êtes sorti sain et sauf des basses calomnies, vous avez conquis les cœurs. Vous apparaissez rayonnant dans l'apothéose de cette fête patriotique que l'alliance russe a été pour la France, et vous vous préparez à présider au solennel triomphe de notre Exposition universelle, qui couronnera notre grand siècle de travail, de vérité et de liberté. Mais quelle tache de boue sur votre nom — j'allais dire sur votre règne — que cette abominable affaire Dreyfus! Un conseil de guerre vient, par ordre, d'oser acquitter un Esterhazy, soufflet suprême à toute vérité, à toute justice. Et c'est fini, la France a sur la joue cette souillure, l'histoire écrira que c'est sous votre présidence qu'un tel crime social a pu être commis.

Puisqu'ils ont osé, j'oserai aussi, moi. La vérité, je la dirai, car j'ai promis de la dire, si la justice, régulièrement saisie, ne la faisait pas, pleine et entière. Mon devoir est de parler, je ne veux pas être complice. Mes nuits seraient hantées par le spectre de l'innocent qui expie là-bas, dans la plus affreuse des tortures, un crime qu'il n'a pas commis.

Et c'est à vous, monsieur le Président, que je la crierai, cette vérité, de toute la force de ma révolte d'honnête homme. Pour votre honneur, je suis convaincu que vous l'ignorez. Et à qui donc dénoncerai-je la tourbe malfaisante des vrais coupables, si ce n'est à vous, le premier magistrat du pays?

***

La vérité d'abord sur le procès et sur la condamnation de Dreyfus.

Un homme néfaste a tout mené, a tout fait, c'est le colonel du Paty de Clam, alors simple commandant. Il est l'affaire Dreyfus tout entière, on ne la connaîtra que lorsqu'une enquête loyale aura établi nettement ses actes et ses responsabilités. Il apparaît comme l'esprit le plus fumeux, le plus compliqué, hanté d'intrigues romanesques, se complaisant aux moyens des romans-feuilletons, les papiers volés, les lettres anonymes, les rendez-vous dans les endroits déserts, les femmes mystérieuses qui colportent, de nuit, des preuves accablantes. C'est lui qui imagina de dicter le bordereau à Dreyfus; c'est lui qui rêva de l'étudier dans une pièce entièrement revêtue de glaces; c'est lui que le commandant Forzinetti nous représente armé d'une lanterne sourde, voulant se faire introduire près de l'accusé endormi, pour projeter sur son visage un brusque flot de lumière et surprendre ainsi son crime, dans l'émoi du réveil. Et je n'ai pas à tout dire, qu'on cherche, on trouvera. Je déclare simplement que le commandant du Paty de Clam, chargé d'instruire l'affaire Dreyfus, comme officier judiciaire, est, dans l'ordre des dates et des responsabilités, le premier coupable de l'effroyable erreur judiciaire qui a été commise.

Le bordereau était depuis quelque temps déjà entre les mains du colonel Sandherr, directeur du bureau des renseignements, mort depuis de paralysie générale. Des « fuites » avaient lieu, des papiers disparaissaient, comme il en disparaît aujourd'hui encore; et l'auteur du bordereau était recherché, lorsqu'un *a priori* se fit peu à peu que cet auteur ne pouvait être qu'un officier de l'état-major, et un officier d'artillerie : double erreur manifeste, qui montre avec quel esprit superficiel on avait étudié ce bordereau, car un examen raisonné démontre qu'il ne pouvait s'agir que d'un officier de troupe. On cherchait donc dans la maison, on examinait les écritures, c'était comme une affaire de famille, un traître à surprendre dans les bureaux mêmes, pour l'en expulser. Et, sans que je veuille refaire ici une histoire connue en partie, le commandant du Paty de Clam entre en scène, dès qu'un premier soupçon tombe sur Dreyfus. A partir de ce moment, c'est lui qui a inventé Dreyfus, l'affaire devient son affaire, il se fait fort de confondre le traître, de l'amener à des aveux complets. Il y a bien le ministre de la guerre, le général Mercier, dont l'intelligence semble médiocre; il y a bien le chef de l'état-major, le général de Boisdeffre, qui paraît avoir cédé à sa passion cléricale, et le sous-chef de l'état-major, le général Gonse, dont la conscience a pu s'accommoder de beaucoup de choses. Mais, au fond, il n'y a d'abord que le commandant du Paty de Clam, qui les mène tous, qui les hypnotise, car il s'occupe aussi de spiritisme, d'occultisme, il converse avec les esprits. On ne croira jamais les expériences auxquelles il a soumis le malheureux Dreyfus, les pièges dans lesquels il a voulu le faire tomber, les enquêtes folles, les imaginations monstrueuses, toute une démence torturante.

Ah! cette première affaire, elle est un cauchemar, pour qui la connaît dans ses détails vrais! Le commandant du Paty de Clam arrête Dreyfus, le met au secret. Il court chez madame Dreyfus, la terrorise, lui dit que, si elle parle, son mari est perdu. Pendant ce temps, le malheureux s'arrachait la chair, hurlait son innocence. Et l'instruction a été faite ainsi, comme dans une chronique du quinzième siècle, au milieu du mystère, avec une complication d'expédients farouches, tout cela basé sur une seule charge enfantine, ce bordereau imbécile, qui n'était pas seulement une trahison vulgaire, qui était aussi la plus impudente des escroqueries, car les fameux secrets livrés se trouvaient presque tous sans valeur. Si j'insiste, c'est que l'œuf est ici, d'où va sortir plus tard le vrai crime, l'épouvantable déni de justice dont la France est malade. Je voudrais faire toucher du doigt comment l'erreur judiciaire a pu être possible, comment elle est née des machinations du commandant du Paty de Clam, comment le général Mercier, les généraux de Boisdeffre et Gonse ont pu s'y laisser prendre, engager peu à peu leur responsabilité dans cette erreur, qu'ils ont cru devoir, plus tard, imposer comme la vérité sainte, une vérité qui ne se discute même pas. Au début, il n'y a donc de leur part que de l'incurie et de l'inintelligence. Tout au plus, les sent-on céder aux passions religieuses du milieu et aux préjugés de l'esprit de corps. Ils ont laissé faire la sottise

Mais voici Dreyfus devant le conseil de guerre. Le huis clos le plus absolu est exigé. Un traître aurait ouvert la frontière à l'ennemi, pour conduire l'empereur allemand jusqu'à Notre-Dame, qu'on ne prendrait pas des mesures de silence et de mystère plus étroites. La nation est frappée de stupeur, on chuchote des faits terribles, de ces trahisons monstrueuses qui indignent l'Histoire, et naturellement la nation s'incline. Il n'y a pas de châtiment assez sévère, elle applaudira à la dégradation publique, elle voudra que le coupable reste sur son rocher d'infamie, dévoré par le remords. Est-ce donc vrai, les choses indicibles, les choses dangereuses, capables de mettre l'Europe en flammes, qu'on a dû enterrer soigneusement derrière ce huis clos? Non! il n'y a eu, derrière, que les imaginations romanesques et démentes du commandant du Paty de Clam. Tout cela n'a été fait que pour cacher le plus saugrenu des romans-feuilletons. Et il suffit, pour s'en assurer, d'étudier attentivement l'acte d'accusation lu devant le conseil de guerre.

Ah! le néant de cet acte d'accusation! Qu'un homme ait pu être condamné sur cet acte, c'est un prodige d'iniquité. Je défie les honnêtes gens de le lire, sans que leur cœur bondisse d'indignation et crie leur révolte, en pensant à l'expiation démesurée, là-bas, à l'île du Diable. Dreyfus sait plusieurs langues, crime; on n'a trouvé chez lui aucun papier compromettant, crime; il va parfois dans son pays d'origine, crime; il est laborieux, il a le souci de tout savoir, crime; il ne se trouble pas, crime; il se trouble, crime. Et les naïvetés de rédaction, les formelles assertions dans le vide! On nous avait parlé de quatorze chefs d'accusation : nous n'en trouvons qu'une seule en fin de compte, celle du bordereau; et nous apprenons même que les experts n'étaient pas d'accord, qu'un d'eux, M. Gobert, a été bousculé militairement, parce qu'il se permettait de ne pas conclure dans le sens désiré. On parlait aussi de vingt-trois officiers qui étaient venus accabler Dreyfus de leurs témoignages. Nous ignorons encore leurs interrogatoires, mais il est certain que tous ne l'avaient pas chargé; et il est à remarquer, en outre, que tous appartenaient aux bureaux de la guerre. C'est un procès de famille, on est là entre soi, et il faut s'en souvenir : l'état-major a voulu le procès, l'a jugé, et il vient de le juger une seconde fois.

Donc, il ne restait que le bordereau, sur lequel les experts ne s'étaient pas entendus. On raconte que, dans la chambre du conseil, les juges allaient naturellement acquitter. Et, dès lors, comme l'on comprend l'obstination désespérée avec laquelle, pour justifier la condamnation, on affirme aujourd'hui l'existence d'une pièce secrète, accablante, la pièce qu'on ne peut montrer, qui légitime tout, devant laquelle nous devons nous incliner, le bon dieu invisible et inconnaissable. Je la nie, cette pièce, je la nie de toute ma puissance! Une pièce ridicule, oui, peut-être la pièce où il est question de petites femmes, et où il est parlé d'un certain D... qui devient trop exigeant, quelque mari sans doute trouvant qu'on ne lui payait pas sa femme assez cher. Mais une pièce intéressant la défense nationale, qu'on ne saurait produire sans que la guerre fût déclarée demain, non, non! C'est un mensonge; et cela est d'autant plus odieux et cynique qu'ils mentent impunément sans qu'on puisse les en convaincre. Ils ameutent la France, ils se cachent derrière sa légitime émotion, ils ferment les bouches en troublant les cœurs, en pervertissant les esprits. Je ne connais pas de plus grand crime civique.

Voilà donc, monsieur le Président, les faits qui expliquent comment une erreur judiciaire a pu être commise; et les preuves morales, la situation de fortune de Dreyfus, l'absence de motifs, son continuel cri d'innocence, achèvent de le montrer comme une victime des extraordinaires imaginations du commandant du Paty de Clam, du milieu clérical où il se trouvait, de la chasse aux « sales juifs », qui déshonore notre époque.

***

Et nous arrivons à l'affaire Esterhazy. Trois ans se sont passés, beaucoup de consciences restent troublées profondément, s'inquiètent, cherchent, finissent par se convaincre de l'innocence de Dreyfus.

Je ne ferai pas l'historique des doutes, puis de la conviction de M. Scheurer-Kestner. Mais, pendant qu'il fouillait de son côté, il se passait des faits graves à l'état-major même. Le colonel Sandherr était mort, et le lieutenant-colonel Picquart lui avait succédé comme chef du bureau des renseignements. Et c'est à ce titre, dans l'exercice de ses fonctions, que ce dernier eut un jour entre les mains une lettre-télégramme, adressée au commandant Esterhazy, par un agent d'une puissance étrangère. Son devoir strict était d'ouvrir une enquête. La certitude est qu'il n'a jamais agi en dehors de la volonté de ses supérieurs. Il soumit donc ses soupçons à ses supérieurs hiérarchiques, le général Gonse, puis le général de Boisdeffre, puis le général Billot, qui avait succédé au général Mercier comme ministre de la guerre. Le fameux dossier Picquart, dont il a été tant parlé, n'a jamais été que le dossier Billot, j'entends le dossier fait par un subordonné pour son ministre, le dossier qui doit exister encore au ministère de la guerre. Les recherches durèrent de mai à septembre 1896, et ce qu'il faut affirmer bien haut, c'est que le général Gonse était convaincu de la culpabilité d'Esterhazy, c'est que le général de Boisdeffre et le général Billot ne mettaient pas en doute que le fameux bordereau fût de l'écriture d'Esterhazy. L'enquête du lieutenant-colonel Picquart avait abouti à cette constatation certaine. Mais l'émoi était grand, car la condamnation d'Esterhazy entraînait inévitablement la revision du procès Dreyfus; et c'était ce que l'état-major ne voulait à aucun prix.

Il dut y avoir là une minute psychologique pleine d'angoisse. Remarquez que le général Billot n'était compromis dans rien, il arrivait tout frais, il pouvait faire la vérité. Il n'osa pas, dans la terreur sans doute de l'opinion publique, certainement aussi dans la crainte de livrer tout l'état-major, le général de Boisdeffre, le général Gonse, sans compter les sous-ordres. Puis, ce ne fut là qu'une minute de combat entre sa conscience et ce qu'il croyait être l'intérêt militaire. Quand cette minute fut passée, il était déjà trop tard. Il s'était engagé, il était compromis. Et, depuis lors, sa responsabilité n'a fait que grandir, il a pris à sa charge le crime des autres, il est aussi coupable que les autres, il est plus coupable qu'eux, car il a été le maître de faire justice, et il n'a rien fait. Comprenez-vous cela! voici un an que le général Billot, que les généraux de Boisdeffre et Gonse savent que Dreyfus est innocent, et ils ont gardé pour eux cette effroyable chose. Et ces gens-là dorment, et ils ont des femmes et des enfants qu'ils aiment!

Le colonel Picquart avait rempli son devoir d'honnête homme. Il insistait auprès de ses supérieurs, au nom de la justice. Il les suppliait même, il leur disait combien leurs délais étaient impolitiques devant le terrible orage qui s'amoncelait, qui devait éclater, lorsque la vérité serait connue. Ce fut, plus tard, le langage que M. Scheurer-Kestner tint également au général Billot, l'adjurant par patriotisme de prendre en main l'affaire, de ne pas la laisser s'aggraver, au point de devenir un désastre public. Non! le crime était commis, l'état-major ne pouvait plus avouer son crime. Et le lieutenant-colonel Picquart fut envoyé en mission, on l'éloigna de plus loin en plus loin, jusqu'en Tunisie, où l'on voulut même un jour honorer sa bravoure, en le chargeant d'une mission qui l'aurait fait sûrement massacrer, dans les parages où le marquis de Morès a trouvé la mort. Il n'était pas en disgrâce, le général Gonse entretenait avec lui une correspondance amicale. Seulement, il est des secrets qu'il ne fait pas bon d'avoir surpris.

A Paris, la vérité marchait, irrésistible, et l'on sait de quelle façon l'orage attendu éclata. M. Mathieu Dreyfus dénonça le commandant Esterhazy comme le véritable auteur du bordereau, au moment où M. Scheurer-Kestner allait déposer, entre les mains du garde des sceaux, une demande en revision du procès. Et c'est ici que le commandant Esterhazy paraît. Des témoignages le montrent d'abord affolé, prêt au suicide ou à la fuite. Puis, tout d'un coup, il paye d'audace, il étonne Paris par la violence de son attitude. C'est que du secours lui était venu, il avait reçu une lettre anonyme l'avertissant des menées de ses ennemis, une dame mystérieuse s'était même dérangée de nuit pour lui remettre une pièce volée à l'état-major, qui devait le sauver. Et je ne puis m'empêcher de retrouver là le lieutenant-colonel du Paty de Clam, en reconnaissant les expédients de son imagination fertile. Son œuvre, la culpabilité de Dreyfus, était en péril, et il a voulu sûrement défendre son œuvre. La revision du procès, mais c'était l'écroulement du roman-feuilleton si extravagant, si tragique, dont le dénouement abominable a lieu à l'île du Diable! C'est ce qu'il ne pouvait permettre. Dès lors, le duel va avoir lieu entre le lieutenant-colonel Picquart et le lieutenant-colonel du Paty de Clam, l'un le visage découvert, l'autre masqué. On les retrouvera prochainement tous deux devant la justice civile. Au fond, c'est toujours l'état-major qui se défend, qui ne veut pas avouer son crime, dont l'abomination grandit d'heure en heure.

On s'est demandé avec stupeur quels étaient les protecteurs du commandant Esterhazy. C'est d'abord, dans l'ombre, le lieutenant-colonel du Paty de Clam qui a tout machiné, qui a tout conduit. Sa main se trahit aux moyens saugrenus. Puis, c'est le général de Boisdeffre, c'est le général Gonse, c'est le général Billot lui-même, qui sont bien obligés de faire acquitter le commandant, puisqu'ils ne peuvent laisser reconnaître l'innocence de Dreyfus, sans que les bureaux de la guerre croulent sous le mépris public. Et le beau résultat de cette situation prodigieuse, c'est que l'honnête homme là-dedans, le lieutenant-colonel Picquart, qui seul a fait son devoir, va être la victime, celui qu'on bafouera et qu'on punira. O justice, quelle affreuse désespérance serre le cœur! On va jusqu'à dire que c'est lui le faussaire, qu'il a fabriqué la carte-télégramme pour perdre Esterhazy. Mais, grand Dieu! pourquoi? dans quel but? Donnez un motif. Est-ce que celui-là aussi est payé par les juifs? Le joli de l'histoire est qu'il était justement antisémite. Oui! nous assistons à ce spectacle infâme, des hommes perdus de dettes et de crimes dont on proclame l'innocence, tandis qu'on frappe l'honneur même, un homme à la vie sans tache! Quand une société en est là, elle tombe en décomposition.

Voilà donc, monsieur le Président, l'affaire Esterhazy : un coupable qu'il s'agissait d'innocenter. Depuis bientôt deux mois, nous pouvons suivre heure par heure la belle besogne. J'abrège, car ce n'est ici, en gros, que le résumé de l'histoire dont les brûlantes pages seront un jour écrites tout au long. Et nous avons donc vu le général de Pellieux, puis le commandant Ravary, conduire une enquête scélérate d'où les coquins sortent transfigurés et les honnêtes gens salis. Puis, on a convoqué le conseil de guerre.

***

Comment a-t-on pu espérer qu'un conseil de guerre déferait ce qu'un conseil de guerre avait fait?

Je ne parle même pas du choix toujours possible des juges. L'idée supérieure de discipline, qui est dans le sang de ces soldats, ne suffit-elle à infirmer leur pouvoir même d'équité? Qui dit discipline dit obéissance. Lorsque le ministère de la guerre, le grand chef, a établi publiquement, aux acclamations de la représentation nationale, l'autorité absolue de la chose jugée, vous voulez qu'un conseil de guerre lui donne un formel démenti? Hiérarchiquement, cela est impossible. Le général Billot a suggestionné les juges par sa déclaration, et ils ont jugé comme ils doivent aller au feu, sans raisonner. L'opinion préconçue qu'ils ont apportée sur leur siège est évidemment celle-ci : « Dreyfus a été condamné pour crime de trahison par un conseil de guerre; il est donc coupable, et nous, conseil de guerre, nous ne pouvons le déclarer innocent; or nous savons que reconnaître la culpabilité d'Esterhazy, ce serait proclamer l'innocence de Dreyfus. » Rien ne pouvait les faire sortir de là.

Ils ont rendu une sentence inique qui à jamais pèsera sur nos conseils de guerre, qui entachera désormais de suspicion tous leurs arrêts. Le premier conseil de guerre a pu être inintelligent, le second est forcément criminel. Son excuse, je le répète, est que le chef suprême avait parlé, déclarant la chose jugée inattaquable, sainte et supérieure aux hommes, de sorte que des inférieurs ne pouvaient dire le contraire. On nous parle de l'honneur de l'armée, on veut que nous l'aimions, que nous la respections. Ah! certes, oui, l'armée qui se lèverait à la première menace, qui défendrait la terre française, elle est tout le peuple et nous n'avons pour elle que tendresse et respect. Mais il ne s'agit pas d'elle, dont nous voulons justement la dignité, dans notre besoin de justice. Il s'agit du sabre, le maître qu'on nous donnera demain peut-être. Et baiser dévotement la poignée du sabre, le dieu, non!

Je l'ai démontré d'autre part : l'affaire Dreyfus était l'affaire des bureaux de la guerre, un officier de l'état-major, dénoncé par ses camarades de l'état-major, condamné sous la pression des chefs de l'état-major. Encore une fois, il ne peut revenir innocent, sans que tout l'état-major soit coupable. Aussi les bureaux, par tous les moyens imaginables, par des campagnes de presse, par des communications, par des influences, n'ont-ils couvert Esterhazy que pour perdre une seconde fois Dreyfus. Ah! quel coup de balai le gouvernement républicain devrait donner dans cette jésuitière, ainsi que les appelle le général Billot lui-même! Où est-il, le ministère vraiment fort et d'un patriotisme sage, qui osera tout y refondre et tout y renouveler? Que de gens je connais qui, devant une guerre possible, tremblent d'angoisse, en sachant dans quelles mains est la défense nationale! et quel nid de basses intrigues, de commérages et de dilapidations, est devenu cet asile sacré, où se décide le sort de la patrie! On s'épouvante devant le jour terrible que vient d'y jeter l'affaire Dreyfus, ce sacrifice humain d'un malheureux, d'un « sale juif »! Ah! tout ce qui s'est agité là de démence et de sottise, des imaginations folles, des pratiques de basse police, des mœurs d'inquisition et de tyrannie, le bon plaisir de quelques galonnés mettant leurs bottes sur la nation, lui rentrant dans la gorge son cri de vérité et de justice, sous le prétexte menteur et sacrilège de la raison d'Etat!

Et c'est un crime encore que de s'être appuyé sur la presse immonde, que de s'être laissé défendre par toute la fripouille de Paris, de sorte que voilà la fripouille qui triomphe insolemment.

Double page précédente :
• Victor Lenepveu, « Le Traître » (n°6 de la série *Musée des Horreurs*, 1900,
The Jewish Museum, New York).
• Émile Zola, « J'accuse… ! », *L'Aurore* (13 janvier 1898, Bibliothèque nationale, Paris).

Tout le monde connaît la campagne antisémite à l'époque de Dreyfus.
Peu savent en revanche qu'une grande partie de la population française avait,
comme Zola, pris la défense du capitaine juif.

124   L'AN PROCHAIN À JÉRUSALEM, LUMIÈRES, DESTRUCTION, RENAISSANCE

Ci-dessus :
Theodor Herzl sur fond du premier drapeau d'Israël (c.1900, photographie anonyme pour une carte postale).
Avec Herzl, le rêve religieux du retour à Sion devint une revendication nationale.

À gauche :
Les membres du premier congrès sioniste, tenu à Bâle (Suisse) en 1897.

THEODOR HERZL ET LE SIONISME POLITIQUE

L'importance de l'affaire Dreyfus fut considérable, tant pour les Juifs de France que pour ceux de l'étranger : elle marqua le début du sionisme politique. Theodor Herzl, son créateur, était le directeur littéraire du journal viennois *Neue Freie Presse*. Il suivit le procès à Paris en tant que correspondant. Le 27 octobre 1894, la déclaration de Dreyfus l'impressionna : « Je suis victime d'une vengeance personnelle : on me persécute en tant que Juif. » Theodor Herzl assiste à la cérémonie de la dégradation ; il note : « Dreyfus, en passant devant les soldats parmi lesquels se trouvaient de nombreuses jeunes recrues, s'écria fréquemment : "Je suis innocent !" Puis, s'arrêtant devant un groupe de journalistes, il répéta : "Vous ferez savoir à toute la France que je suis innocent." » Herzl tira deux leçons de l'événement. La première : malgré l'émancipation, les Juifs ne seront jamais acceptés en même temps comme Juifs et comme citoyens à part entière. Seule une patrie juive – un État juif sur la terre d'Israël où ils seraient majoritaires – leur assurerait l'exercice réel de leurs droits. La seconde : il existait parmi les puissants, politiques et intellectuels, des hommes qui, par humanisme ou par calcul, pouvaient aider les Juifs à obtenir cet État. À l'inverse de David Reubeni, Herzl ne pensait pas que la reconquête d'Israël dût passer par les armes.

LE PREMIER CONGRÈS SIONISTE

Le premier congrès sioniste se tint à Bâle du 29 au 31 août 1897. Puis Theodor Herzl entama une tournée de propagande et de négociations, cherchant des soutiens politiques à « l'établissement d'un foyer national pour le peuple juif en Palestine ».

Les Juifs enthousiastes apportèrent un appui massif au sionisme : le rêve de « l'an prochain à Jérusalem » restait vivace, et ce d'autant plus qu'ils souffraient de nouvelles persécutions. Seul le discours des antisémites avait changé. Avant l'émancipation, on dénonçait les Juifs comme des hommes « dégénérés » ; après, on les accusa d'être restés tout aussi « dégénérés » malgré les droits octroyés.

Au fond, les responsables de l'émancipation, Mirabeau et l'abbé Grégoire en France, Lessing en Allemagne, pensaient eux aussi que les Juifs étaient des dégénérés. Simplement, contrairement à Kant, Goethe et Fichte, ils refusaient d'admettre qu'ils le devaient à leur nature, autant dire à leur race.

Dans un discours devant l'Assemblée, à l'occasion d'un débat sur les Juifs, Robespierre résume en une phrase cette position inspirée par Jean-Jacques Rousseau : « Les vices des Juifs proviennent de l'avilissement dans lequel vous les avez plongés ; ils seront bons quand ils pourront trouver quelque avantage à l'être. » Rien de nouveau sous le soleil, comme le disait Salomon dans l'Ecclésiaste : l'idée apparaît déjà en 1598 avec l'extraordinaire monologue de l'usurier Shylock, dans le *Marchand de Venise* de Shakespeare. « Si un Juif outrage un chrétien, quelle est la modération de celui-ci ? La vengeance. Si un chrétien outrage un Juif, comment doit-il le supporter, d'après l'exemple du chrétien ? » (Acte III, scène 1)

Ci-dessus :
Shylock après le procès.

Malgré le monologue émouvant de Shylock dans Le Marchand de Venise, l'image que Shakespeare donne des Juifs m'a toujours choqué.

Page de droite, à gauche :
Révolution russe de 1905.

Pogrom *est un mot russe. Depuis les massacres de Bogdan Chmelnitski (1648-1649), actuel héros national ukrainien, ce mot fait partie de la réalité juive en Europe centrale.*

Page de droite, à droite :
Immigrants juifs à Ellis Island, New York (1910).

Ces pogroms, malgré l'appel à la solidarité d'intellectuels russes tel Léon Tolstoï, auteur de Guerre et Paix, *poussèrent des centaines de milliers de Juifs dans les bras de l'Amérique où, heureusement, les politiques de régulation de l'immigration n'étaient pas encore établies.*

LES JUIFS DANS
LES INSURRECTIONS
POPULAIRES

Pour la plupart des Juifs, il devint évident que les lois seules ne pouvaient modifier des préjugés séculaires. Pour y échapper, mieux valait changer la société. Ils furent alors nombreux à s'engager dans les mouvements révolutionnaires. En 1848, pendant le Printemps des peuples, ils participèrent massivement aux insurrections qui éclatèrent dans toute l'Europe, à Paris, Vienne, Berlin, Prague, Rome... Ils en tirèrent d'ailleurs quelques avantages : non une reconnaissance de leurs revendications propres, mais les bénéfices des nouvelles lois sociales que concédèrent alors les classes dirigeantes menacées.

L'engagement des Juifs dans les mouvements révolutionnaires n'effaça pas les préjugés antijuifs. Bien au contraire : aux nombreux stéréotypes habituels, il ajouta celui du Juif subversif. Les pouvoirs, alarmés par la poussée insurrectionnelle, cherchèrent à détourner contre les Juifs la colère populaire. Des pogroms flambèrent. Expulsions à Moscou, massacres à Kichinev. La Pologne organisa un boycott général des commerces juifs.

Cette nouvelle vague de persécutions déclenche une immigration massive aux États-Unis. Entre 1881 et 1914, plus de deux millions de Juifs traversent l'Atlantique. Pour ceux qui restent en Europe, l'émancipation et la laïcité réforment l'organisation communautaire ; des associations à vocation sociale et éducative remplacent les anciennes structures, majoritairement religieuses.

De gauche à droite :
• Manifestation du Bund.
• Avant une élection
à Baranowicze (c.1930).

Avant la Seconde Guerre mondiale, le yiddish, ma langue maternelle aujourd'hui presque disparue, servait non seulement à communiquer, à créer et à pleurer sur la misère du shtetl, mais aussi à militer pour un monde meilleur.

LES NOUVELLES ORGANISATIONS COMMUNAUTAIRES

En Israël, le mouvement sioniste lance l'Office pour la Palestine et les premiers *moshav*, les fermes collectives. Aux États-Unis, l'American Jewish Joint Distribution Committee se constitue en 1914 et met en place, dès la Première Guerre mondiale, un système d'assistance internationale. Les Juifs orthodoxes, eux, se regroupent au sein d'un grand parti politique d'origine polonaise : l'Agoudat Israel (1912). Quant au mouvement ouvrier, il se scinde en deux : les uns suivent la gauche classique qui organise des sections exclusivement juives où l'on parle le yiddish ; les autres se rassemblent dans un mouvement socialiste juif qui prétend révolutionner la société tout en préservant la culture et la langue. C'est ainsi que, lors d'une rencontre secrète à Vilnius en octobre 1897, l'Union générale des travailleurs juifs de Lituanie, de Pologne et de Russie crée le Bund.

LE YIDDISH

Jusqu'à la Seconde Guerre mondiale, le Bund tint un rôle essentiel dans le développement de la culture yiddish et l'organisation de la vie syndicale. Le yiddish, que parlaient plus de dix millions d'individus, assurait dorénavant la cohésion des Juifs d'Europe centrale et orientale comme celle des Juifs américains, moins religieux. Mais il participa aussi à leur marginalisation dans les pays où ils résidaient. À ceci près que cette langue particulière fit croire aux non-Juifs que les communautés faisaient bloc dans leur ensemble. En Pologne par exemple, des hommes politiques se mirent à apprendre le yiddish pour séduire leurs électeurs juifs.

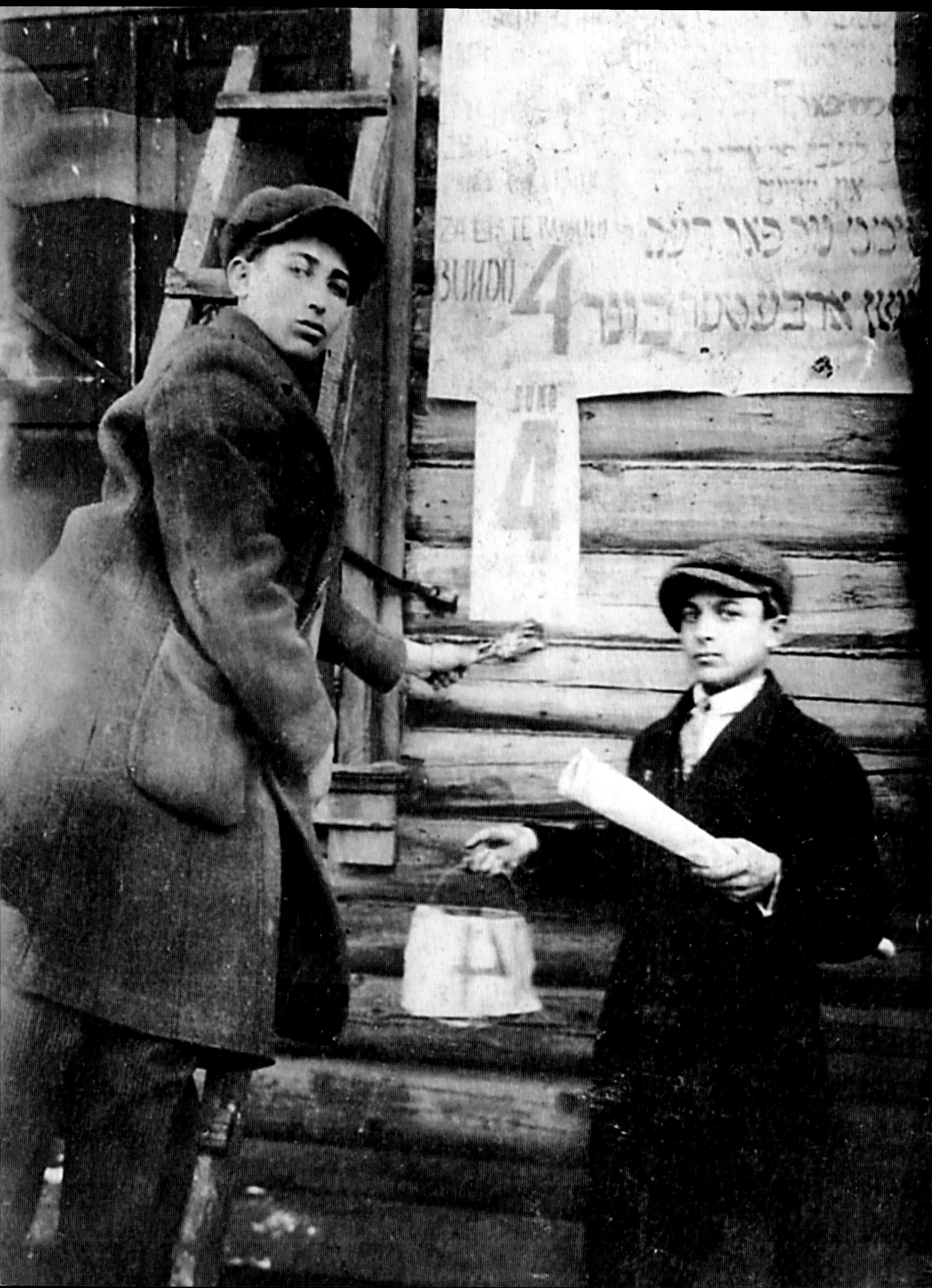
4
4

La culture yiddish nourrissait en Europe de l'Est et aux États-Unis une riche littérature et un théâtre d'avant-garde. Elle irrigua le cinéma américain en plein essor avec l'arrivée des réalisateurs juifs qui fuyaient le nazisme (Josef von Sternberg, Fritz Lang, Ernst Lubitsch, Otto Preminger, etc.). C'est par eux que la capitale du cinéma, Berlin dans les années 1930, se transporta à Hollywood. Mais le rêve sioniste, en revanche, progressait lentement.

• En haut : Fritz Lang (par Bernard Larsson, 1963).
• En bas : Ernst Lubitsch dans son bureau à Hollywood (par Erich Salomon, 1935).
• À droite : Georges Grosz, enseignant à la *Arts Students League* à New York (1942).
De gauche à droite : Josef von Sternberg, Jon Corbino, Yasuo Kuniyoshi et George Grosz.
Les artistes juifs qui ont fui l'Allemagne nazie joueront un rôle essentiel dans la mobilisation d'Hollywood d'abord, puis de l'opinion publique américaine, jusqu'alors indifférente à l'avènement d'Hitler.

Discours inaugural de Theodor Herzl au sixième congrès sioniste de Bâle (1903).
Émouvante, cette dernière apparition du père visionnaire de l'État d'Israël, quarante-cinq ans avant la réalisation de son rêve.

HERZL ET L'ÉTAT DES JUIFS

En 1903, le sixième congrès sioniste, le dernier auquel Theodor Herzl assista – il mourut l'année suivante –, dut rappeler les principes de base : établissement d'agriculteurs, d'ouvriers et d'artisans juifs en Palestine ; organisation et fédération des Juifs ; raffermissement du sentiment national et de la conscience nationale juive ; poursuite de l'action politique internationale pour parvenir à l'objectif premier du sionisme : l'établissement d'un État juif en Palestine.

Pour Herzl, c'était aussi un projet social. Dans son livre-programme publié en 1896, *L'État des Juifs*, il réclame la journée de travail de huit heures, la syndicalisation des travailleurs, une protection sociale, l'interdiction de l'exploitation de la main-d'œuvre locale ou étrangère (un même salaire pour tous), le droit de vote pour les femmes... Malgré cela, la gauche juive, le Bund en tête, refusa en majorité le programme sioniste. La révolution, disaient-ils, nous la ferons sur place, là où nous habitons : la transformation de la condition juive passe par celle de toute la société.

À l'époque, le prolétariat juif représentait plus de 37 % du prolétariat organisé en Europe de l'Est.

PIE X REFUSE DE RECONNAÎTRE LE PEUPLE JUIF

Les contacts que Theodor Herzl avait pris avec les puissances intéressées au Proche-Orient n'étaient pas plus encourageants. La Turquie, qui occupait la Palestine, s'opposait à la création d'une entité juive sur un territoire qu'elle considérait comme sien, l'Allemagne et la Grande-Bretagne refusèrent leur appui : cela pouvait nuire à leur présence dans la région. La France, elle, se montrait moins catégorique. Quant au pape Pie X, que Theodor Herzl rencontra après le sixième congrès, il fut très net : « Les Juifs n'ont pas reconnu Notre Seigneur ; par conséquent, nous ne pouvons reconnaître le peuple juif. »

UN ÉTAT JUIF EN CYRÉNAÏQUE, EN OUGANDA, EN ARGENTINE ET À MADAGASCAR

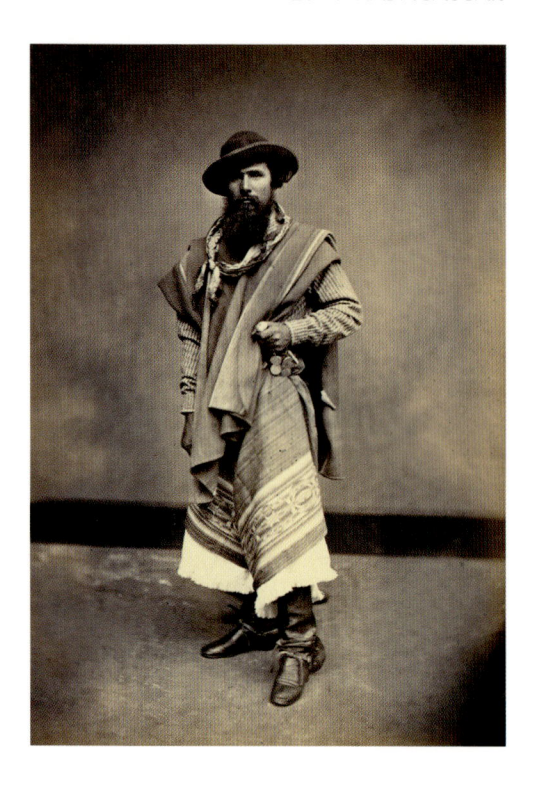

En désespoir de cause, certains délégués des congrès sionistes proposèrent des pays provisoires pour l'installation d'un État juif : la Cyrénaïque – ancienne province grecque de l'actuelle Libye –, la Mésopotamie, puis l'Ouganda, enfin l'Argentine où, avec l'aide de la fondation du baron de Hirsch, quelques dizaines de milliers de Juifs créèrent des implantations dans la pampa. C'est là que naquit Joseph Kessel en 1898 et de là que partiront les gauchos juifs. On y vit même une ville entière, Moiseville, la ville de Moïse. On évoqua aussi Madagascar, idée qu'à leurs débuts reprendront les nazis. Mais aucun pays ne voulait des Juifs : devait-on en conclure que personne ne s'opposerait à leur disparition ?

À la fin du XV siècle, les persécutions contre les Juifs d'Espagne et du Portugal avaient enrichi en hommes et en savoir l'Empire ottoman. De la même manière à la fin du XIX et au début du XX siècle, les pogroms de Russie et d'Europe orientale enrichirent, nous l'avons vu, les États-Unis d'Amérique.

On était bien loin de la petite communauté juive de la Nouvelle-Amsterdam qui rassemblait au XVII siècle les marranes venus du Brésil. Trois siècles plus tard, ils étaient trois millions deux cent mille aux États-Unis. Qui déteignit le plus sur l'autre : les Juifs sur l'Amérique ou l'Amérique sur les Juifs ? Ce que l'Amérique imposa aux premiers immigrants juifs, une organisation communautaire solidaire, les Juifs l'importèrent en Amérique.

LA COMMUNAUTÉ AMÉRICAINE

Dès 1654, la Compagnie hollandaise des Indes occidentales conduisit aux États-Unis de nouveaux groupes d'émigrants juifs. Ceux-ci ne purent s'installer à la Nouvelle-Amsterdam qu'à une condition : la promesse qu'ils ne deviendraient un fardeau ni pour la Compagnie ni pour la société, mais leur propre nation avait le droit de leur envoyer de l'argent. Cette exigence leur convint : les sociétés juives d'Europe et de Russie avaient l'habitude de s'entraider. Ajoutons l'aide des Juifs américains, qui se sentirent responsables de leurs frères nouveaux venus. Les immigrés juifs apportèrent avec eux l'expérience de la lutte sociale. Dans les années 1920, les trois quarts de la population juive américaine appartenaient au prolétariat ; ils parlaient le yiddish. L'un d'eux, Samuel Gompers, créa en 1886 la puissante American Federation of Labor, le grand syndicat ouvrier. Le quotidien *Forward*, *Forwertz* en yiddish, fondé en 1897 par Abraham Cahan, tirait à plus de trois cent cinquante mille exemplaires. La presse quotidienne juive dépassait alors les sept cent mille exemplaires.

Ci-dessus :
Gaucho de la République argentine (1868, Library of Congress, Washington).
Deux ans passés en Argentine me rendent ce gaucho juif tout proche, presque familier.

À droite :
Samuel Gompers.
Les Juifs amenèrent avec eux aux États-Unis une exigence de justice sociale et une tradition de lutte syndicale. La solidarité n'est-elle pas le fondement même de leur organisation communautaire ?

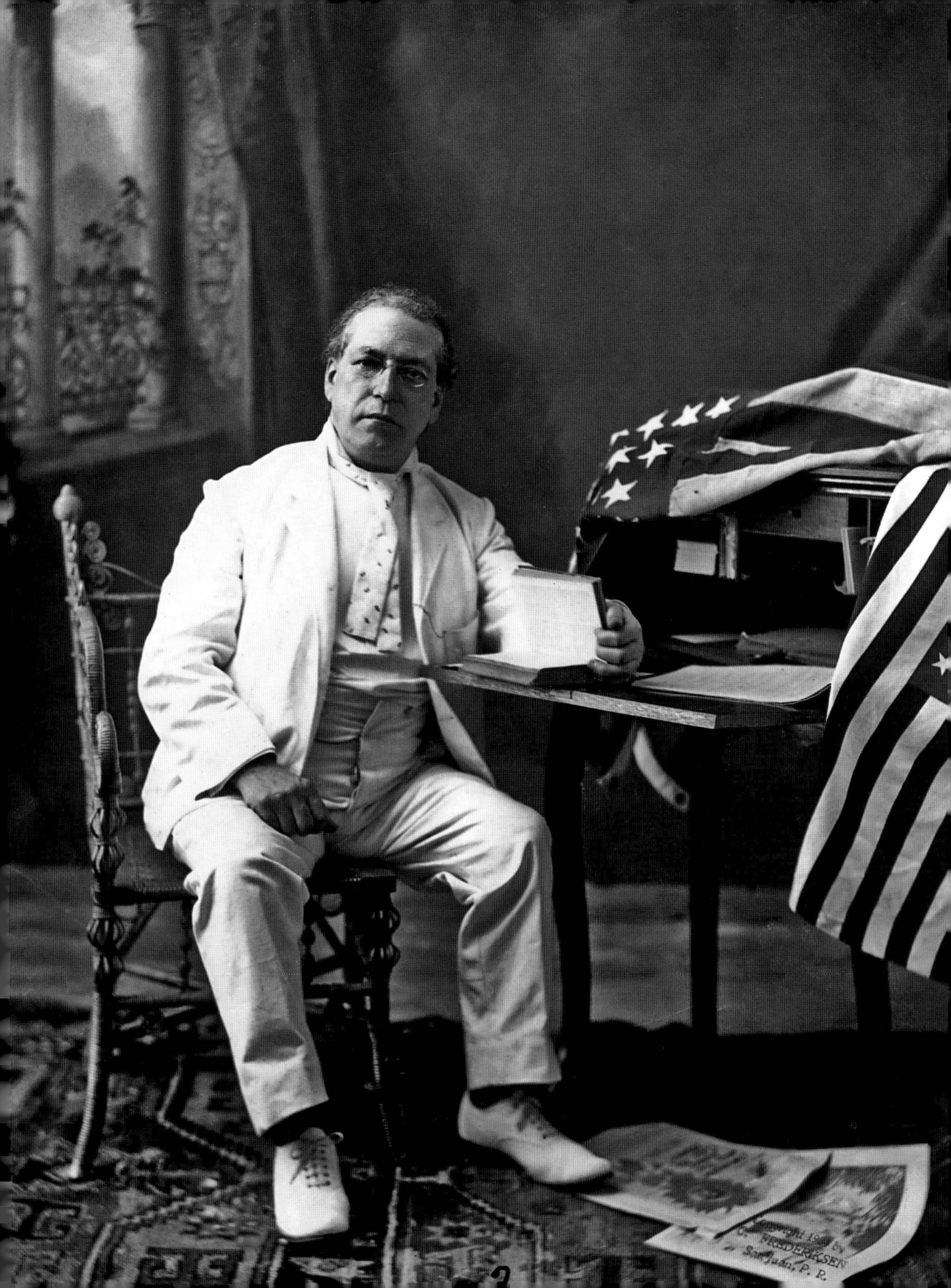
FREDERIKSEN
San Juan, P. R.

LES JUIFS EN RUSSIE, LA RÉVOLUTION D'OCTOBRE

Contre toute attente, en Europe, la Première Guerre mondiale puis la révolution d'Octobre renforcèrent les aspirations nationales juives. Certes, la Russie communiste avait officiellement condamné l'antisémitisme. Le 27 juillet 1918, Lénine tint à conclure ainsi une motion du Conseil des commissaires du peuple, le *Sovnarkom* en russe, au sein duquel siégeaient des commissaires juifs : « Le Conseil des commissaires du peuple donne l'ordre de prendre des mesures pour détruire l'antisémitisme à la racine : il est ordonné par les présents de juger hors-la-loi les pogromistes et les instigateurs des pogroms. »

On a oublié que Steinberg, le premier commissaire à la Justice de la jeune république des Soviets, fut un Juif pratiquant. À l'heure des prières, il demandait à Lénine de suspendre les délibérations du gouvernement, et Lénine acceptait. Au bout de six mois, il perdit son poste. Ses camarades Trotsky, Radek, Zinoviev, Kamenev étaient juifs eux aussi. Ils ne voulaient plus le savoir : ils croyaient participer à la libération du monde. Ils ne lui survécurent que de peu.

Après la mort de Lénine, en 1924, sa sœur Anna découvrit que leur grand-père maternel, Alexandre Dimitrievitch Blank, était né Israël,

fils de Mochko Itskovitch Blank, dans le village Starokonstantinov, en Volhynie. Pour ne pas « nuire au prestige » de Lénine et de la Révolution, Staline interdit la divulgation de pareille nouvelle.

Avant les persécutions de Staline, les Juifs connurent quelques années fastes. Le yiddish figurait parmi les langues nationales de l'URSS et devint le symbole de la rupture avec la « bourgeoisie nationaliste ». Les communistes l'utilisèrent pour séculariser les masses juives. Plusieurs journaux yiddish parurent à Moscou, Minsk et Kiev, dont *Emes,* « vérité », le plus connu, version juive de la célèbre *Pravda* russe. Un théâtre national yiddish, le Théâtre juif d'état de Moscou dirigé par Alexandre Granovski puis par l'acteur Solomon Mikhoels, vit le jour en 1920. Marc Chagall y travailla comme décorateur. Une maison d'édition juive publia les œuvres des classiques yiddish : Mendele Moicher Sforim (1836-1917), Cholem Aleikhem (1859-1916) et Isaac Leib Peretz (1852-1915). Des peintres juifs participaient aux expositions de l'avant-garde, Lissitzky et le non-Juif Malevitch dessinèrent les couvertures des revues littéraires yiddish.

ANNÉES FASTES
DE LA CULTURE YIDDISH

De gauche à droite :
• Marc Chagall, décor pour le théâtre Karmeny de Moscou (1920, galerie Tretïakoff, Moscou).
• N. Shipetin, *In Baheftung* (Recueil de poèmes, XXe siècle).

Je suis émerveillé devant cette facilité qu'ont les Juifs à marier traditions et modernité. Et je songe avec tristesse à ce qu'aurait produit ce monde yiddish s'il n'avait été détruit.

דער אידישער פויער בויט מיט יעדן טראָט פון טראַקטאָר־ראָד דעם סאָציאַליזם העלפֿט אים!

ווער א מיטגליד פון געזערד

ЕВРЕЙ-ЗЕМЛЕДЕЛЕЦ КАЖДЫМ ПОВОРОТОМ КОЛЕС ТРАКТОРА УЧАСТВУЕТ В СОЦИАЛИСТИЧЕСКОМ СТРОИТЕЛЬСТВЕ.
ТЫ ЕМУ ПОМОЖЕШЬ!

ВСТУПИ В ЧЛЕНЫ ОЗЕТ

En proclamant le yiddish comme langue officielle, les communistes se trouvèrent confrontés à un problème théorique. Pour Staline, successeur de Lénine, une nation devait avoir une histoire, une langue, un territoire. Or il manquait aux Juifs un territoire, la revendication d'un État en Palestine n'étant pas acceptable pour des communistes qui y voyaient un mouvement bourgeois, sous l'influence du grand capital international.

Il fallait donc trouver aux Juifs un autre lieu qu'Israël, un territoire en Union soviétique même.
On pensa d'abord à la Crimée. Les Khazars n'y avaient-ils pas laissé des traces ? Mais Staline n'aimait pas cette idée : la Crimée était trop proche de sa Géorgie natale.
En 1928, Kalinine, président du présidium du Soviet suprême, proposa alors une région inhabitée proche de la frontière chinoise : le Birobidjan.
Offre intéressée : face au Japon, l'ennemi héréditaire, l'URSS, pour des raisons stratégiques, avait tout avantage à peupler ce territoire vide. Staline y expédia de force plus de vingt mille Juifs. Quelques milliers de cadres communistes, plus ou moins volontaires, se proposèrent pour les accompagner.
En mai 1934, le Birobidjan fut officiellement déclaré région (*oblast*, en russe) autonome juive. L'inscription figure aujourd'hui encore sur les frontons de la gare et des bâtiments publics.
Le Birobidjan n'obtint pas le succès espéré. Les Juifs pouvaient s'exprimer en yiddish sur tout le territoire russe, parfois même apprendre clandestinement l'hébreu, entretenant ainsi l'espoir d'un renouveau national sur la terre de leurs ancêtres. En 1939, près de 40 % de la population juive résidait dans les grandes métropoles – Moscou, Leningrad, Odessa, Kiev, Kharkov et Dniepropetrovsk – où elle accéda en majorité aux études supérieures.

LE BIROBIDJAN : UNE RÉGION SOVIÉTIQUE POUR LES JUIFS

En 1939-1940, avec le pacte germano-soviétique, l'URSS annexa les territoires de l'est de la Pologne, puis les États baltes, la Bessarabie et la Bucovine. De deux à trois millions, la population juive qui vivait déjà en Union soviétique passa à cinq.
Le régime ne supporta pas longtemps l'existence d'institutions communautaires. Il les démantela et déplaça les Juifs en Sibérie, au Kazakhstan ou, comme mes parents et moi, en Ouzbékistan. L'antisémitisme officiel réapparut et bien des intellectuels juifs furent fusillés ou déportés.

LE PACTE GERMANO-SOVIÉTIQUE

Affiche de propagande pour le travail de la terre par les Juifs au Birobidjan (1927, musée d'Art et d'Histoire du judaïsme, Paris).
S'agit-il là d'un appel aux Juifs à émigrer en Israël ? Non, cette affiche de propagande stalinienne incite les Juifs à s'installer dans le Birobidjan, lointaine région sibérienne de l'Union soviétique.

LES JUIFS DANS L'ALLEMAGNE D'HITLER

En 1933, l'arrivée d'Hitler au pouvoir à Berlin modifia radicalement la condition des Juifs dans le monde entier. L'idée d'émancipation était née en Allemagne et c'est pourtant là qu'avant même la prise de pouvoir par les nazis, l'antisémitisme infecta l'ensemble de la vie sociale et politique. Toutes sortes de théories pseudo-scientifiques insistaient sur l'importance des concepts de race, de sang et de sol, le terreau de l'hitlérisme. Les Juifs n'étaient pas très nombreux en Allemagne, trois cent cinquante mille tout au plus. Ils ne comprirent pas ce revirement. Cent mille d'entre eux avaient servi dans l'armée pendant la Première Guerre mondiale, laissant douze mille des leurs sur les champs de bataille.

Les intellectuels juifs avaient joué un rôle important dans l'Allemagne de l'entre-deux-guerres. C'est un Juif, Hugo Preuss, qui rédigea la Constitution républicaine de Weimar du 11 août 1919. L'énergique ministre des Affaires étrangères en 1922, Walther Rathenau, était juif lui aussi. L'organisation nationaliste l'assassina le 24 juin de la même année.

Ci-dessus :
Karoline Berg-Rolf, Levine-Nissen, Hugo Preuss, W. Rathenau, Georg Bernhard, Isidor Weiß, Hilferding, Eissner (1934).

Document rare : tous les derniers défenseurs de la démocratie en Allemagne sont là. Tous sont juifs et tous furent balayés par les nazis.

À droite :
Slogans et gribouillages sur la façade d'un magasin de vêtements d'occasion, à Munich (9 novembre 1938).

Du tag antisémite au cercueil, il n'y a qu'un pas.

En annexant l'Autriche en mars 1938, Hitler ajouta cent quatre-vingt-dix mille Juifs autrichiens aux Juifs déjà présents en Allemagne. À la suite des accords de Munich de septembre 1938, le Reich mis la main sur les Sudètes – la Bohême et la Moravie – où il établit un protectorat allemand. Quatre cent mille Juifs supplémentaires tombèrent ainsi sous le joug nazi. Les Juifs essayèrent de fuir, mais personne ne voulait d'eux. Certains purent tout de même atteindre l'Amérique du Sud et l'Amérique du Nord. Beaucoup migrèrent, non sans difficulté, en Palestine. Çà et là en Allemagne, des militants juifs organisèrent des écoles préparatoires à l'émigration pour adultes.

Les nazis encouragèrent et financèrent tous les courants antisémites des pays d'Europe centrale et de l'Est. Discriminations et pogroms se multiplièrent. C'est à ce moment que ressurgit l'idée d'envoyer les Juifs à Madagascar. Mais à la conférence d'Évian qui se tint du 6 au 16 juillet 1938, avec pour objectif de trouver une solution à l'immigration des Juifs allemands et autrichiens, aucun pays, à l'exception de la République dominicaine, n'exprima le désir de les accueillir. Les États-Unis eux-mêmes commencèrent à baisser les quotas.

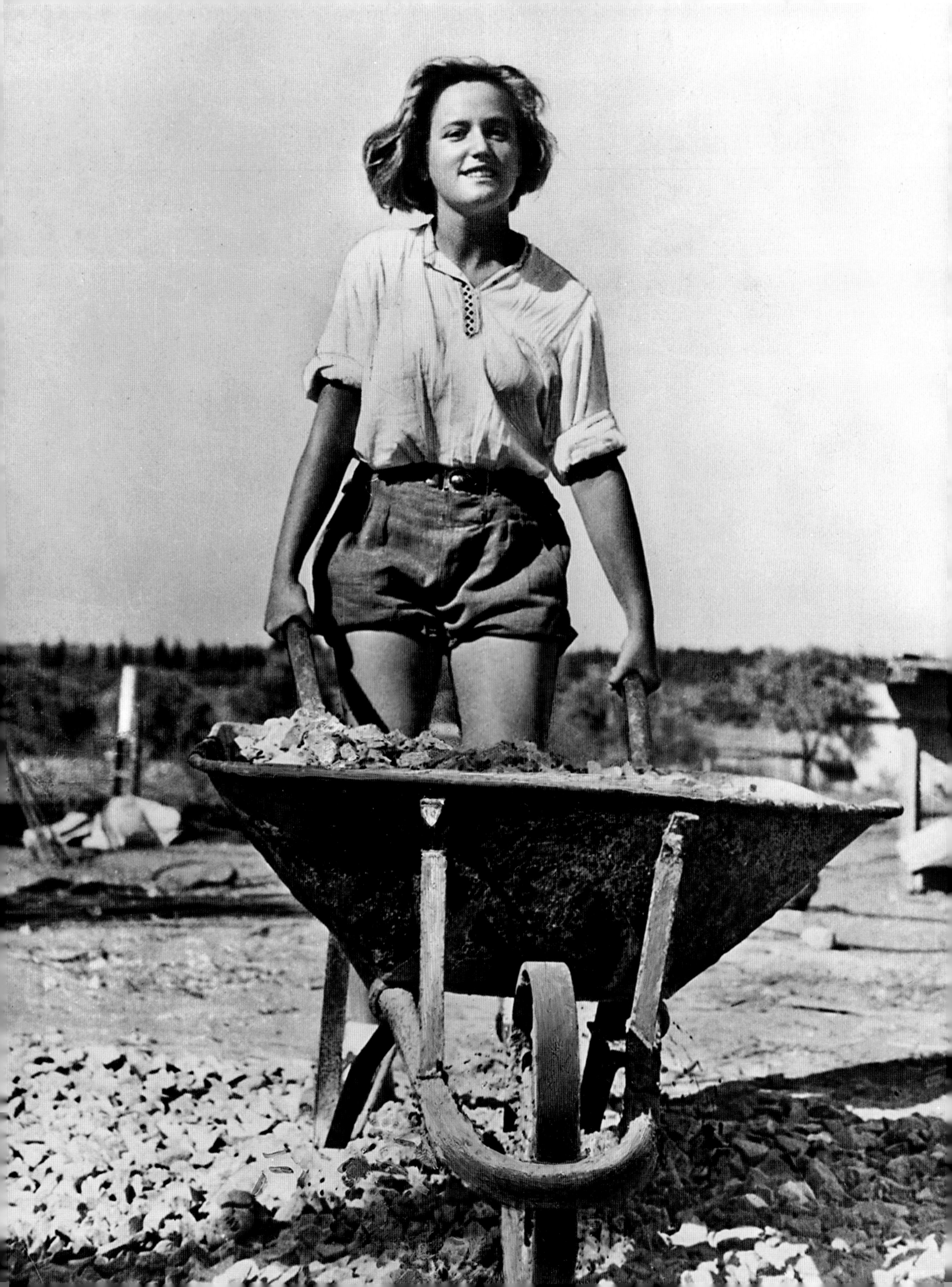

Et la Palestine pendant ce temps-là ? Les Juifs y créaient leur État d'avant l'État. Yasser Arafat m'a souvent confié son admiration pour cette remarquable organisation qui, outre une direction – sorte de gouvernement –, comportait un parlement, une administration, une armée clandestine, un budget, des partis politiques, des universités, des syndicats et un système d'entraide sociale. Toutes ces institutions existent encore à ce jour. Mais, ce qui étonna davantage le monde, ce fut la transformation du pays par les *kibboutzim*, villages collectivistes ou micro-sociétés socialistes exemplaires.

Le 2 novembre 1917, en pleine guerre mondiale, le ministre britannique des Affaires étrangères, Lord Balfour, avait publié une retentissante déclaration qui disait ceci : « Le gouvernement de Sa Majesté envisage favorablement l'établissement en Palestine d'un foyer national pour le peuple juif. »

Le 3 janvier 1919, Haïm Weizmann, futur premier président de l'État d'Israël, et le futur roi Fayçal Ier d'Irak, à qui les Britanniques avaient promis un grand royaume arabe avec Damas pour capitale, signèrent à Paris un accord très précis sur l'établissement de relations diplomatiques entre le royaume arabe et l'État juif à venir. Ils avaient même prévu le développement de l'émigration juive, la protection des droits des paysans arabes, la liberté de culte et le contrôle par les musulmans de leurs Lieux saints. Mais Fayçal ajouta une condition : cet accord n'aurait de valeur que si la Grande-Bretagne tenait ses promesses. Ce qu'elle ne fit pas, malgré l'aide que le souverain avait apportée au colonel Lawrence en lutte contre les Ottomans et son rôle éminent dans la prise de Damas en octobre 1918. Mais deux ans plus tôt, en mai 1916, la Grande-Bretagne et la France avaient signé les accords Sykes-Picot et s'étaient partagé la région. La Société des Nations donna à la France un mandat sur la Syrie et le Liban. Le roi Fayçal dut se contenter d'un royaume en Irak, avec Bagdad pour capitale.

LES PRÉMICES D'UN ÉTAT JUIF EN PALESTINE

À gauche :
Jeune femme allemande au kibboutz Gan Schmuel bei Chadera (1935).

J'ai visité le kibboutz Gan Schmuel cinquante ans plus tard. Je n'ai donc pas connu cette jeune femme, mais d'autres jeunes et belles filles avaient pris la relève. Le mouvement kibboutznik *reste à ce jour la part la plus lumineuse du sionisme.*

À droite :
Weizmann, futur premier président de l'État d'Israël et Fayçal ibn Hussein, souverain du royaume d'Irak (par Reuven Milon, 1918).

Si les impérialismes français et anglais de l'époque avaient laissé les Juifs et les Arabes négocier seuls, la paix régnerait depuis longtemps au Moyen-Orient.

En 1922, contrairement à la promesse de Balfour, Churchill exclue la Transjordanie du foyer national juif, le réduisant ainsi des trois quarts. Désormais, les Juifs durent se battre sur deux fronts : contre la puissance coloniale britannique, sa police et son armée, et contre les émeutiers arabes dirigés par le grand mufti de Jérusalem, Hadj Amin el-Husseini. Celui-ci haïssait les Juifs et se tourna vers Hitler en 1941.

Alors que commence le massacre des Juifs d'Europe, la Grande-Bretagne publie le 17 mai 1939 un troisième Livre blanc par lequel elle limite encore l'immigration juive en Palestine. Face aux nouvelles de plus en plus alarmantes venues de l'Europe, les Juifs décident d'une trêve avec les Britanniques et cent trente mille d'entre eux rejoignent l'armée de Sa Majesté pour combattre les nazis. En juin 1944, une brigade juive, précédée de chars sur lesquels flotte le drapeau bleu et blanc orné de l'étoile de David, participe à la libération de Rome. Les alliés parachutent trente-six combattants Juifs palestiniens derrière les lignes allemandes afin qu'ils tentent de sauver leurs frères menacés de mort. Il n'y aura pas de survivants.
Ben Gourion déclare : « Nous combattrons côte à côte avec les Anglais comme s'il n'y avait pas de Livre blanc et nous combattrons le Livre blanc comme s'il n'y avait pas de guerre. »

Les nazis arrivèrent par étapes à l'idée de « solution finale », comme le montre une lettre de Göring à Heydrich datée de juillet 1941. C'est quand ils comprirent que personne ne voulait de leurs Juifs et que, par conséquent, personne ne leur ferait le reproche de les avoir éliminés, qu'ils mirent méthodiquement à exécution leur plan d'annihilation du judaïsme européen. Il fallait tout d'abord déshumaniser ces Juifs pour qu'ils ne se révoltent pas. On les déposséda de leurs noms en leur tatouant un numéro de matricule sur l'avant-bras gauche. Un nom a une histoire et l'histoire a des repères. Mais l'être qui porte un numéro n'appartient plus à l'histoire des hommes. Malgré cela, des persécutés se révoltèrent à Varsovie, Bialystok, Minsk, Kaunas et Vilnius…

Après la guerre, comme par souci de justification, les historiens juifs mirent presque exclusivement l'accent sur ces quelques cas de résistance, et singulièrement sur l'insurrection du ghetto de Varsovie. Ils donnèrent ainsi le sentiment, pour le moins étrange, que les soixante mille insurgés d'avril-mai 1943 à Varsovie sauvèrent l'honneur lâchement perdu par les six millions de Juifs qui se seraient laissés mener à la mort sans résister.

LUTTE CONTRE LES NAZIS : UNE BRIGADE JUIVE

LA SOLUTION FINALE

Ci-dessus :
Le grand mufti de Jérusalem Hadj Amin el-Husseini passe en revue les volontaires bosniaques musulmans engagés dans les troupes Waffen SS en janvier 1944.
Un jour, à Yasser Arafat qui se défendait d'être responsable de ce qui est arrivé aux Juifs d'Europe, je répondis que chacun de nous est responsable de ce qui se passe dans le monde. S'il sollicite ma solidarité, il doit être solidaire à mon égard. Et avec mon passé.

À droite :
Les Juifs veulent se battre en tant que Juifs (1944).
Sait-on aujourd'hui que, durant la Seconde Guerre mondiale, personne ne voulait que les Juifs de Palestine combattent les nazis en tant que Juifs ? Malgré l'opposition des Anglais, ils réussirent à imposer une brigade au sein de l'armée britannique.

צבא עברי

JEWS WANT TO FIGHT AS JEWS

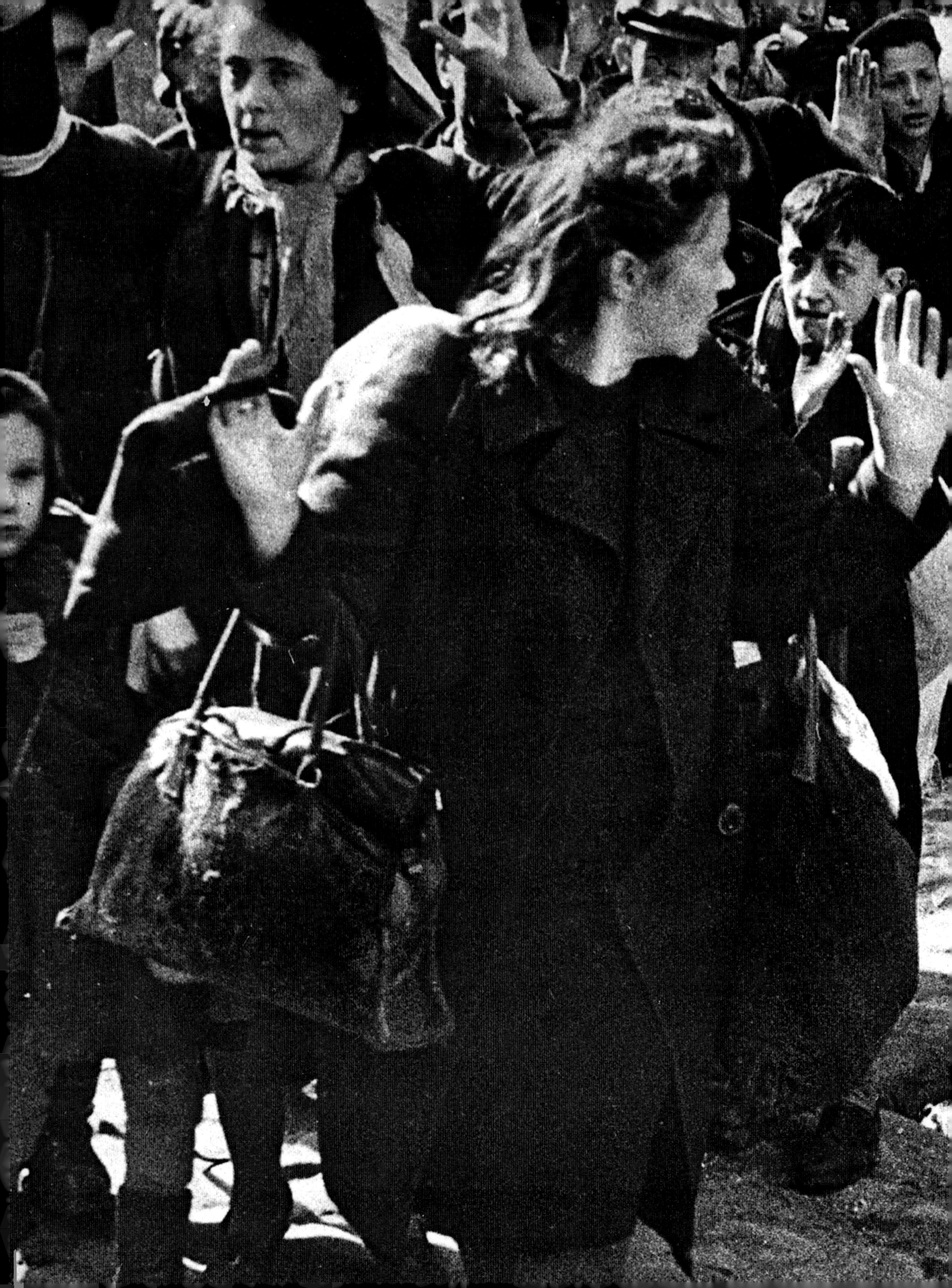

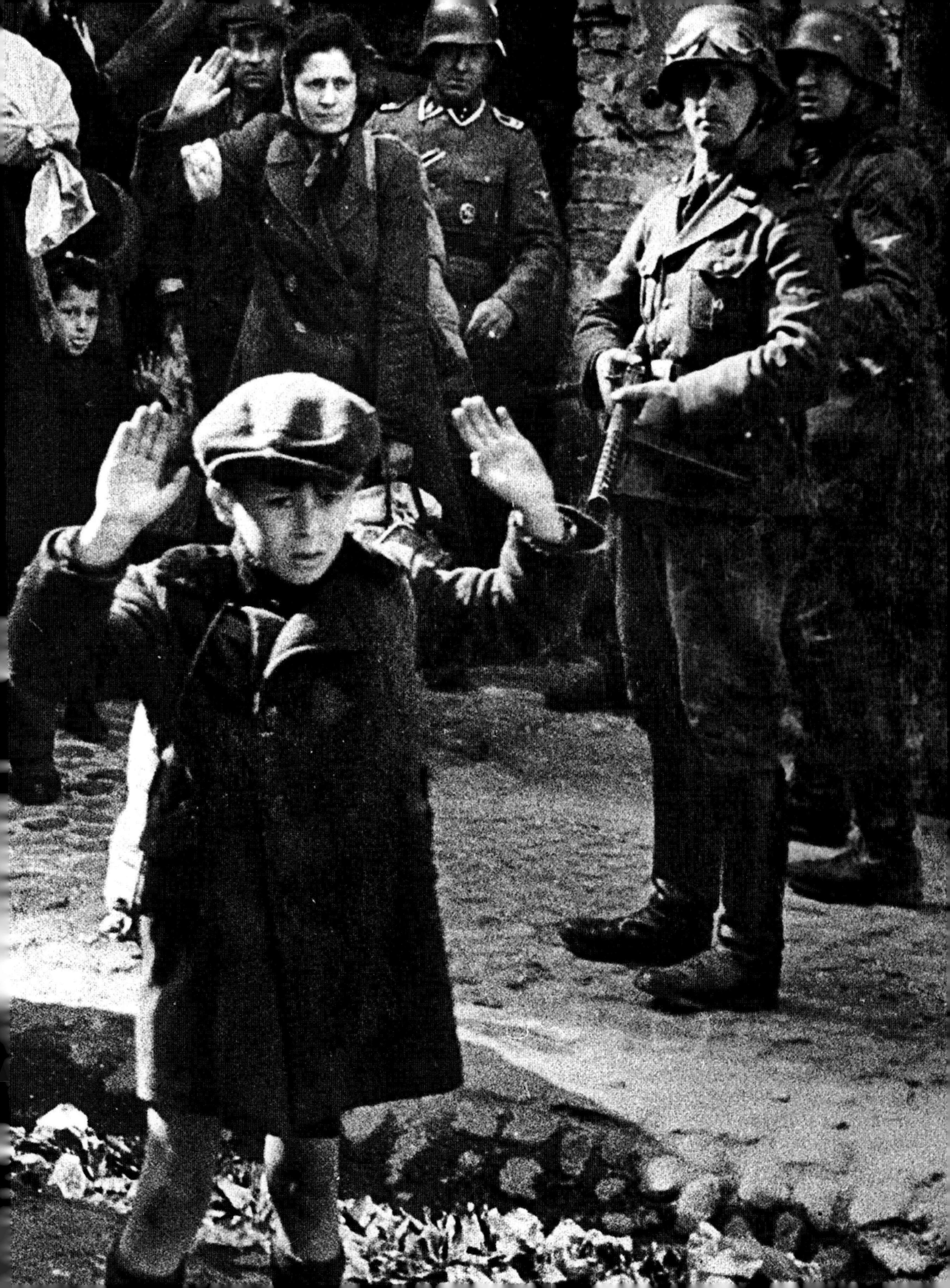

Double page précédente :
Extrait du rapport « Stroop » sur l'insurrection du ghetto de Varsovie.

Il y a des photos qui ne supportent pas de commentaire. Je ne peux cependant m'empêcher de penser que j'aurais pu être à la place du petit Zevi Nussbaum.

LE GHETTO DE VARSOVIE

PREMIÈRE PHASE DE LA RÉSISTANCE : LA PAROLE

Dans un monde où depuis toujours la violence répond à la violence, où l'on salue la mémoire de Bar Kokhba, Spartacus, Jeanne d'Arc, Garibaldi ou Tadeusz Kościuszko, il semblerait que les hommes ne comprennent et n'apprécient que la révolte armée. Ce faisant, on passe sous silence cette autre forme de résistance que les Juifs développèrent à travers leur histoire. Bernanos, antisémite admiratif, prétendait que cette résistance consistait « à tenir et à durer ».
Plus complexe et certainement moins spectaculaire, commandée par l'éthique et imposée par les exils et les dispersions répétés, elle n'en fut pas moins efficace ; elle leur permit de se maintenir malgré les multiples persécutions et ségrégations.

Lorsque, le 2 octobre 1940, le gouverneur nazi Ludwig Fischer publia le décret de transplantation des Juifs dans le quartier juif de Varsovie, créant ainsi le ghetto, les Juifs entreprirent immédiatement l'organisation d'un remarquable réseau d'entraide médicale, sociale et culturelle. Il fallait, dès la première heure, soulager les maux de ces cinq cent mille hommes, femmes et enfants entassés dans ce quartier de la ville initialement conçu pour quatre-vingt mille habitants.
L'idée de ghetto n'était pas neuve. Les nazis lui donnèrent une nouvelle ampleur. Dans ce périmètre coupé du monde, sorte de léproserie aux cloisons étanches, la maladie contagieuse s'appelait simplement l'appartenance au peuple juif. En 1940, par son déni radical d'humanité, le ghetto de Varsovie devint l'un des plus grands « cimetières de vivants », une fosse de décomposition pour un peuple condamné à disparaître.

Les Juifs ne se découragèrent pas. Ils entrèrent dans ce que j'appelle la première phase de la résistance, celle de la parole.
On put voir de petits groupes de langue allemande – parmi lesquels mon grand-père Abraham – aller au-devant des bourreaux et leur parler. Peut-on imaginer la dose de courage et d'abnégation nécessaire à pareil dialogue ? Opposer le verbe à la violence : tels étaient leurs calculs, leurs espoirs.
Un jour, paraît-il, mon grand-père a vu un nazi attraper un tout jeune contrebandier de cigarettes et sortir son revolver pour l'exécuter. Le vieil homme retint le nazi par le bras et, le regardant droit dans les yeux, lui demanda : « *Warum ?* », « Pourquoi ? » L'Allemand, plus que surpris, remit son revolver dans l'étui et répondit : « *Hier ist kein Warum* », « Ici, il n'y a pas de pourquoi. »

J'ai raconté cette histoire à Primo Levi qui l'a citée dans un de ses livres. Ce qui le frappait comme moi, c'était que le bourreau ait une conscience, qu'on puisse lui faire face et lui parler. Serait-ce pour cela que six mois plus tard, un décret spécial d'Himmler interdit l'entrée du ghetto aux soldats allemands ? Ainsi les bourreaux échapperaient jusqu'au bout aux regards et aux mots des condamnés.

Faute d'interlocuteurs, les Juifs passèrent à la deuxième phase de leur résistance : le témoignage. L'historien Emmanuel Ringelblum raconte dans ses *Chroniques du ghetto de Varsovie* que, malgré la faim et se sachant condamnés, ses compagnons d'infortune trouvèrent assez de force pour rassembler tous les documents qui circulaient dans le ghetto. Ils les lui remettaient afin qu'il les préserve et que la mémoire survive, que l'Histoire n'efface pas le mal de l'Histoire.

Cette détermination à rompre, en silence, le silence qui leur était imposé, témoigne d'une rare audace et d'une non moins rare intelligence. Ces hommes et ces femmes avaient une conscience aiguë de leurs responsabilités envers les générations futures.

DEUXIÈME PHASE
DE LA RÉSISTANCE :
LE TÉMOIGNAGE

• À gauche : Textes religieux juifs trouvés parmi les trésors de guerre nazis.
• Ci-dessous : Cercueils dans une synagogue lors du pogrom antijuif de Lemberg, en Pologne (actuel Lviv, Ukraine) en 1918.

Il y a des cercueils pour les hommes et des cercueils pour les livres.
Les livres, eux, sont récupérables.
Chacun à sa manière perpétue la mémoire de ceux qui ne sont plus.

TROISIÈME PHASE DE LA RÉSISTANCE : LES ARMES

Enfin, lorsque Emmanuel Ringelblum et ses collaborateurs, à qui l'on doit une documentation irremplaçable sur la vie quotidienne du ghetto, furent déportés à leur tour, les derniers survivants finirent par prendre les armes. La révolte ouvrait alors – parce qu'il ne restait plus d'autre choix, *B'eïn Breïra*, comme on dit en hébreu – la troisième et dernière phase de la résistance, montrant ainsi au monde, puisqu'il en doutait, que les Juifs étaient comme tous les hommes capables de tuer. Cette résistance à trois étapes, la troisième n'apparaissant que lorsque l'efficacité des deux premières est épuisée, demeure pour moi la plus intense, la plus bouleversante et la plus morale des leçons. Le ghetto de Varsovie est avant tout le symbole de la résistance juive à l'oppression, à la persécution et à la mort, telle que des générations de Juifs l'on conçue et pratiquée au cours des siècles.

L'HUMOUR JUIF

Les Juifs ont développé une autre forme de résistance à travers les âges : l'humour. Tous les hommes sont, selon Henri Bergson (*Le Rire*, 1900), « des animaux qui savent rire ». Tous les hommes sont aussi des animaux qui « font rire ». Bergson ajoute qu'à moins d'étouffer nos émotions, il est difficile de rire de quelqu'un qui nous inspire la pitié. Aussi, pour échapper tant à la pitié qu'à la haine, les Juifs inventèrent une autre catégorie du rire : le rire de soi. C'est pour eux le moyen de prévenir et de désarmer l'ironie, le sarcasme ou les caricatures qu'on leur oppose. Ce rire-là, que l'on nomme l'« humour juif », joue sur le déplacement des mots ou des situations. Exemples : à l'annonce des premières rafles de Juifs en France, le dramaturge Tristan Bernard déclare : « J'appartiens à la race élue… pour le moment en ballottage. » Et, arrivant avec sa femme dans le camp de Drancy, l'antichambre d'Auschwitz : « Jusqu'à présent nous vivions dans l'angoisse, maintenant nous vivrons dans l'espérance. »

L'écrivain Piotr Rawicz, rescapé d'Auschwitz, était frileux. Même en été, il portait un cache-nez et un paletot. Quand on le pressait de questions, il répondait que, depuis qu'il était sorti des fours, il avait tout le temps froid.

FREUD : LE MOT D'ESPRIT

Dans son livre *Le Mot d'esprit et sa relation à l'inconscient* (1905), Freud mêla à sa démonstration un grand nombre de ces histoires juives. Pour se justifier, il explique : « Nous n'exigeons de nos exemples aucune lettre de noblesse, nous ne nous soucions pas de leur origine, nous nous demandons seulement s'ils sont capables de nous faire rire et s'ils sont dignes d'éveiller notre intérêt de théoriciens. Or ce sont précisément des histoires juives qui répondent le mieux à ces deux exigences. »

Freud cite l'une de ces astuces qui le fit rire et qui décrit bien la condition juive : « Quand on voit cela, on se dit qu'il vaudrait mieux ne pas être né. Mais qui a cette chance ? Même pas un sur cent mille ! » Bien d'autres histoires illustrent cette façon de rire de soi-même qui définit l'humour juif. Par exemple : dans une agence de voyages, un Juif doit choisir vers quel pays il va émigrer. L'employé lui montre un globe terrestre et commente les périls de chaque destination : ici, on refuse l'entrée aux Juifs ; là, toute la population vit dans la misère ; ailleurs, les Juifs sont persécutés et ainsi de suite. Embarrassé, le Juif regarde tristement le globe et demande : « Vous n'en avez pas un autre ? » Autre histoire : de passage dans une ville où demeure une importante communauté juive, Khrouchtchev demande à rencontrer le rabbin. « Il n'y en a pas », lui répond un officiel qui ajoute : « Le rabbin est mort et on n'a pas pu le remplacer. – Pourquoi ? questionne Khrouchtchev – Il y avait trois candidats à la succession du rabbin, mais aucun ne convenait. Le premier avait bien le diplôme de rabbin mais n'était pas membre du Parti. Le deuxième était membre du Parti, mais il n'avait pas le diplôme. Le troisième avait le diplôme, était bien membre du Parti, mais il y avait un problème… il était juif. »

De Job à Marc Bloch, tous nous le disent : la mémoire nous aide à choisir, elle apporte l'expérience et ancre l'Histoire dans la Loi. Écoutez le Deutéronome : « Je mets devant toi la vie et la mort, la bénédiction et la malédiction. C'est la vie que tu choisiras. »
On ne peut évoquer le judaïsme en parlant seulement du mal et de ses efforts pour s'en préserver. Ce serait oublier la Justice, cette exigence qui préoccupa tant Moïse. Y aurait-il un Bien sans Justice ? Y aurait-il une Justice sans ceux qui l'incarnent, les Justes ? Selon le **Talmud**, il faut au moins trente-six Justes pour que le monde subsiste. Selon la *Gematria*, trente-six représente deux fois dix-huit, c'est-à-dire deux fois la vie, car le chiffre dix-huit correspond au mot *haï*, la « vie » ou, mieux, la « vie qui sauve la vie ».
C'est en Pologne que l'on trouva le plus grand nombre de Justes, c'est-à-dire des non-Juifs qui cachèrent des Juifs au péril de leur vie sous l'occupation allemande. Et pour cause : c'est en Pologne qu'il y avait le plus de Juifs. Mais c'est en France que les Justes sauvèrent le plus grand nombre de vies. Sur les trois cent mille Juifs qui vivaient en France avant la guerre, plus des deux tiers survécurent grâce à de simples gens qui croyaient de leur devoir d'aider les persécutés. Ils le firent malgré la collaboration active de la police et de la milice françaises, celles de Vichy, avec les SS allemands.

LES JUSTES

VASUL „STRUMA" TRANSPORT DE EMIGRANTI EVREI IN PALESTINA

Plecarea: 8 Octombrie 1941 din Constanța
LOCURI LIMITATE
Informațiuni și înscrieri la: Comitetul „ALYIA"
de pe lângă noua organizație Sionistă, Calea Moșilor 78, Etaj I, și Biroul de Voiaj „TURISMUL MONDIAL" Calea Victoriei 100

David Stoliar, now a rich businessman (far left), first heard of the existence of the Struma through the advertisement (above) in a Romanian newspaper. It seemed that the only problem in getting to Palestine was the limited number of places left. Stoliar bought a ticket (left). The Struma, grossly overcrowded, crawled into Istanbul. The British, unwilling to risk Arab hostility to further Jewish immigration at this crucial time, refused to clear the boat for Palestine. She was towed out of Turkish waters and was sunk, probably by torpedo, on February 24, 1942 (below). Jewish terrorists accused the British High Commissioner of murder (far left)

709 REFUGEES LOST IN STRUMA; SHIP SINKS IN BLACK SEA
27 FEB 1942
Agency Statement on Efforts to Save Fugitives

À gauche :
Carte d'identité de David Stoliar (United States Holocaust Memorial Museum, Washington).

Impressionnante, cette carte d'identité de l'unique rescapé parmi les sept cent neuf réfugiés entassés sur un rafiot nommé Struma. C'était au mois de février 1942, ils étaient tous juifs et personne ne voulait d'eux. Cela ne nous renvoie-t-il pas à tous ces boat people qui errent encore à travers les mers et océans ?

À droite :
Affiche du film Exodus d'Otto Preminger (1960).

David Ben Gourion aimait dire à propos de l'Exodus d'Otto Preminger, film retraçant l'odyssée de ce navire chargé de survivants des camps de la mort qui rêvaient d'atteindre les côtes d'Israël : « Jamais un film hollywoodien n'a fait autant de bien. »

À ce stade de mon récit, je ne peux retenir cette question lancinante qui ne cessera de me travailler : pourquoi les autres, tous les autres, n'ont-ils pas eu le geste qui sauve ? En effet, à quoi pensaient les Anglais et les Turcs en refoulant le *Struma*, le paquebot chargé de Juifs roumains fuyant la mort ? Après trois mois d'errance, le bateau fut remorqué par la marine turque en mer Noire où il sombra, torpillé par un sous-marin soviétique le 24 février 1942. Sur sept cent soixante-dix passagers, un seul survécut, David Stoliar.

Les assassins allemands, épuisés par cette tâche herculéenne – la liquidation de six millions d'individus –, étaient prêts à laisser partir un certain nombre d'entre eux. Soixante-dix mille personnes avaient, dit-on, reçu l'autorisation, contre rançon, de se réfugier en France. Mais, comme pour le rachat des Juifs hongrois – un million de femmes, d'hommes et d'enfants contre camions et matériel stratégique –, les Alliés refusèrent. C'était en 1944.

Dernièrement, un ecclésiastique catholique, le père Patrick Desbois, est parti en Ukraine sur les traces de son grand-père déporté. C'est grâce à lui que l'on a découvert qu'avant même la « solution finale » mise en place par les Allemands, les populations locales avaient déjà liquidé une partie de leurs Juifs. Le père Desbois a nommé ce massacre la « Shoah par balles ». On comprend dès lors la joie des survivants, parmi lesquels beaucoup d'antisionistes, à la proclamation d'un État d'Israël.

Le premier président d'Israël, Haïm Weizmann, disait : « Aucun peuple n'a jamais reçu le don de son État sur un plateau d'argent. » Bien sûr, cette patrie naissante en Palestine bénéficiait de la mauvaise conscience universelle : on avait abandonné les Juifs à Hitler. Et encore : malgré les révélations des camps et des fours crématoires, les Anglais arraisonnaient les rafiots chargés de survivants juifs en route vers Israël ou, pis, les sabordaient. Tout cela eut lieu dans l'indifférence du monde. L'opinion internationale ne s'éveilla qu'à l'épopée de l'*Exodus*, ce navire américain porteur de quatre mille cinq cents Juifs, partis de Sète en France et reconduits après tant de détours et d'espoirs trompés jusqu'à Hambourg, pays de leurs bourreaux.

LA "SHOAH PAR BALLES"

L'EXODUS

יציאת אירופה ת

L'AN PROCHAIN À JÉRUSALEM, LUMIÈRES, DESTRUCTION, RENAISSANCE

L'*Exodus* (1947).

Exodus, Exodus... J'aurais dû me trouver sur ce navire avec mes amis de la jeunesse borokhoviste. Une vilaine pneumonie m'en empêcha. J'ai suivi le cœur serré son aventure depuis Lodz en Pologne, où nous habitions alors.

154   L'AN PROCHAIN À JÉRUSALEM, LUMIÈRES, DESTRUCTION, RENAISSANCE

PARTITION
DE LA PALESTINE
EN DEUX ÉTATS

« L'a guerre est finie mais notre guerre continue », déclare David Ben Gourion. En Palestine, la résistance juive attaque les occupants britanniques. À gauche, la Haganah née en 1920, véritable armée clandestine liée aux travaillistes, lance ses commandos de kibboutzim, le Palmah. À droite, l'Irgoun. Ce sont ses hommes qui, le 22 juillet 1946, font sauter une aile du quartier général britannique à l'hôtel King David de Jérusalem : quatre-vingt-onze morts, pour la plupart des civils. Il y a aussi le Lehi, une scission de l'Irgoun, qu'on appelle le groupe Stern, du nom de son fondateur. Ceux-là sont bien armés et radicaux. Le 6 novembre 1944, ils assassinent au Caire le responsable britannique pour la région, Lord Moyne.

Tous ont le même objectif : l'indépendance. Sur les méthodes, ils divergent. La Haganah condamne régulièrement les attentats terroristes de l'Irgoun et du groupe Stern. La répression de l'armée britannique, les arrestations, les pendaisons n'y peuvent rien : la résistance juive se renforce chaque jour. Les Britanniques poussent alors les extrémistes palestiniens à attaquer les kibboutzim et les fermes collectives. Ils utilisent la même méthode qu'aux Indes, où ils encouragent les musulmans à combattre les hindous. Aux Indes comme au Pakistan, la situation leur échappe, l'indépendance vire à la guerre civile. En février 1947, incapable de maintenir l'ordre en Palestine, le gouvernement britannique de Clement Attlee décide de remettre son mandat aux Nations unies.

Une commission, l'UNSCOP, propose la partition de la Palestine en deux États indépendants, un juif, un arabe. Le 29 novembre 1947, l'assemblée générale des Nations unies adopte le plan de partage par trente-trois voix contre treize. L'ONU enjoint également à la Grande-Bretagne de retirer ses troupes avant le 1er août 1948. À cette annonce, les Britanniques se mirent à armer les milices arabes, et d'abord la Légion arabe de Transjordanie que commandait un Anglais converti à l'islam, Glubb Pacha.

Ci-dessus,
de gauche à droite :
• Moshe Dayan, Yitshaq Sadeh, Yigal Allon au kibboutz Hanita (1938, Jewish National Fund, New York).
• Le général John Bagot Glubb, dit Glubb Pasha (c.1950).

Je n'ai pu m'empêcher de juxtaposer ces deux photos. D'un côté, les trois dirigeants de Palmah, groupe d'assaut constitué pour la plupart de kibboutznik, Dayan, Sadeh et Allon ; de l'autre, le chef de la Légion arabe, Glubb Pasha, un Anglais converti à l'islam.

À gauche :
Attentat de l'hôtel King David.
L'attentat contre l'hôtel King David de Jérusalem en 1946 visant les forces de l'occupation britannique rappelle que le terrorisme juif a aussi existé.

PROCLAMATION
DE L'ÉTAT D'ISRAËL

L'histoire bascule. Le 14 mai 1948, au musée de Tel-Aviv, devant une foule compacte et émue, David Ben Gourion proclame l'indépendance de l'État d'Israël. Dans sa déclaration, il s'engage à veiller au développement du pays « au bénéfice de tous ses habitants », et promet un État « fondé sur les principes de liberté, de justice et de paix enseignés par les prophètes d'Israël ». Ce texte assure « une complète égalité de droits sociaux et politiques à tous ses citoyens, sans distinction de croyance, de race ou de sexe », garantit « la pleine liberté de conscience, de culte, d'éducation et de culture », assure « la sauvegarde et l'inviolabilité des Lieux saints et des sanctuaires de toutes les religions », et enfin, promet de respecter « les principes de la Charte des Nations unies ».

C'est l'Union soviétique qui reconnaît en premier l'État d'Israël. Staline considère à juste titre que l'indépendance des Indes et d'Israël annonce la fin de l'époque coloniale et affaiblira durablement l'Empire britannique. L'Amérique suit l'exemple de l'Union soviétique, puis vient le tour de la France et de tous les pays européens et sud-américains. La Grande-Bretagne, elle, ne se sent pas vaincue : elle espère qu'on lui demandera d'intervenir pour ramener la paix, et donc pousse la Ligue arabe à la guerre.

LA PREMIÈRE GUERRE
ISRAÉLO-ARABE

La guerre éclate aussitôt l'indépendance proclamée : elle est dure et sanglante. Toutes les armées arabes se précipitent sur le nouvel État d'Israël. Pour le défendre, des volontaires juifs et non-juifs affluent par milliers. La Syrie, qui occupait une zone frontalière du Nord, bat en retraite. L'armée égyptienne occupe Gaza, marche sur Tel-Aviv. L'armée juive l'arrête sur la route d'Ashdod. La Transjordanie, elle, annexe l'actuelle Cisjordanie, territoire réservé aux Palestiniens, et une partie de Jérusalem.

À droite :
L'*Altalena* en flammes (27 juin 1948 au large de Tel-Aviv).
Le jour où Ben Gourion imposa les mêmes règles à toutes les fractions militaires juives, et qu'il fit sauter le bateau d'armes commandité par Begin et l'extrême droite sioniste, il marqua la naissance réelle de l'État d'Israël. Yitzhak Rabin cita cet événement devant moi en exemple à Yasser Arafat qui, malheureusement, n'en fit rien.

***Ci-contre**
de gauche à droite :*
• Ben Gourion lit la déclaration d'indépendance (Tel-Aviv, 14 mai 1948).
• Premier anniversaire d'indépendance (Tel-Aviv, 4 mai 1949).
J'avoue avoir dansé à Lodz, en Pologne, où nous nous sommes installés après la guerre, à l'annonce de la création de l'État d'Israël. Peu ont cette chance de vivre la réalisation d'un rêve millénaire.

L'AN PROCHAIN À JÉRUSALEM, LUMIÈRES, DESTRUCTION, RENAISSANCE

Nommé médiateur des Nations unies en Palestine, le comte Bernadotte propose le 16 septembre 1948 un nouveau partage des territoires avec Jérusalem sous contrôle international. Le lendemain, le 17 septembre, le groupe Stern le fait assassiner. Les Nations unies s'en mêlent enfin : Arabes et Israéliens signent un cessez-le-feu le 7 février 1949.

C'est un affrontement sanglant entre la Haganah – devenue l'armée officielle d'Israël – et l'Irgoun qui marque la véritable naissance de l'État.

L'Irgoun expédie clandestinement un cargo bourré d'armes, l'*Altalena*, au large de Tel-Aviv. Des unités de la Haganah surgissent en plein débarquement. Menahem Begin, chef de l'Irgoun, avait acheté ces armes en Europe : pour lui, elles lui appartiennent. Ben Gourion réplique qu'un État n'a qu'une seule armée et que Begin doit donc livrer ses armes. Begin résiste. Ben Gourion ordonne l'assaut. Les soldats israéliens coulent le navire.

La fusillade fit dix-huit victimes, pour la plupart des survivants de la Shoah. L'événement impressionna profondément la population. À la suite de cet affrontement fratricide, l'Irgoun accepta de se transformer en parti politique et ses combattants rejoignirent Tsahal, dorénavant le seul corps armé de l'État d'Israël.

Yitzhak Rabin a, devant moi, rappelé cet épisode à Yasser Arafat pour qu'il en tire enseignement. Selon Rabin, les Palestiniens ne pouvaient établir un État indépendant sans imposer, si nécessaire par la force, une vraie administration comme une autorité unique sur leurs multiples groupes armés. Le coup d'État militaire du Hamas à Gaza lui donne raison.

L'ALTALENA, UNE BATAILLE FRATRICIDE

HÉBRON, DEIR YASSIN : LA HAINE CHEZ LES UNS ET LES AUTRES

L'a première guerre israélo-arabe s'acheva par la signature d'armistices : avec l'Égypte d'abord, par les accords de Rhodes du 24 février 1949, puis avec le Liban, la Transjordanie et la Syrie entre mars et juillet. Elle laissa pourtant des traces : les massacres de Juifs à Hébron et d'Arabes palestiniens dans le village de Deir Yassin amplifièrent la haine chez les uns et les autres. Des centaines de milliers de Palestiniens, apeurés, quittèrent leurs villages à l'appel de la Ligue arabe qui leur promettait pour leur victorieux retour un butin encore plus somptueux que celui ramassé par le Prophète sur les Juifs de Médine. De là vient l'un des principaux obstacles à la paix entre le monde arabe et Israël jusqu'à aujourd'hui.

RÉVEIL DES COMMUNAUTÉS JUIVES

La proclamation de l'État d'Israël réveilla la plupart des communautés juives et anéantit plusieurs d'entre elles, singulièrement dans les pays arabes. En août 1947, en Égypte et à Tripoli, on assassina cent trente Juifs lors d'émeutes. En décembre de la même année, pogrom à Aden, pourtant protectorat britannique : quatre-vingt-deux Juifs furent massacrés, des centaines de maisons et de magasins juifs saccagés.

Ce même mois, à Damas, les Frères musulmans incendièrent douze synagogues et cinq écoles. La plupart des Juifs syriens s'enfuirent au Liban et en Turquie. En janvier 1952, lors d'une manifestation antibritannique au Caire, la quasi-totalité des magasins juifs furent pillés et incendiés. Ainsi, l'une des plus anciennes communauté juive partit pour l'exode. À Bagdad, la dictature poursuivit des notables juifs pour espionnage. Le procès à la mode stalinienne se termina par de spectaculaires pendaisons publiques. Ce fut là aussi la fin d'une très antique communauté.

C'est dans cette atmosphère d'urgence que fut rapatriée, par un pont aérien nommé *Sur les ailes des aigles*, la mythique communauté juive du Yémen qui, au cours des siècles, avait donné une très riche littérature rabbinique et poétique. De 1950 à 1952, l'opération Ezra et Néhémie transporta en Israël cent vingt mille Juifs irakiens. L'Iran du shah soutint l'opération, seul pays du Moyen-Orient à avoir instauré des relations amicales avec Israël. Mais quand en 1979 l'ayatollah Khomeini arriva au pouvoir, la plupart des cent trente mille Juifs qui vivaient là depuis la nuit des temps émigrèrent en Israël.

LES JUIFS D'ÉTHIOPIE ET L'OPÉRATION SALOMON

En mai 1991, ce fut l'opération Salomon. Il s'agissait cette fois-ci du rapatriement de dizaines de milliers de Juifs éthiopiens, les *Falachas*. Ils se nommaient eux-mêmes *Beta Israël*, la « maison d'Israël », et se disaient tous descendants de la reine de Saba et du roi Salomon.

Les troupes israéliennes hissent leur drapeau après la prise de la base jordanienne Umm Rashrash (par Micha Perry, 10 mars 1949).

Deux officiers soviétiques ont participé à la prise du port d'Eilat sur la mer Rouge, port créé il y a plus de trois mille ans par le roi Salomon. Il s'appelait alors Etzion Geber.

L'AN PROCHAIN À JÉRUSALEM, LUMIÈRES, DESTRUCTION, RENAISSANCE

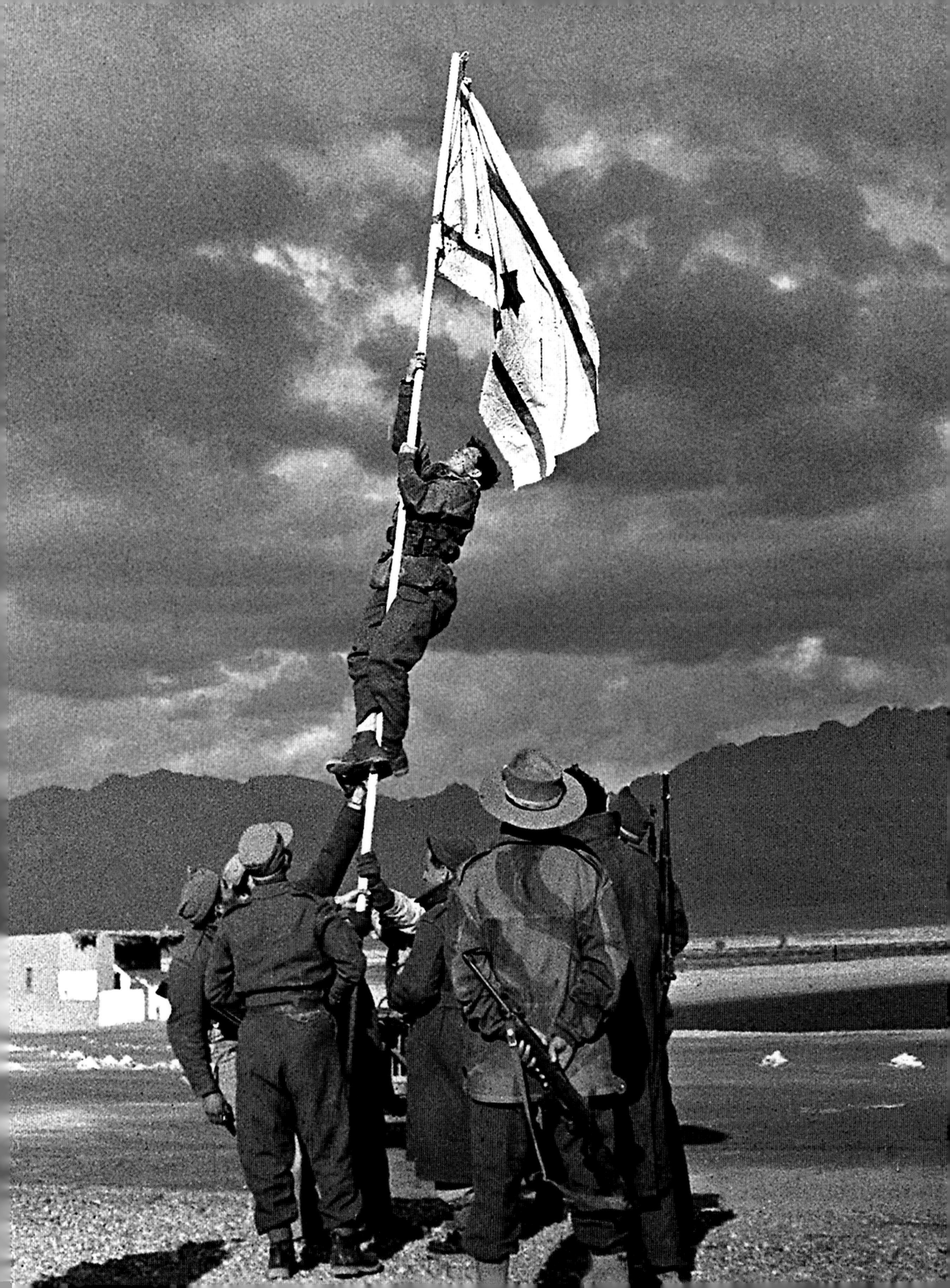

D'où le nom de l'opération. En deux jours et quatre-vingts vols directs Addis-Abeba/Tel-Aviv, quatorze mille deux cents Juifs éthiopiens parvinrent en Israël. Le gouvernement éthiopien réclama trente-cinq millions de dollars pour leur accorder l'autorisation d'émigrer.

Mais en Éthiopie toujours, dans le district de Gondar, des milliers de Juifs attendent encore leurs visas pour partir. J'en ai rencontré quelques-uns lorsque j'écrivais un roman sur la reine de Saba, cette première reine noire acceptée au panthéon des grands hommes blancs. D'après la tradition orale – qui tient une grande place dans l'enseignement –, deux cent trente-sept générations de rois séparent Ménélik, fils de la reine de Saba et du roi Salomon, de l'empereur Hailé Sélassié – le négus d'Abyssinie destitué en 1934 par Mussolini et assassiné en 1975 par un dictateur révolutionnaire. Selon cette même tradition, les Tables de la Loi de Moïse se trouveraient en Éthiopie. Le roi Salomon, juste avant sa mort, les aurait confiées à son fils Ménélik venu le visiter à Jérusalem.

Hailé Sélassié devant la Société des Nations (1936).
En 1936, mon père Salomon participa à la fondation d'un comité de solidarité en faveur de Hailé Sélassié, destitué par l'armée fasciste de Mussolini. Je me suis rendu en Éthiopie soixante-dix ans plus tard. J'y ai rencontré les Juifs de Gondar, qui attendaient leurs visas pour Israël, et la petite-fille du négus, Mariam Senna. Je lui ai appris la chanson composée en yiddish par les Juifs de Pologne en l'honneur de son grand-père. L'histoire prend toujours sa revanche sur ses fossoyeurs.

LA FIN DES COMMUNAUTÉS JUIVES DU MAGHREB ET DES PAYS COMMUNISTES

Si la naissance de l'État d'Israël redonna un essor aux communautés juives à travers le monde, elle fut fatale à nombre d'entre elles dans le monde arabe. Fuyant des émeutes antisémites, deux cent trente mille Juifs abandonnèrent le Maroc, cent trente mille quittèrent l'Algérie, cent trente mille la Tunisie et quarante mille la Libye.

La guerre des Six Jours, celle de 1967, vida les pays communistes de leurs rares habitants juifs.

En remettant le conflit israélo-arabe au centre du monde et de la guerre froide, elle changea tout : les rapports de force au Proche-Orient, l'image d'Israël dans le monde, les liens entre l'État juif et la diaspora, enfin, dans tous les pays, les rapports entre les Juifs et leurs compatriotes.

NASSER ET LE CANAL DE SUEZ

Tout commence le 26 juillet 1956 lorsque Gamal Abdel Nasser, qui avait pris le pouvoir deux ans plus tôt à la tête d'un groupe de jeunes officiers dits progressistes, nationalisa par surprise le canal de Suez. En s'opposant à l'Occident, le raïs cherchait à unifier le monde arabe contre les anciennes puissances coloniales et contre Israël. L'Union soviétique et ses satellites l'armèrent et l'encouragèrent.

Le canal de Suez, la vieille idée des socialistes saint-simoniens réalisée par le Français Ferdinand de Lesseps, fut inauguré en 1869. Long de cent quatre-vingt-dix kilomètres, il unit la mer Rouge et la Méditerranée. Il réduit considérablement la distance entre l'Europe et l'Asie. Plus important encore, c'est par là que passe le pétrole. Bref, le canal est nécessaire à l'économie de la région comme à celle du monde entier.

La Grande-Bretagne et la France, spoliées, décident de réagir au coup de force de Nasser. La compagnie qui gère le canal leur appartient. La France, principale alliée d'Israël, demande un coup de main à Jérusalem. Les Israéliens acceptent d'autant plus volontiers que les *fedayin*, les terroristes armés par l'Égypte, s'infiltrent sur son territoire où ils multiplient les attentats. La Grande-Bretagne, la France et Israël dispersent l'armée égyptienne, prennent le contrôle du canal de Suez. Mais ni les États-Unis ni l'Union soviétique ne veulent de cette guerre-là : les vainqueurs d'un jour doivent se retirer et Nasser triomphe.

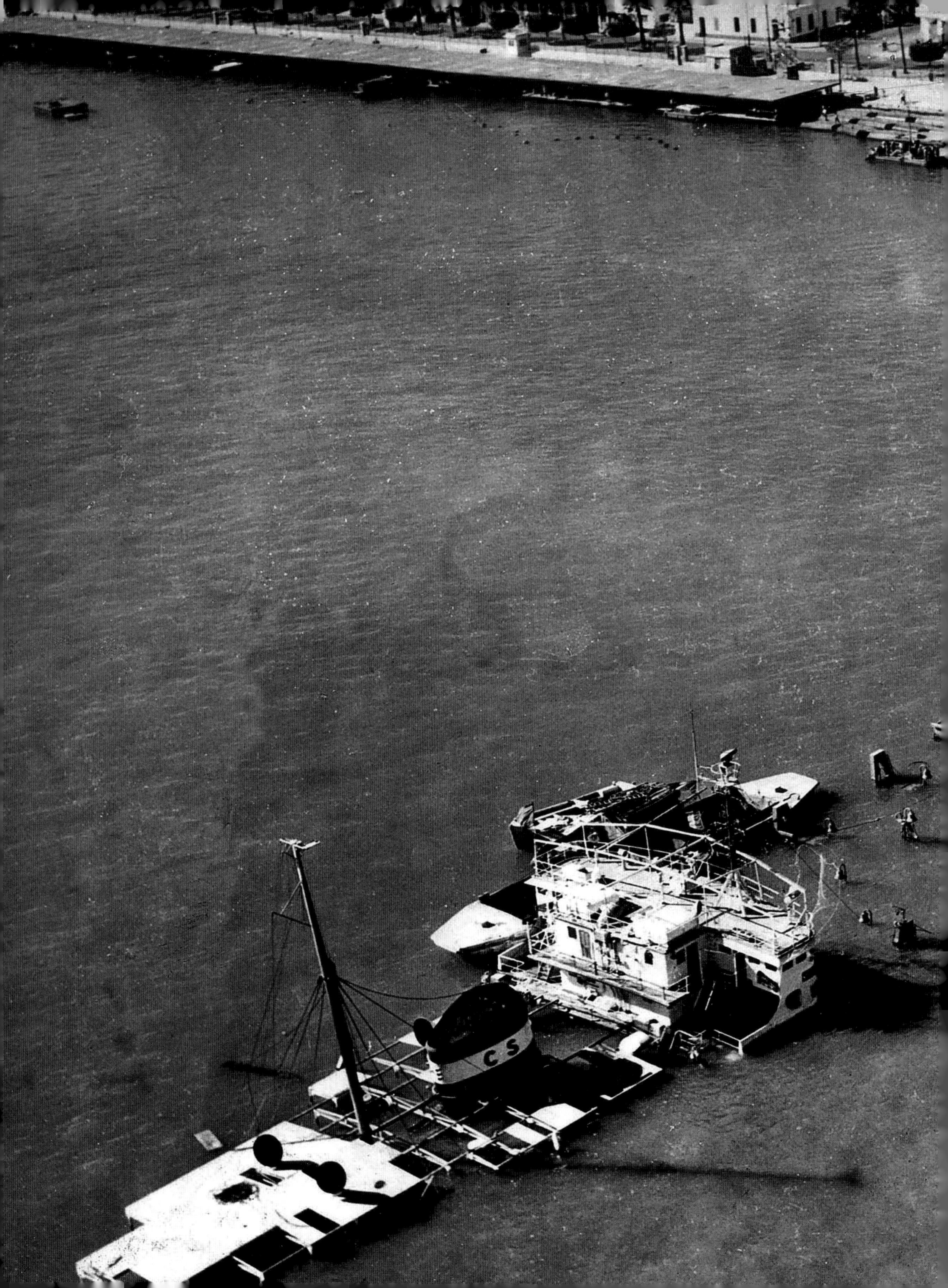
CS

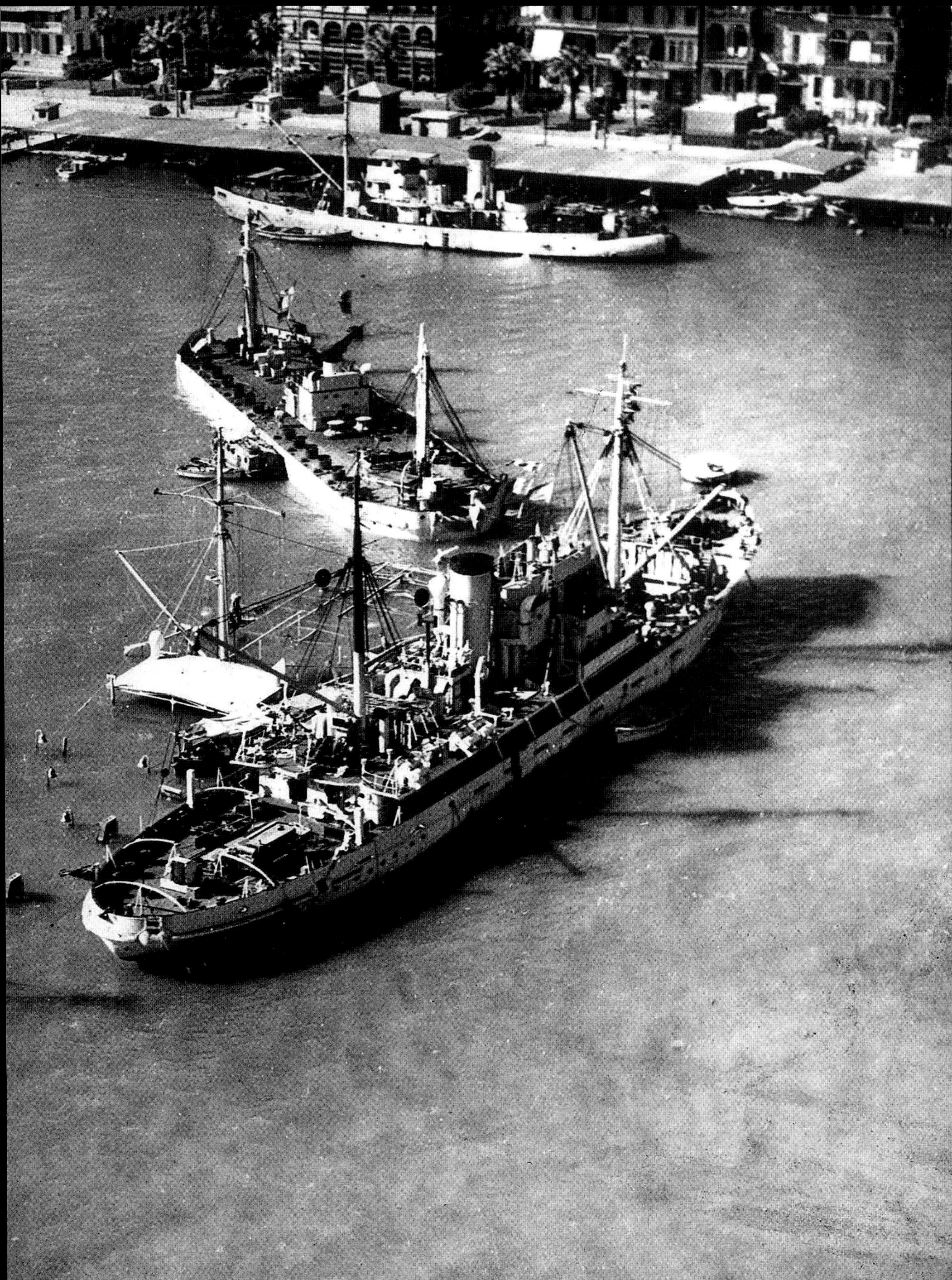

France-Soir

dernière heure

Jeudi 1er juin 1967

Les 4 sadiques agresseurs de Brigitte recherchés sur les chantiers de banlieue
(PAGE 3.)

L'ÉTAU DES ARMÉES ARABES SE RESSERRE SUR ISRAËL

De Gaulle chez le Pape ce matin
(PAGE 7.)

BEN BARKA : Leroy - Finville pleurait pendant la plaidoirie de son avocat
(fin du procès lundi)
(PAGE 8.)

● Michel Debré a dit à Killy et aux skieurs douaniers : « Je suis fier de vous. »
(Rubrique sportive.)

Fusillade dans un bar de Montmartre : une cliente grièvement blessée
(PAGE 9.)

Nigéria (le plus grand pays d'Afrique) : au bord de l'éclatement 
(PAGE 6.)

RUE VANEAU (7ᵉ) Seul, il met en fuite 3 gangsters
(PAGE 10.)

Cinq pages de petites annonces
● Immobilier (achat, vente, location), pages 17, 18.
● Fonds de commerce, page 18.
● Offres et demandes de situation, d'emploi, pages 14, 15, 16, 17.
● Autos, page 17.

NASSER ET HUSSEIN : ILS SE HAÏSSAIENT, ILS S'EMBRASSENT

Nasser donne l'accolade à Hussein qui a conservé son pistolet

AU KIBBOUTZ, MÊME LES FEMMES ET LES ENFANTS SE PRÉPARENT À LA GUERRE

Sous l'œil d'une sentinelle attentive, les femmes et les enfants de ce village israélien participent à un exercice

TEL KAZIR (Galilée) mercredi (A.P.). — Devant plusieurs dizaines de photographes et de cameramen, Nasser et Hussein de Jordanie se sont réconciliés. Les frères ennemis se sont embrassés, effaçant leurs motifs de discorde. Avec une grande discipline, les femmes et les enfants d'un kibboutz (ferme collective) israélien sortent des abris après un exercice d'alerte.

En signant un pacte surprise avec Nasser, son ex-ennemi mortel, le roi de Jordanie met en danger 530 km de frontières israéliennes de plus

Il apporte à la coalition arabe une puissante armée de 50 000 hommes

Les Russes renforcent, face à la VIᵉ escadre US leur flotte de la Méditerranée avec 10 nouveaux navires *dont certains lance-fusées*

Cette nouvelle aggravation peut contraindre Israël à frapper vite avant la coordination entre les forces de Nasser et d'Hussein

Pages 4 et 5, les câbles des envoyés spéciaux de « France-Soir » : Alain GUINEY à Tel Aviv, Eva FOURNIER au Caire, Jean RAFFAELLI à Moscou, A. de SEGONZAC aux Nations-Unies

169 F poids plume et forme cintrée un costume droit en toile Tergal, 3 boutons beige clair marine bleu air force 
PRÉBAC

SHOW PREMIÈRE À L'OLYMPIA 1ᵉʳ JUIN
GALA AU PROFIT DU F.S.J.U.

la mode des jeunes de 2 à 20 ans Jeudi

MANBY vous propose ensemble chemisette plus short les 2 pièces 29,50 (le 4 ans) polo-maille de plage 18,90 (le 4 ans) et toute une collection nouvelle spécialement conçue pour les vacances des petits et des grandes

Double page précédente :
Bateaux coulés à l'entrée du canal de Suez à Port-Saïd (11 août 1956).

À gauche :
France-Soir (1ᵉʳ juin 1967).

À droite :
Moshe Dayan (au centre), Yitzhak Rabin (à droite) et le général Uzi Narkiss (à gauche), en juin 1967 à Jérusalem.

On oublie souvent que la guerre israélo-arabe de 1967, après celle de 1956, n'était pas voulue par Israël. On oublie l'angoisse des communautés de par le monde et celle des non-Juifs qui ne pouvaient concevoir, vingt-deux ans après la Shoah, un nouveau massacre des Juifs. On comprend dès lors pourquoi la photo des trois chefs d'état-major israéliens pénétrant dans la vieille ville de Jérusalem fit le tour du monde.

LA GUERRE DES SIX JOURS

Encouragé par cette victoire qu'il s'approprie, fier de s'imposer comme un grand dirigeant du tiers-monde, Nasser prépare sa revanche. Au début de 1967, les Syriens attaquent plusieurs villages israéliens. En riposte, Israël abat six avions syriens. À l'appel de la Syrie, Nasser déploie son armée dans le Sinaï et exige le retrait des observateurs de l'ONU stationnés le long de la frontière avec Israël. Enfin, en contradiction avec le droit international maritime et pour qu'Israël ne puisse se soustraire à la guerre, il ordonne la fermeture du détroit de Tiran. La Jordanie et l'Irak signent aussitôt un pacte de défense avec l'Égypte, coalition à laquelle se joint l'OLP, l'Organisation de libération de la Palestine dont le siège est à Gaza et qui milite pour la destruction de l'État d'Israël. La Ligue arabe se réunit d'urgence.

Ci-contre :
Raymond Aron (par Peter Turnley, 1983).
Raymond Aron représente mieux que quiconque ces Juifs français assimilés que la guerre des Six Jours a ramenés au berceau.

À droite :
E. Ionesco, M. Halter et N. Sharansky chez les Halter (par Thierry Orban, 1986).
Pendant longtemps, Natan Sharansky symbolisa ces millions de Juifs soviétiques qu'on empêchait de se rendre en Israël. Quelle émotion d'être allé le chercher à l'aéroport et de l'avoir reçu chez nous !

LE RÉVEIL DES JUIFS ASSIMILÉS

En Occident, la presse détaille les forces en présence. Israël paraît écrasé d'avance. Le monde s'émeut : permettra-t-on, dans le courant du même siècle, un deuxième massacre général des Juifs ? Dans l'exaltation de leurs discours, les dirigeants arabes promettent clairement de rejeter les Israéliens à la mer. L'angoisse réveille la conscience juive. Tous ceux qui, en Europe comme en Amérique, dans les milieux intellectuels notamment, s'étaient éloignés de la vie communautaire, rejoignent les grandes manifestations de solidarité avec l'État d'Israël. Exemple : Raymond Aron. « Je suis ce que l'on appelle "un juif assimilé" [...]. Les Juifs français qui ont donné leur âme à tous les révolutionnaires noirs, bruns ou jaunes, hurlent maintenant de douleur pendant que leurs amis hurlent à la mort. Je souffre comme eux, avec eux, quoi qu'ils aient dit ou fait, non parce que nous sommes devenus sionistes ou israéliens, mais parce que monte en nous un sentiment irrésistible de solidarité. Peu importe d'où il vient. » (*De Gaulle, Israël et les Juifs*, Plon, 1968.) Grâce à ces « Juifs du mois de juin 1967 », la rue juive fit le plein. Quant à la rue non juive, son soutien fut quasi total.

LA VICTOIRE D'ISRAËL

Nous connaissons la suite : Israël gagna la guerre en six jours. Tsahal occupa Gaza et le Sinaï ainsi que la Cisjordanie jusqu'au Jourdain et le Golan du côté syrien. Après cette surprenante victoire, tout changea à nouveau. Aux yeux des non-Juifs, l'image de ce peuple se transforma du tout au tout. Une partie de l'opinion publique fut admirative, l'autre – plutôt de gauche – eut l'impression d'avoir été manipulée. Ceux qui se préparaient à pleurer les victimes furent soulagés et déçus à la fois : la solidarité changea de camp, Israël se muait en occupant.

Si les Juifs, pour la plupart, se réjouirent de ce miraculeux retournement militaire, ils furent heurtés par la nouvelle image que le monde leur renvoyait, celle du Juif « sûr de lui et dominateur », selon l'expression du général de Gaulle. Jusqu'en 1967, Israël servait de trait d'union entre les communautés. À partir de 1967, il devint l'objet de débats et de discordes.

En Israël même, les Juifs vécurent leur propre victoire dans la contradiction : fiers d'avoir gagné, souvent honteux d'avoir été transformés en occupants, en colère quand on leur reprochait leur trop écrasant succès. Dans les pays communistes et arabes, la guerre des Six Jours provoqua une véritable hystérie antijuive.

En Union soviétique, quatorze ans plus tôt, les Juifs n'avaient dû leur salut qu'à la mort de Staline le 5 mars 1953. Celui-ci, après le procès antisémite dit des Blouses blanches, où des médecins juifs furent accusés parce qu'ils étaient juifs, préparait des déportations massives quand il fut terrassé par une hémorragie cérébrale.

En 1967, devant la victoire d'Israël, les Juifs russes relèvent la tête. Les synagogues devinrent des lieux de manifestation. Durant les grandes fêtes, *Kippour*, *Pessa'h*, *Sim'Hat Torah* – la « réjouissance de la Torah » –, les Juifs y affluèrent par milliers, bloquant la circulation et suscitant la colère des autorités. Il y eut à nouveau des procès. On accusa des personnalités juives de travailler avec les services secrets israéliens ou la CIA. Certains furent condamnés à mort, comme le journaliste Édouard Kouznetsov, poursuivi pour avoir prémédité de fuir l'Union soviétique en détournant un avion. Sous la pression d'une campagne internationale, sa peine fut commuée en quinze ans d'emprisonnement.

Alors que surgissaient les premiers mouvements de dissidence, commença la saga des « prisonniers de Sion », communément appelés *refuzniks* – les recalés. On trouve parmi les plus connus le mathématicien Natan Sharansky, qui sera plus tard ministre dans un gouvernement israélien.

La mobilisation en faveur des Juifs soviétiques ressouda les communautés. Le prix Nobel russe Andreï Sakharov prit une large part à ce combat pour la justice. Il ne s'agissait plus uniquement de soutenir l'État d'Israël, mais également les Juifs persécutés à travers le monde, leurs droits à l'émigration, à la liberté d'expression et à l'affirmation de leur identité dans les pays dont ils partageaient la citoyenneté, la culture et souvent les succès.

L'UNION SOVIÉTIQUE : LE CRI DES "JUIFS DU SILENCE"

Israël et Diaspora

Un peuple subversif

170   Israël et diaspora, un peuple subversif

En 1989, le magazine *Life* réalise un sondage sur les cent Américains les plus célèbres du XXe siècle : seize d'entre eux sont juifs. Parmi ceux-là, Irving Berlin, Leonard Bernstein, Bob Dylan, les physiciens Albert Einstein et Robert Oppenheimer, l'économiste Milton Friedman, le biologiste Jonas Salk ainsi que la féministe Betty Friedan.

Juifs ou Américains ? Américains, bien sûr, et Juifs aussi. Albert Einstein aimait à souligner que son savoir lui venait de la diaspora, en Allemagne ou en Amérique, et ses repères de Jérusalem.

Je pense qu'à Alexandrie au premier siècle de notre ère, la proportion des Juifs célèbres devait être du même ordre. L'un d'eux, Philon, vingt siècles avant Einstein, tint d'ailleurs des propos comparables : « Alexandrie est ma patrie, Jérusalem ma ville maternelle. » Au début du XIIe siècle, le poète le plus marquant de Cordoue, Yehouda Halevi, assura lui aussi : « Mon cœur est en Orient et moi aux confins de l'Occident. »

De gauche à droite, de haut en bas et ci-dessus :
• Betty Friedan (par J.-P. Laffont, 26 août 1970, New-York).
• Milton Friedman (par Rich Lipski, 21 mars 1982).
• Dr Jonas E. Salk.
• Bob Dylan (24 mai 1971, Jérusalem).
• Leonard Bernstein lors d'une répétition à Copenhague.
• Irving Berlin (collection privée).
• Oppenheimer et Einstein.

La Bible dit que « la réputation est préférable à de grandes richesses, et la grâce vaut mieux que l'argent et que l'or » (Proverbes, 22,1).

Juif, Israélite et Israélien

Double appartenance ? Les nationalistes protestent : pour eux, nulle identité ne saurait subsister hors celle que donnent le sol et le sang. L'existence même du peuple juif leur pose problème. Ils refusent d'admettre qu'on puisse être à la fois profondément français et profondément juif, anglais et juif, américain et juif… Là comme ailleurs, ce sont encore les Juifs laïcs qui dérangent le plus : par leur seule présence, ils prouvent que le judaïsme n'est pas seulement une religion. Rappelons-nous le cri de Marc Bloch avant de mourir sous les balles allemandes : « Vive la France, vivent les prophètes d'Israël ! » L'abondance des livres, des études et des colloques sur le sujet n'y change rien : pour la plupart de nos contemporains – et pour nombre de Juifs eux-mêmes –, les Juifs et le judaïsme demeurent une énigme. Sait-on déjà formuler la différence entre Israélites, Juifs et Israéliens ? Pas sûr. L'Israélien est celui qui a un passeport israélien. Cela va de soi. Mais l'Israélite ? Est-ce une personne qui pratique la religion juive ? Mais alors, qu'est-ce qu'un Juif ? Et de surcroît un Juif qui n'a pas de religion… Pourtant, on les désigne tous par le même mot : Juifs. Et cela semble avoir un sens.

Certains prétendent que la notion de peuple juif relève d'une invention tardive et que seule existe la religion juive. Non-sens. Les Juifs n'ont pas une religion révélée, contrairement aux chrétiens et aux musulmans, mais une Loi révélée. La religion, elle, c'est leur histoire nationale qui en fait l'office. Aussi, à travers les siècles, ceux qui adhérèrent au judaïsme en tant que religion s'identifièrent automatiquement à l'histoire millénaire du peuple juif. Il en va de même pour leurs revendications nationales. N'ont-ils pas accepté de répéter, avec tous les Juifs éparpillés de par le monde : « l'an prochain à Jérusalem » ?

On comprend dès lors les difficultés de l'historiographie juive. D'autant plus que, contrairement à celle des autres peuples, l'histoire des Juifs, où se confondent les faits et les mythes, n'a pas d'unité de lieu. Chaque nouvel événement modifie et enrichit le sens d'un événement ancien. D'où l'importance et l'inévitable arbitraire du choix devant l'abondance des récits possibles, surtout à l'approche de notre époque où les événements se multiplient, ne serait-ce que par une diffusion autrefois inconcevable de l'information.

Rembrandt, *Philon le Juif* (1635, Bibliothèque nationale, Paris).

J'aime Philon. Pour ses écrits bien sûr, mais surtout pour avoir eu le courage de porter personnellement à Caligula une pétition contre les persécutions des Juifs d'Alexandrie. C'était en 43 de notre ère, mais déjà il accomplit ce que nous, intellectuels, faisons aujourd'hui.

an Rijn in PHILON LE IUIF F.L.D. Ciartres excu

Mais avant de poursuivre, quelques mots sur la répartition du peuple juif dans le monde contemporain.

On considère communément que le monde compte quatorze millions de Juifs, une goutte dans l'océan de presque sept milliards d'individus. C'est une approximation. Dans les pays démocratiques, les recensements ethniques ou religieux sont interdits ; dans les pays totalitaires ou autoritaires, pareille comptabilité, si elle existe, ne fait que préparer ou accompagner des persécutions, comme on l'a vu dans la Pologne communiste des années 1968. Selon les estimations, il y aurait dans le monde plus de quatorze millions de Juifs.

Les Juifs aux États-Unis

Après l'anéantissement du judaïsme européen par les nazis, le cœur de la diaspora s'est mis à battre aux États-Unis. Là, les Juifs réalisèrent le rêve de leurs frères européens : s'assimiler à la société sans rien abandonner de leur propre identité.

L'exilarque, ou *Rech Galouta* en araméen, dirige les communautés juives en exil, fonction inventée au IIe siècle avant notre ère à Babylone. Aujourd'hui, il siège en Amérique. D'une part parce que la communauté juive y est la plus nombreuse (près de six millions d'habitants), plus nombreuse encore que celle d'Israël (où 20 % des sept millions d'habitants sont Arabes). D'autre part parce que les grandes organisations américaines, telles Bneï Brith-Anti Defamation League, American Jewish Committee, World Jewish Congress…, sont les seules actuellement à pouvoir stimuler, coordonner, et financer s'il le faut, l'activité des communautés juives à travers le monde.

En l'an 1825, l'écrivain juif portugais Mardocaï Manuel Noah rêvait d'établir un État juif en Amérique. Il acheta dans ce but l'île de Grand Island, dans l'État du Nebraska. Et, devant une foule d'amis enthousiastes, il posa la première pierre d'une ville qu'il appela Ararat. Du nom de cette montagne, située aujourd'hui entre la Turquie et l'Arménie, où, dit-on, il y a quelques millénaires, Dieu mit Noé et sa famille à l'abri du déluge. Quel symbole ! L'Histoire a voulu que, des siècles plus tard, les États-Unis tout entiers deviennent ce mont Ararat qui servit pendant la Shoah de refuge au peuple juif.

Les Juifs en France

En France, il y aurait plus de six cent mille Juifs, ashkénazes et séfarades confondus. Les premiers se partagent entre les descendants des communautés installées en France depuis des siècles et les émigrés d'Europe centrale. La plupart des séfarades arrivèrent entre 1956, année de l'indépendance du Maroc et de la Tunisie, et 1967, année de la

Synagogue de la Ghriba, Djerba.
Voici l'une des plus vieilles synagogues du pourtour méditerranéen. Les lieux du culte juif ont moins souffert en Orient qu'en Occident.

guerre des Six Jours qui vida le Maghreb de ses derniers Juifs. Ajoutons à ce chiffre les dizaines de milliers de Juifs qui affluèrent en France en 1962, après la proclamation de l'indépendance de l'Algérie.

L'ES GRANDES COMMUNAUTÉS JUIVES

Il y aurait quatre cent cinquante mille Juifs au Canada et un peu moins au Royaume-Uni. Dans les années 1960 en Argentine, avant le régime militaire et sa politique de répression teintée d'antisémitisme, il y avait trois cent cinquante mille Juifs. Une partie émigra en Israël, l'autre aux États-Unis et en Espagne. Il en resterait un peu plus de deux cent mille aujourd'hui. En Australie vivent cent cinquante mille Juifs, près de cent vingt mille au Brésil et près de quatre-vingt-dix mille en Afrique du Sud. En Hongrie, il y en aurait encore cinquante-cinq mille, ainsi qu'au Mexique. En Belgique ils sont quarante mille et en Allemagne, à Berlin notamment où les Juifs russes constituent une forte communauté, leur nombre frôlerait les cent mille.

LES JUIFS
DANS LA RUSSIE
D'AUJOURD'HUI

Quant à la Russie elle-même, c'est une énigme. Elle compterait trois cent mille Juifs, y compris les quatre-vingt-cinq mille d'Ukraine. Les officiels russes, eux, mentionnent un million. Avant la perestroïka, lorsque les refuzniks luttaient pour leur droit d'émigrer en Israël, il y avait, selon le fameux livre *Les Juifs du silence* d'Elie Wiesel, un million sept cent cinquante mille Juifs en URSS. Depuis, la majorité d'entre eux a quitté la Russie pour Israël. Les autres émigrèrent aux États-Unis et un quartier de Brooklyn devint la Little Odessa. Qui sont alors ces trois cent mille Juifs russes signalés par les organisations juives ? Que dire du million avancé par les autorités ? Beaucoup sont les enfants de familles assimilées ou de couples mixtes qui, pour s'opposer ou pour s'imposer dans la Russie d'aujourd'hui, revendiquent leur judaïté.

À gauche :
Morris Meat Market (par N. Jay Jaffee, 1951, Brooklyn Museum of art, New York).

Aux États-Unis, chacun arrive avec sa langue et, contrairement à l'Europe où l'on se pose la question de la double appartenance, quelques mots d'anglais suffisent pour être américain. Cela n'empêche personne de se considérer juif. Et de l'afficher.

À droite :
Le mausolée dit d'Esther et de Mardochée, sans doute tombeau de l'épouse juive du roi sassanide Yezdegerd (1978, Hamadan, Iran).

Tous les discours antijuifs de l'actuel président iranien Ahmadinejad ne peuvent rien contre l'histoire. C'est grâce aux Perses que les Juifs ont pu reconstruire le Temple de Jérusalem détruit par Babylone et c'est grâce aux Perses encore qu'ils recouvrèrent leur indépendance au Ve siècle avant notre ère.

LES JUIFS EN ITALIE, EN HOLLANDE, EN SUISSE ET EN IRAN

N'oublions pas, bien sûr, les trente-cinq mille Juifs italiens, les vingt-cinq mille hollandais et les dix-huit mille suisses, surtout les vingt-cinq mille Juifs d'Iran, héritiers de la très ancienne communauté mentionnée par le livre d'Esther – que l'on lit tous les ans lors de la fête de Pourim. On en trouve la trace dans les textes deutérocanoniques de la Septante d'Alexandrie, première transcription de la Bible en grec qui sert de matrice à toutes les traductions du monde.

DIASPORA, EXIL OU "RESTE D'ISRAËL" ?

Il existe trois expressions pour qualifier les Juifs qui ne vivent pas en Israël : *diaspora*, mot grec qui signifie « dispersion » et met tous les Juifs, peu importe l'endroit où ils vivent, sur le même plan ; *galouth*, mot hébreu qui signifie « exil », donne la primauté aux Juifs d'Israël et suppose que les autres vivent dans l'attente du retour ; enfin *sherit Israël*, mot hébreu qu'on peut traduire par le « reste d'Israël », concept inventé par les prophètes. Le mot désigne les communautés juives disparues ou oubliées qui continuent à préserver l'essentiel de leur mémoire, à entretenir des étincelles sous les cendres. Grâce à elles, en période de crise, le feu reprend dans le foyer et contribue à la renaissance de leur peuple.

Les Juifs en Chine

Ce tour du monde des communautés juives ne saurait être complet sans les quelques centaines de Juifs chinois et les milliers de Juifs indiens. Je m'émerveille toujours devant cette présence dans les lieux les plus improbables. Quand sont-ils arrivés en Chine ? Impossible de le dire avec exactitude. Les premières preuves écrites de leur présence datent du VIIIe siècle. Ils habitaient à l'époque à Hangzhou, Ningbo et Kaifeng, dans l'actuelle province du Henan. Seuls les habitants de Kaifeng en gardent encore la mémoire.

Les hommes et les femmes qui se considèrent comme leurs lointains descendants témoignent toujours : la romancière américaine Pearl Buck, prix Nobel de littérature, leur rendit un émouvant hommage dans son livre *Pivoine* (1948). Outre ces souvenirs et des lettres de voyageurs dont Benjamin de Tudèle qui, entre 1165 et 1173, visita la plupart des communautés juives à travers le monde, on a retrouvé dans la cour de la synagogue de Kaifeng quelques stèles funéraires plus tardives, datées des XVe, XVIe et XVIIe siècles. Les inscriptions sont en chinois.

On suppose que des marchands juifs venus pour la plupart de Perse arrivèrent dans la région sous la dynastie Song (960-1279). Kaifeng était alors la capitale de la Chine, un carrefour commercial majeur. La première synagogue construite dans le style chinois apparut en 1163. Une crue du Huang He, le fleuve Jaune, l'emporta ; on la reconstruisit au XVe siècle.

En 1605, le mandarin Ai Tian, Juif de Kaifeng, se rendit à Pékin. Là, on lui signala la présence du père jésuite Matteo Ricci. Un adepte du monothéisme ? Ai Tian pensa qu'il s'agissait d'un coreligionnaire venu de Terre sainte et décida de lui rendre visite. Ils se rencontrèrent dans l'église jésuite, que les Juifs prirent pour une synagogue. C'est ainsi que les jésuites de Pékin découvrirent l'existence de communautés juives florissantes en Chine et qu'ils transmirent la nouvelle à Rome. Lorsque enfin, au XVIIIe siècle, les premiers Juifs européens arrivèrent à Kaifeng, les membres de la communauté se rendaient toujours à la synagogue pour dire les trois prières quotidiennes, mais ne pratiquaient plus l'hébreu. Ils respectaient le *cacherouth*, observaient le shabbat ainsi que les fêtes juives. Physiquement, ils ne différaient pas de leurs voisins. Ils étaient vêtus comme les Chinois, portaient des nattes, bandaient les pieds de leurs filles et exerçaient les mêmes professions : fermiers, commerçants, artisans, lettrés, soldats, médecins…

À la fin du règne des Ming, la synagogue de Kaifeng fut incendiée et reconstruite vingt ans plus tard. En 1810, le dernier rabbin de Kaifeng mourut. Les rouleaux de la Torah devinrent de simples objets de vénération que personne ne savait déchiffrer.

Groupe de Juifs chinois devant la cathédrale de Kaifeng ; à droite, le rabbin David Levy, dit M. Wong (août 1924, Museum of the Jewish people, Tel-Aviv).

Étonnante photo que celle de ce groupe de Juifs chinois accompagné d'un prêtre et d'un rabbin. Mon grand-père Abraham se serait exclamé : «Regardez jusqu'où est arrivé le judaïsme!»

La Chine ne prit jamais de mesures discriminatoires contre les Juifs. Quelques-uns accédèrent à de très hautes fonctions. Chou En-lai rapportait en privé que ses ancêtres étaient des Juifs de Kaifeng. Aujourd'hui encore, plusieurs savants ou généraux chinois se réclament de cette surprenante et émouvante filiation.

Entre 1946 et 1948 en Chine, l'Armée rouge de Mao Tsé-toung achève sa marche vers le pouvoir. Les Juifs de Shanghai partent aux États-Unis, en Australie et en Israël. Quelques centaines demeurent sur place. Les jours de fête, la synagogue de Shanghai est encore pleine. Composée à l'origine de Juifs venus de Bagdad, la communauté accueillit, après la révolution bolchévique, des Juifs russes qui fuyaient le nouveau régime.

LES JUIFS AU JAPON

Et les Juifs du Japon ? Voici un autre exemple de la complexité de l'historiographie juive. L'histoire commence en Lituanie au début de la Seconde Guerre mondiale, à Vilnius, qu'on appelait la Jérusalem de Lituanie. La ville possédait une dizaine d'écoles rabbiniques, *yeshivot*, parmi les plus fameuses. À l'approche de l'armée allemande, étudiants et professeurs rabbins tentèrent de fuir en URSS. Mais les Soviétiques leur refusèrent l'entrée. Pris en tenaille entre les nazis et les Russes, ils frappèrent en vain aux portes de tous les consulats. Seul le consul du Japon à Vilnius, Sempo Sugihara, fut bouleversé par le désarroi de ces hommes et de ces femmes : il leur accorda des visas. Quelques milliers d'entre eux purent ainsi traverser la Russie jusqu'à Vladivostok et débarquer au Japon : une fuite collective par le Transsibérien !

Malheureusement, le 7 décembre 1941, veille de leur arrivée, l'armée nippone avait attaqué Pearl Harbor. Au même moment, une mission de la Wehrmacht vint à Tokyo pour tenter de dégager une stratégie militaire commune. Pris de court, les Japonais expédièrent les Juifs lituaniens dans la ville de Shanghai qu'ils contrôlaient. La communauté locale les accueillit. Mais très vite, pour complaire à leurs alliés allemands, les Japonais les enfermèrent dans le quartier de Hongkou qui devint un ghetto.

LES JUIFS EN INDE

Comment évoquer la diaspora sans citer les Juifs d'Inde ? La Bible nous raconte que, vers 969 avant notre ère, avec l'aide du roi phénicien Hiram de Tyr, le roi Salomon fit construire des navires dans l'ancien port d'Ezion-Geber, sur la mer Rouge. Ce sont quelques-uns de ces bateaux qui auraient atteint les côtes des Indes. Les premières communautés juives du sous-continent datent-elles de cette époque ? Le Livre d'Esther (1,1-8,9), comme le premier Livre des Maccabées, mentionne la présence de Juifs à Hoddu, aux Indes. On a retrouvé les traces d'une communauté juive qui vivait au premier siècle avant notre ère à Cranganore, sur la côte de Malabar. Les rois hindous traitaient la communauté avec égards et lui donnèrent même un territoire connu sous le nom d'Anjuvannam, seul territoire juif, disait-on à l'époque, en dehors d'Israël.

En 1524, les musulmans attaquèrent les Juifs de Cranganore qui se réfugièrent à Cochin, dans le Kerala. Là, le rajah les assura de sa protection et les installa dans une ville proche de sa capitale. La communauté survécut aux occupations portugaise (1500-1663), hollandaise (1663-1795) et britannique (1795-1948). Elle célébra avec les hindous l'indépendance de l'Inde.

Famille juive en Inde
(c.1890, Museum of the Jewish people, Tel-Aviv).

Ces Indiens, en quoi sont-ils juifs ? Parce qu'ils le veulent. Être libre de choisir ce que l'on est, quel bonheur !

LES BNEÏ ISRAËL

Il existe une autre communauté juive qui se développa à Bombay et dans ses environs, les *Bneï Israël*, les enfants d'Israël. La légende veut qu'elle se compose de descendants des dix tribus éparpillées à travers le monde par le roi assyrien Tiglat-Phalazar III en 722 avant notre ère. Ces exilés cherchaient à atteindre Cranganore et sa communauté, mais leurs navires auraient dérivé vers Bombay et Alibog. Le nom de *Bneï Israël* indiquerait qu'ils seraient arrivés aux Indes entre 722 et 586 avant notre ère, à une époque où l'on n'utilisait pas encore le mot *Yehudim* pour désigner les Juifs.

Les Bneï Israël apprirent très vite la langue merathi, langue indo-européenne de la région de Bombay. C'est pourquoi certains historiens crurent qu'il s'agissait d'hindous convertis au judaïsme. Il n'en est rien. Malgré leur isolement, les Bneï Israël gardèrent l'essentiel du judaïsme ; ils lisaient la Torah en merathi. Avec la création de l'État d'Israël, une partie d'entre eux émigra, comme d'ailleurs presque tous les Juifs de Cochin.

Il reste à ce jour une communauté de Bneï Israël à Bombay comme à New Delhi, et si elles parlent hindi, elles continuent à prier en hébreu.

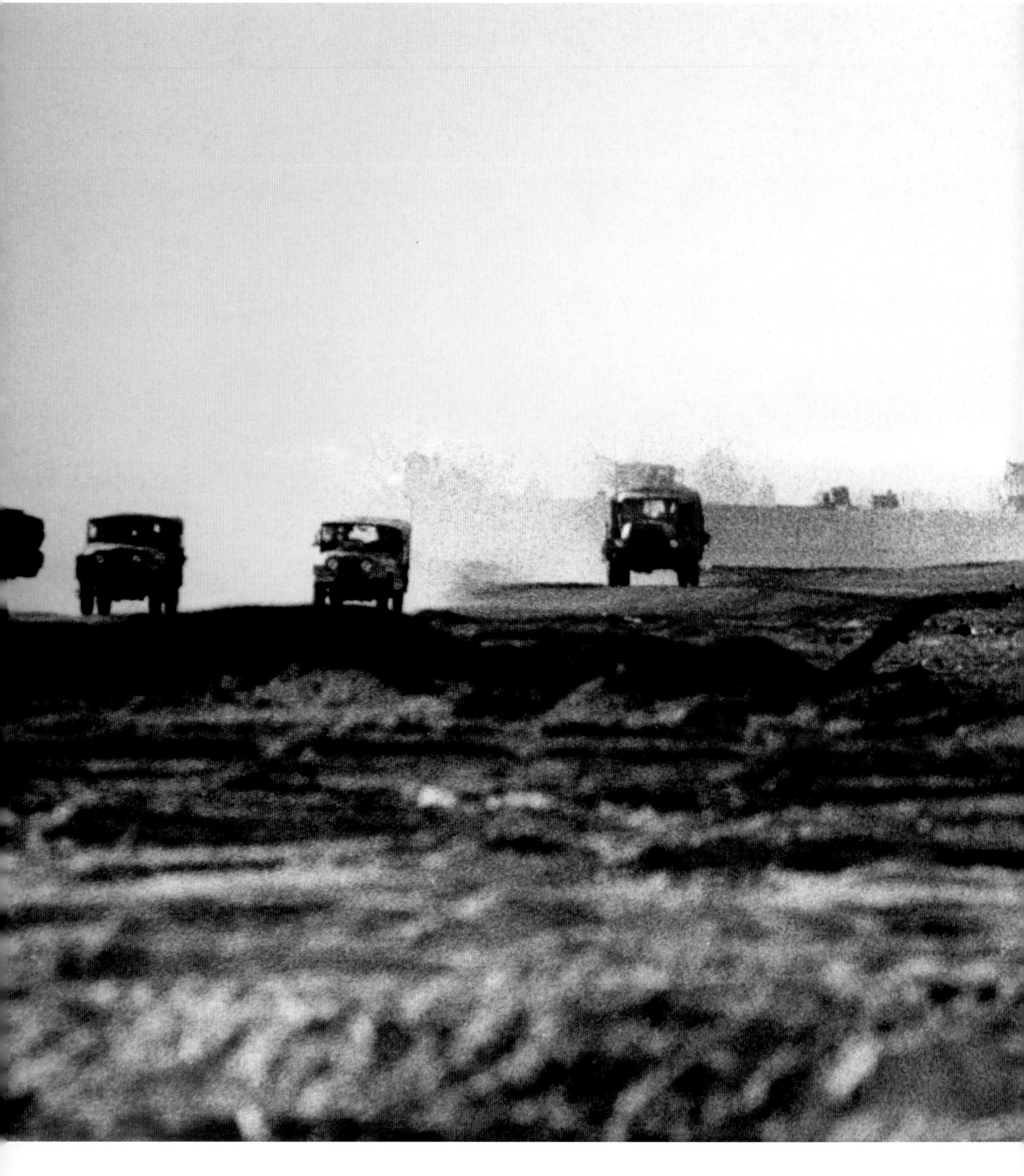

Double page précédente :
L'armée israélienne dans le désert du Sinaï (par David Cairns, octobre 1973).
Que reste-t-il d'une guerre, même défensive ?
Des monuments aux morts et des photos.
Parfois fort belles.

Ci-contre :
Moshe Dayan et Golda Meir (par David Rubinger, 26 juillet 1972).
Les hommes font l'histoire qui, à son tour, comme le papier carbone, les fixe ou les efface de son cours. Voilà deux personnalités qui ont marqué Israël et dont la guerre du Kippour en 1973 a terni l'image. J'aimais beaucoup Golda Meir. Pour moi, elle était un peu la grand-mère que je n'avais pas eu la chance de connaître.

À droite :
• Avis de recherche de Menahem Begin (1947).
• Menahem Begin et Shimon Peres lors d'un débat télévisé (par David Rubinger, 1977).
Deux Israël s'affrontent sur les écrans de télévision. Preuve de la « normalisation » d'un État qui a su transformer ses « terroristes » en hommes politiques responsables.

L'A GUERRE DU KIPPOUR

Revenons à Israël. En 1973, un coup de tonnerre : la guerre du Kippour où l'Égypte et la Syrie, attaquant par surprise, mirent Israël au bord de sa perte. L'éclatante victoire de la guerre des Six Jours avait fait oublier la condition précaire qui définit le peuple juif ; l'avancée des armées arabes dans les premiers jours d'octobre 1973 suffit à rappeler la menace qui pèse depuis des millénaires.

Les prophètes de la Bible auraient considéré la guerre du Kippour comme une semonce : une imprévoyance et trop de mépris pour l'adversaire. « Quand il n'y a plus de vision, le peuple est sans frein », écrivent les Proverbes (29,18).

Après la guerre des Six Jours, l'armée israélienne s'était retranchée derrière des fortifications – prétendument imprenables – élevées le long de la rive orientale du canal de Suez : la ligne Bar-Lev, du nom de son constructeur, le chef d'état-major d'alors. Pour Golda Meir, Premier ministre, et Moshe Dayan, ministre de la Défense, il était évident que les Arabes étaient incapables, et pour longtemps encore, de se mesurer à Israël. Quand le 6 octobre 1973, en pleine fête de Kippour, jour du Grand Pardon et moment du ramadan pour les musulmans, le président égyptien Anouar el-Sadate lança ses divisions à travers le canal de Suez, la surprise des Israéliens fut totale. D'autant plus que les Syriens, alliés de l'Égypte, attaquèrent simultanément les positions d'Israël dans le Golan.

Tsahal, l'armée israélienne, se ressaisit rapidement. Les chars du général Sharon contournèrent la troisième armée égyptienne dans le Sinaï, traversèrent le canal de Suez près des lacs Amer et pénétrèrent en Égypte. Sharon dut arrêter sa progression : les États-Unis, par décision du secrétaire d'État Henry Kissinger, interrompirent la livraison des pièces détachées nécessaires à ces chars de fabrication américaine.

Militairement, cette fois encore, Israël s'en sortit avec les honneurs. Politiquement, c'est Sadate qui gagna le guerre. Il brisa, aux yeux du monde arabe, le mythe de l'invincibilité de Tsahal. Cela lui valut une gloire dans les pays du tiers-monde et lui permit, sans perdre la face, de négocier, quelques années plus tard, avec son ennemi d'hier. Outre cet événement considérable, la guerre du Kippour bouleversa la vie politique israélienne. Pour résumer : la guerre des Six Jours transforma l'image des Juifs de la diaspora, la guerre du Kippour modifia celle d'Israël.

Pour les sionistes, depuis Theodor Herzl et son livre *L'État des Juifs*, Israël se devait d'être un État exemplaire. L'idée avait animé des générations de pionniers, pour la plupart de gauche. Ce sont eux qui forgèrent la société israélienne dont le cœur était le kibboutz – la ferme collectiviste, source de l'élite militaire et intellectuelle – et le corps la centrale syndicale, la histadrout. Celle-ci contrôlait tous les aspects de la vie quotidienne. Les tenants de ce sionisme-là se trouvaient à la tête de l'État au moment de la guerre du Kippour. Après le péril, la population, qui entre-temps avait bien changé, lui retira sa confiance. Aux enfants des pionniers venus d'Europe s'ajoutaient des communautés séfarades qui prétendaient connaître le monde arabe pour y avoir vécu pendant des siècles et contestaient la vision plus idéaliste des Juifs européens alors au pouvoir. Ces nouveaux arrivés, en rejetant la classe politique, abandonnaient dans le même mouvement ses valeurs et son idéologie socialiste et socialisante : fuyant le totalitarisme arabe, ils ignoraient la démocratie et croyaient à la force. Les voilà désormais majoritaires. Leurs suffrages lors des élections de 1977 provoquèrent ce que l'on peut considérer comme un changement de régime. Les travaillistes au pouvoir depuis l'indépendance d'Israël durent abandonner le gouvernement à une droite nationaliste, le Herout – le Likoud d'aujourd'hui –, conduite par Menahem Begin, ennemi juré de Ben Gourion depuis 1948. Au grand désespoir de nombreux intellectuels juifs à travers le monde, ceux-là mêmes pour qui hier encore le particularisme juif d'Israël représentait l'obstacle principal à son intégration au Proche-Orient, l'État juif perdit en rêve et gagna en normalité.

LES ÉLECTIONS DE 1977

ISRAËL ET DIASPORA, UN PEUPLE SUBVERSIF

De haut en bas :
• Sadate, Carter et Begin
(par David Rubinger,
26 mars 1979, Washington).
• Rabin, Clinton et Arafat
(par Cynthia Johnson,
13 septembre 1993,
Washington).

Après ces deux photos mémorables, la paix n'est toujours pas au rendez-vous. Optimiste, je rappelle l'adage français : « Jamais deux sans trois. »

ANOUAR EL-SADATE EN ISRAËL

Le 19 novembre 1977, le président égyptien Anouar el-Sadate prit la très courageuse initiative d'annoncer sa venue en Israël. Il débarqua le matin de son avion blanc à l'aéroport Ben Gourion de Tel-Aviv et, le soir même à Jérusalem, il s'adressa aux Israéliens depuis la Knesset. Le processus de paix était enclenché. Le traité de paix israélo-égyptien sera signé le 26 mars 1979 à Washington.

L'ASSASSINAT DE SADATE

Mais les ennemis de la paix veillent : le 6 octobre 1981, alors que l'on célèbre l'anniversaire de la guerre du Kippour, des membres de Tanzim al-Jihad (l'actuel Jihad islamique égyptien) assassinent Anouar el-Sadate au Caire. Conformément aux accords de Camp David et malgré une forte résistance des extrémistes juifs, le Premier ministre israélien Menahem Begin poursuit l'évacuation du Sinaï. On retrouvera les mêmes révoltes et les mêmes images lors du démantèlement des colonies à Gaza qu'Ariel Sharon décida en 2005. Dans les années 1980-1990, la société israélienne penche à droite, la diaspora aussi et l'Occident tout entier, « dans la rue juive comme dans la rue chrétienne », selon le vieil adage yiddish. C'était le contrecoup logique de l'échec visible du communisme et de sa chute finale. Mais l'affaiblissement de la gauche entraîna l'épuisement de l'idéal laïc. Devant ce recul, les écoles religieuses se multiplièrent, tant chez les Juifs que chez les musulmans et les chrétiens.

LE RETOUR DU RELIGIEUX

Aux États-Unis, la mouvance hassidique récupéra cet élan religieux. Comme en Europe centrale avant la guerre, elle se rassembla autour de quelques rabbins prestigieux qu'entretenaient des disciples souvent fortunés. Leur influence fut immense, y compris dans le monde politique américain.

LES LOUBAVITCH

La branche la plus dynamique de ce judaïsme hassidique fut et demeure le mouvement Loubavitch. Fondé en Biélorussie au début du XVIIIe siècle par le rabbi Shneur Zalman de Liadi, le mouvement recommande d'abord les bonnes œuvres, la Kabbale et l'étude. Il s'appelle alors *Habad*, par combinaison des trois éléments kabbalistiques : sagesse, compréhension et savoir. Les descendants de Shneur Zalman de Liadi s'étaient installés dans le village de Loubavitch, du mot russe *louba*, « amour », non loin de la Bérézina, fleuve symbole de la retraite des troupes napoléoniennes vers Vilnius.
Le rabbin Joseph Yitzhak Schneersohn (1880-1950) fut un organisateur hors pair. Avant la Seconde Guerre mondiale, il forma à travers l'Europe centrale un impressionnant réseau de communautés habad,

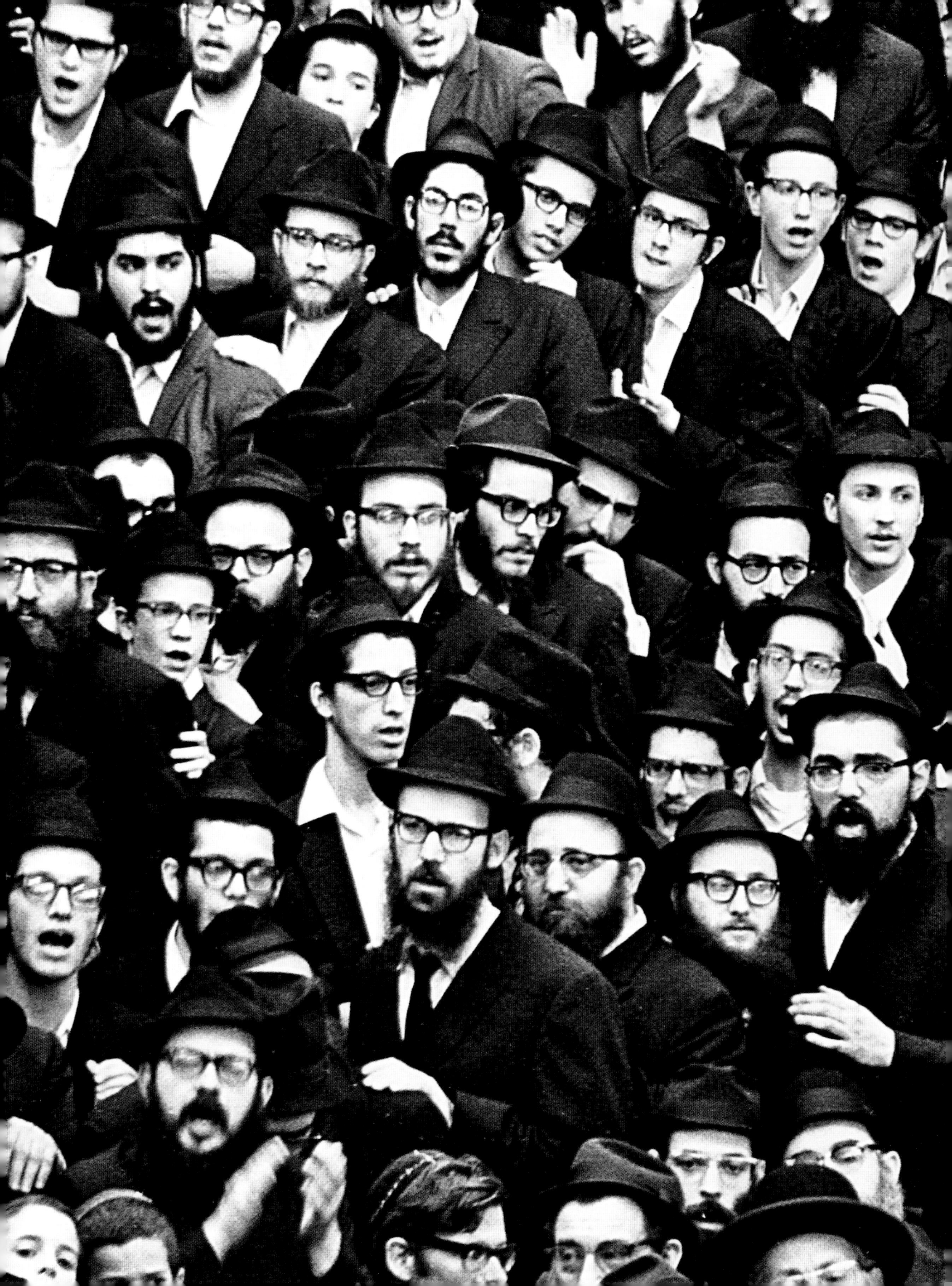

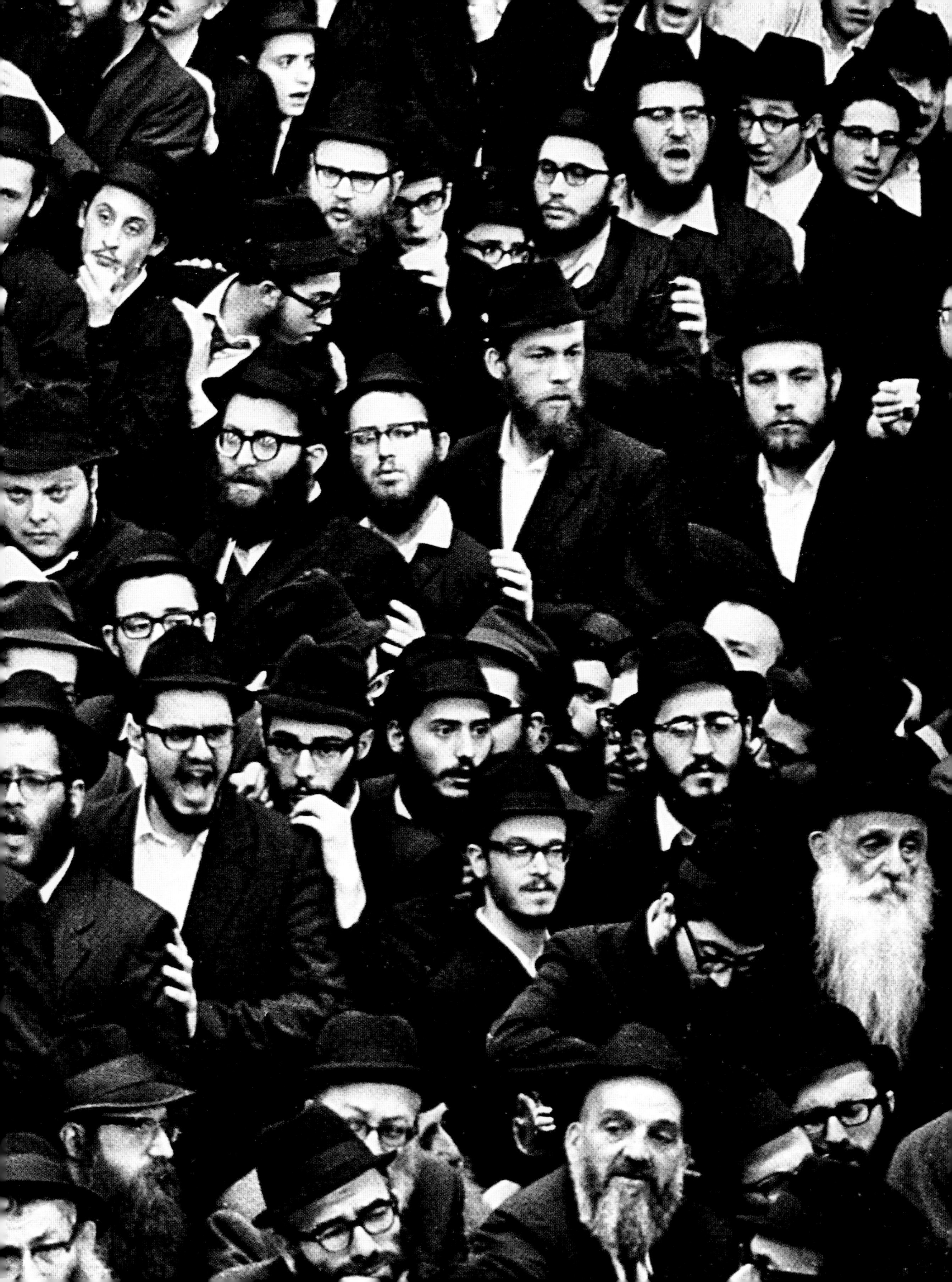

communément appelées *Loubavitch*. Devant la menace nazie, il passa aux États-Unis et s'installa à Brooklyn, au 770 Eastern Parkway, nommé le « 770 ». Curieusement, le mouvement entraîna de nombreux universitaires. Très vite, rabbi Joseph Yitzhak couvrit le territoire américain d'écoles et d'institutions religieuses. Son succès manifestait la nouvelle vigueur du judaïsme religieux à la fin du XXe siècle.

Menahem Mendel Schneerson, ancien étudiant de la Sorbonne à Paris, lui succéda à la tête du mouvement Loubavitch. Les pèlerins affluaient à Brooklyn par dizaines de milliers pour le rencontrer. Jusqu'à sa mort en 1994, aucun candidat à la présidence des États-Unis n'aurait osé se présenter sans la bénédiction du rabbi. Trapu, barbe blanche, yeux noirs plissés, regard vif sous un chapeau noir, il recevait, entouré de deux bedeaux, deux Juifs costauds en redingote et chapeau noir.

À chaque visiteur, il distribuait un billet de un à cinq dollars. Heurté par ce surprenant mélange de ferveur mystique et d'argent, je m'en ouvris au rabbi. Pour toute réponse, il m'emmena dans la rue et, le long d'un mur, me montra d'un geste les dizaines de mendiants assis par terre. Il m'expliqua : « Bien des gens qui viennent me voir n'ont même pas un dollar pour faire l'aumône aux pauvres. En passant devant ces sans-abris, ils ne se sentent pas à l'aise. L'argent que je leur distribue leur permet d'accomplir une bonne action. » En 1980, le mouvement des pacifistes israéliens s'étant nommé *Peace Now*, « la paix maintenant », les Loubavitchs lancèrent le slogan *Mechiah Now*, « le Messie maintenant ». Mais au fond, les deux formules ne signifieraient-elles pas la même chose ?

Les Loubavitchs ne dominent pas à eux seuls l'ensemble du monde religieux juif. Celui-ci compte trois courants principaux : les orthodoxes, les réformés et les conservateurs.

À gauche :
Rabbi Menahem Mendel Schneerson (par Ricki Rosen, c.1993, New York).

Menahem Mendel Schneerson distribuait des billets de un dollar à ses visiteurs pour que chacun puisse le donner en aumône aux pauvres qui s'amassaient devant sa demeure. J'avoue en avoir pris deux et en avoir gardé un comme porte-bonheur.

À droite :
Isaac Mayer Wise.

Face au judaïsme orthodoxe, celui de la réforme. La richesse réside dans le foisonnement.

Double page précédente :
Juifs hassidiques dans la synagogue de Crown Heights (par Earl Kowall, New York).

N'est-elle pas grandiose, cette assemblée de hassidim ?

LE JUDAÏSME ORTHODOXE

Le judaïsme orthodoxe apparaît vers 1795 pendant la *Haskala*, l'émancipation, et désigne l'ensemble des pratiques et des croyances traditionnelles des Juifs par opposition aux innovations que le judaïsme réformateur souhaite introduire. Les orthodoxes se réclament d'une loi inspirée par Dieu et observent strictement les enseignements de la *Halakha*, du verbe *halakh*, marcher. « Tu élucideras pour eux les décrets et les lois et tu leur feras connaître la voie par laquelle ils marcheront ainsi que la façon dont ils doivent agir » (Exode, 18,20). Aux États-Unis, c'est la Yeshiva University de New York qui constitue le principal lieu de réflexion du judaïsme orthodoxe.

LE JUDAÏSME CONSERVATEUR

Le judaïsme conservateur, ou *Massorti*, est apparu en Europe au cours du XIXe siècle, dans la période qui suivit l'émancipation. Courant dominant aux États-Unis, il se veut à mi-chemin entre la rigidité de l'orthodoxie et l'indulgence de la réforme. Le judaïsme conservateur s'appuie sur le Jewish Theological Seminary of America, fondé à New York en 1886. Pour lui, le rationalisme est un principe capital de la pensée juive. Il réserve l'hébreu à la seule liturgie et allège un certain nombre de règles notables : il légitime la transmission de la judaïcité par le père et non seulement la mère, supprime une bénédiction humiliante pour la femme et introduit la mémoire de la Shoah dans les prières. Ses adeptes s'affirment par ailleurs franchement sionistes.

LE JUDAÏSME RÉFORMÉ

Le judaïsme réformé, lui, nie le caractère immuable de la loi écrite ; il veut adapter la pensée et la pratique juives aux exigences et à l'esprit du temps. Le rabbin Isaac Mayer Wise, né à Prague en 1819, fait à partir de 1846 de sa congrégation Beth-el d'Albany la première communauté réformée des États-Unis où elle devient rapidement majoritaire. En 1873, il inaugure l'Union of American Hebrew Congregations et, en 1875 à Cincinnati, le premier séminaire pour rabbins réformés, le Hebrew Union College. Les Juifs réformés introduisent la mixité des chœurs et des fidèles ainsi que la confirmation religieuse pour les jeunes filles. Le judaïsme libéral et le judaïsme progressiste relèvent de ce même courant.

Le mouvement trouve ses origines en Allemagne. En 1818, ses fondateurs ouvrirent un temple réformé à Hambourg, où l'on utilisait déjà un livre de prières remanié. « Seules les lois éthiques de la Torah conservent une valeur contraignante pour les Juifs », affirmaient-ils. Les Juifs réformés publient l'*Union Prayer Book*. Leur pratique se limite à un office hebdomadaire autour d'un sermon prononcé par le rabbin. Aussi l'architecture des synagogues réformées fait-elle de la chaire l'élément central. L'école du dimanche assure l'éducation des enfants.

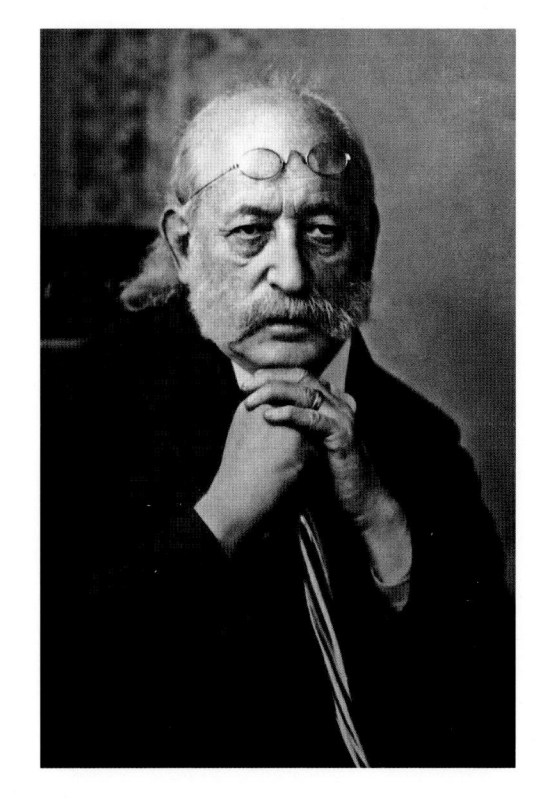

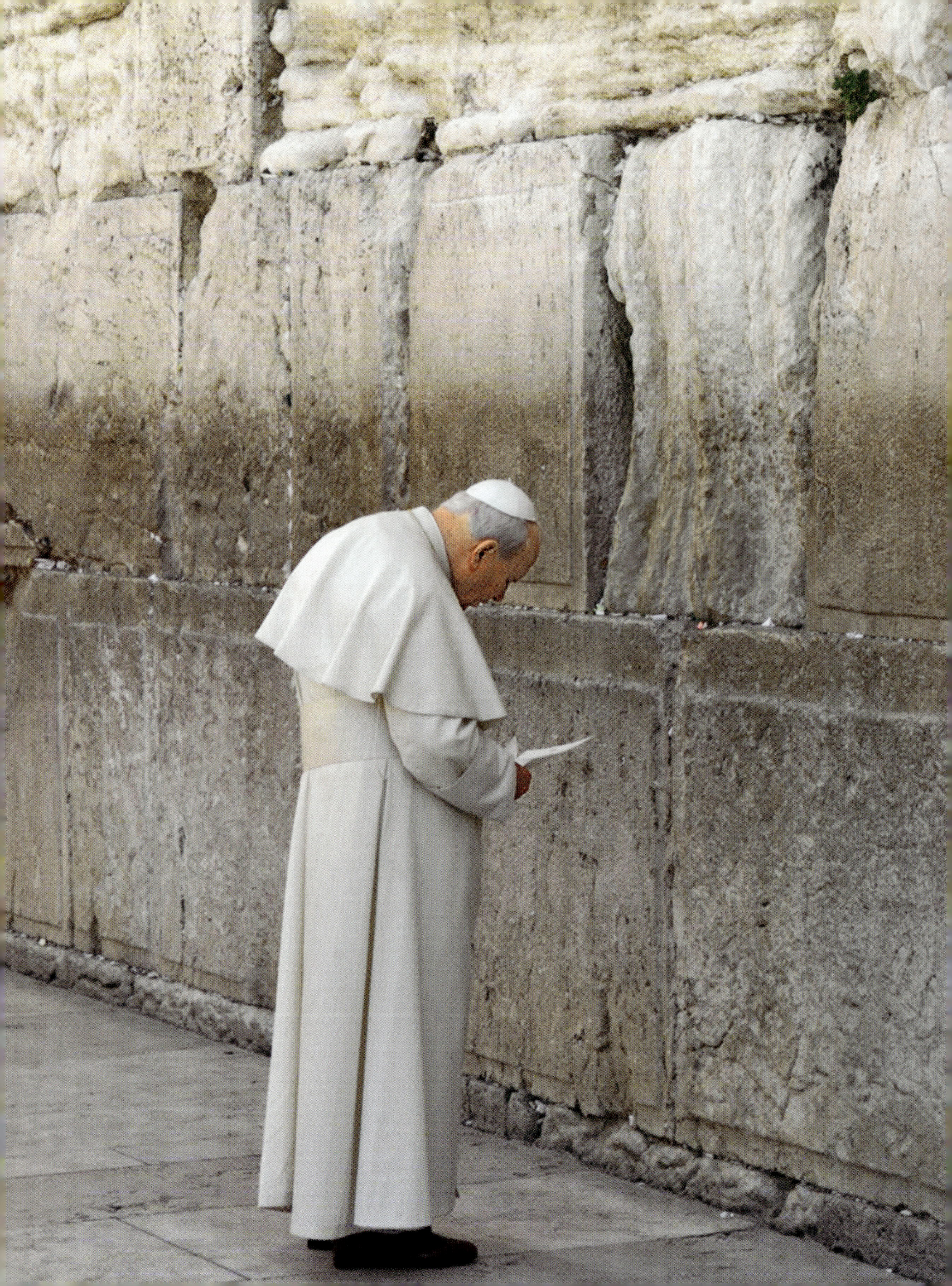

Jean-Paul II devant le mur des lamentations (par Gianni Giansanti, 26 mars 2000, Jérusalem).

Long est le chemin de Wadowice, ce village des environs de Cracovie à l'ombre d'Auschwitz où est né Karol Wojtyla, jusqu'à Rome puis Jérusalem, face au vestige du second Temple. À quoi pensait-il, mon ami le pape, devant ces pierres millénaires qui témoignent de la pérennité d'Israël ?

En s'adaptant au monde moderne, ces courants du judaïsme tentent de s'ouvrir à la jeunesse, américaine surtout. Dans le même temps, le monde chrétien – les catholiques d'abord – change d'attitude envers les Juifs. On est loin du silence de Pie XII devant la Shoah, qu'avait dénoncé avec fracas le dramaturge allemand Rolf Hochhuth dans sa pièce *Le Vicaire* créée à Berlin-Ouest le 20 août 1963. Lors du Concile Vatican II et par la déclaration *Nostra Ætate* d'octobre 1965, l'Église renonça à désigner le peuple juif comme peuple déicide et condamna l'antisémitisme.

Alors vint Jean-Paul II, de son vrai nom Karol Jozef Wojtyla. Ce deux cent soixante-quatrième pape était le premier pontife issu d'Europe centrale. Ce fut aussi le premier pour qui le Juif n'était pas une abstraction controversée, mais un homme en chair et en os, un voisin, parfois un ami, un être qui participait de la même aventure spirituelle que le chrétien, et plus ancienne encore.
Né en Pologne en 1920 à Wadowice près de Cracovie, petit village à deux tiers peuplé de Juifs, Karol Wojtyla assista à leur massacre durant la Seconde Guerre mondiale. Il en garda un sentiment de culpabilité. Son attachement à ce monde disparu – qui était aussi le sien – et son impuissance à le sauver marqua tout son pontificat. Sa visite à la grande synagogue de Rome le 13 avril 1986 fut plus mémorable encore que son voyage en Israël, qui suivit celui du pape Paul VI. C'était la première visite d'un chef de l'Église dans un lieu de culte juif depuis saint Paul. Sa déclaration devant le grand rabbin Elio Toaff, « Vous êtes nos frères aimés et, en quelque sorte, nos frères aînés », annonça un changement radical dans les relations entre Juifs et chrétiens. Le 15 juin 1994, le Vatican établit des relations diplomatiques avec l'État d'Israël.

Alors, tout va bien ? Non. Un souffle ne nous débarrassera pas d'une haine plusieurs fois millénaire. Même si la connaissance peut aider les hommes à se débarrasser de certains préjugés, l'homme ne change pas du jour au lendemain. Au moment où, sous l'impulsion du pape Jean-Paul II, l'épiscopat polonais faisait lire dans toutes ses églises une lettre pastorale d'amitié pour les Juifs, « ce peuple à qui Dieu a révélé son nom et avec qui il a fait alliance », en France, un groupe d'extrémistes profana le cimetière juif de Carpentras. C'était rappeler que l'antisémitisme, dont les Juifs commençaient à oublier l'odeur, n'avait pas disparu.

CHRÉTIENS ET JUIFS : LA NOUVELLE DONNE

CARPENTRAS OU LA LEVÉE D'UN TABOU

L'histoire : dans la nuit du 8 au 9 mai 1990, des inconnus déterrent le cadavre de Félix Germon et simulent un empalement. Cette profanation aurait pu se résumer à un fait divers sordide ; mais elle tomba au moment où la mauvaise conscience qui gouvernait les rapports entre Juifs et non-Juifs depuis la Shoah commençait à s'estomper, surtout dans les générations nées après la guerre. La profanation du cimetière de Carpentras marqua la levée d'un tabou, la fin de la retenue que l'Occident s'était imposée à l'égard des Juifs depuis 1945.

À Paris, plusieurs centaines de milliers de personnes descendirent dans les rues. En tête de cet impressionnant cortège se tenait le clergé autour du primat de l'Église de France, monseigneur Decourtray. François Mitterrand, alors président de la République, informé de l'ampleur du rassemblement, vint à la rencontre des manifestants. En haut du boulevard Beaumarchais, la masse compacte qui progressait en direction de la place de la Bastille rejoignit le millier de personnes qui accompagnait le président de la République. Le cardinal Jean-Marie Lustiger, alors archevêque de Paris, et Juif de naissance, qui marchait à mes côtés, était ému aux larmes. Je lui fis remarquer qu'il assistait à la dernière grande manifestation de solidarité avec les Juifs. Malheureusement, je ne me trompais pas. L'esprit de sympathie qui avait tenu de la fin de la guerre aux années 1990 s'était évanoui. Les Juifs replongèrent dans la « normalité » : incertitude et vulnérabilité.

ACTES ANTISÉMITES ET RÉSURGENCE DE L'EXTRÊME DROITE

9 mai 1990, profanation du cimetière juif de Carpentras, 21 avril 2002, Jean-Marie Le Pen, candidat du Front national, la droite nationaliste et antisémite française, se retrouve au second tour de l'élection présidentielle : entre ces douze années, bien des événements rappellent l'instabilité du statut des Juifs. Si Klaus Barbie, chef de la Gestapo à Lyon, a enfin été jugé et condamné en 1987, l'abbé Pierre apporte en 1996 son soutien aux théories négationnistes de Roger Garaudy, ancien intellectuel stalinien converti à l'islam.

Cet ébranlement de la morale publique, le vacillement de l'opinion sur la question juive n'est pas propre à la France. Le 19 août 1991, aux États-Unis, un Noir assassine un étudiant religieux juif lors de la première émeute interethnique du quartier de Crown Heights, à New York. En octobre de la même année, toujours aux États-Unis, le mouvement Nation of Islam accuse les Juifs d'avoir organisé, financé et contrôlé la traite des Noirs et l'exploitation des esclaves, thèse historiquement absurde.

Le 18 juillet 1994, une bombe explose contre l'Asociación Mutual Israelita Argentina, le centre communautaire juif de Buenos Aires, et fait quatre-vingt-cinq morts. Les antisémites argentins accusent les Juifs d'être à l'origine de l'attentat afin d'exercer une pression sur le pouvoir. Le 24 février 1995, les néonazis manifestent pour la première fois à Berlin. Le 14 décembre, lors d'élections législatives en Russie, le parti libéral-démocrate – antisémite – de Vladimir Jirinovski gagne cinquante et un sièges à la Douma, le Parlement russe. Le 13 juin 1999 en Belgique, le Vlaams Blok – actuel Vlaams Belang flamand –, mouvement raciste et antisémite, arrive en troisième position au Parlement flamand avec 9,9 % des voix. Le 14 octobre de la même année en Autriche, le parti libéral et fascisant Freiheitlichen Partei Österreichs de Jörg Haider arrive lui en deuxième position aux élections législatives avec 26,91 % des voix. Le 24 octobre en Suisse, l'Union démocratique du centre, le Schweizerische Volkspartei dirigé par Christoph Blocher, chef de l'extrême droite, obtient la deuxième place au Conseil national avec 22 % des voix. Enfin, le 30 novembre, plusieurs quotidiens suédois révèlent l'existence d'un vaste réseau nazi et antisémite dans leur pays.

Ci-dessus de gauche à droite :
• Après l'explosion de l'Asociación Mutual Israelita Argentina à Buenos Aires (par Ali Burafi, 18 juillet 1994).
• Louis Farrakhan, leader du mouvement Nation of Islam (11 avril 1984).

Symptomatique comme les ennemis des Juifs, au-delà de leur appartenance religieuse, politique ou nationale, se confondent dans leur haine. Cette haine qui les fait exister.

À gauche :
Émeute à Crown Heights, New York (par Eli Reed, 1991).

L'ANGLETERRE FAIT BANDE À PART

Seule peut-être l'Angleterre fut épargnée, malgré les écrits négationnistes de l'historien David Irving. Celui-ci perdit son procès contre l'historienne américaine Deborah Lipstadt qui avait dénoncé le racisme de ses propos. La communauté juive anglaise que représente une très ancienne institution, le Board of Deputies, publie un hebdomadaire fondé en 1841, le *Jewish Chronicle*, dont l'influence va bien au-delà des milieux juifs. Elle est fière d'avoir donné à l'Angleterre six prix Nobel : Max Perutz (chimie), Bernard Katz et César Milstein (médecine), Brian Josephson et Dennis Gabor (physique) et Harold Pinter (littérature).

LA FRANCE RECONNAÎT SA RESPONSABILITÉ DANS LA DÉPORTATION DES JUIFS

Ailleurs, même dans les pays où il n'y a plus de Juifs, en Pologne ou au Japon par exemple, les années 2000-2002 atteignent des records d'actes antisémites. Une petite note d'espoir, toutefois, dans cette période sombre : Jacques Chirac, président de la République française, reconnaît la responsabilité de la France dans la déportation des Juifs sous Vichy. Son prédécesseur François Mitterrand s'y refusait avec obstination. Le 16 juillet 1995, lors de la cérémonie commémorative de la rafle du Vél' d'Hiv – au cours de laquelle plus de treize mille Juifs furent déportés avec l'aide de la police française –, Jacques Chirac déclara : « La France, patrie des Lumières et des droits de l'homme, terre d'accueil et d'asile, la France, ce jour-là, accomplissait l'irréparable. »

Rafle du Vél' d'Hiv (15 ou 16 juillet 1942, Paris).
Ces hommes et ces femmes, rassemblés ici par des Français, sont condamnés à disparaître. Mais n'oublions pas les Justes. Ceux grâce à qui, en France, plus des deux tiers de la communauté ont survécu à la guerre.

Pourquoi cette monstrueuse régression ? Les années 1990 avaient pourtant bien commencé. Le 18 mars 1992 en Israël, la Knesset instaura l'élection du Premier ministre au suffrage universel. Le 23 juin, Yitzhak Rabin, ancien chef d'état-major pendant la guerre des Six Jours et dirigeant du Parti travailliste, accède ainsi au pouvoir. Le 13 septembre 1993, le monde assiste à l'inimaginable : Rabin et Arafat se serrant la main sur le perron de la Maison-Blanche, à Washington, sous l'œil satisfait de Bill Clinton. Dans le même temps, sortant de neuf mois de discussions à Bareegaard dans les environs de la capitale norvégienne, les deux négociateurs Mahmoud Abbas, le second d'Arafat, et Shimon Peres, ministre israélien des Affaires étrangères, paraphaient le document officiel dit des accords d'Oslo.

Les accords de paix

Mais voilà que le 4 novembre 1995, à l'issue d'un meeting pour la paix sur la place des Rois d'Israël à Tel-Aviv, un extrémiste israélien, l'étudiant religieux Yigal Amir, assassine Yitzhak Rabin à bout portant.
En Israël comme dans la diaspora, pour tous les partisans de la paix, le meurtre du Premier ministre israélien est un désastre. C'est en revanche un soulagement pour ceux qui, minoritaires, pensaient que Rabin avait fait trop de concessions à Arafat. Tous les efforts pour relancer le processus de paix, en 1998 à Wye Plantation, en 1999 à Charm el-Cheikh, en 2000 à Camp David et, enfin, en 2001 à Taba, échouèrent. La cause palestinienne s'enracina progressivement à travers le monde, et notamment au cœur des multiples courants antisémites.

L'assassinat de Yitzhak Rabin

Au cours des quatre mille ans de l'histoire juive, l'assassinat de Yitzhak Rabin n'a qu'un seul précédent : l'homicide de Guedaliah, gouverneur de la Judée en 586 avant notre ère. Au lendemain de l'exil vers Babylone d'un grand nombre de Judéens déportés par le roi Nabuchodonosor, Guedaliah ben Ahikam fut désigné pour redonner un souffle au pays meurtri. C'était un esprit réaliste et fort. On l'accusa de brader le pays à l'étranger. Il fut assassiné par un certain Ishmael ben Netanyah. Choqué par ce crime et encouragé par le prophète Jérémie, le peuple instaura un jeûne en souvenir du gouverneur exécuté : c'est le jeûne de Guedaliah. On l'observe jusqu'à aujourd'hui au lendemain de la nouvelle année juive.

Le jeûne de Guedaliah

ידיעות אחרונות

ראו את הקלטת
נחום ברנע: עמוד 2
אלכס פישמן: עמוד 5
נעמי לויצקי: עמוד 7
יגאל סרנה: עמוד 16

רצח רבין: העדות ההיסטורית

"ידיעות אחרונות" מפרסם היום פירסום בלעדי ראשון של צילומי רצח ראש הממשלה, מתוך סרט־הווידאו שתיעד את הטרגדיה • הסרט ישודר הערב ב־8 בחדשות ערוץ 2

השנייה שבה נרצח ראש ממשלת ישראל: יגאל עמיר (מימין, מסומן בחץ) מתקרב למרחק סנטימטרים ספורים מיצחק רבין, מושיט את ידו - ויורה על ראש הממשלה (באמצע, מסומן בחץ). מאחורי גבו של ראש הממשלה נראה הרוש של יריית האקדח. משמאלו של רבין (עומד אליו, בעניבה) - המאבטח יורם רובין, שנפגע מאחד מכדורי המתנקש. בין יגאל עמיר ליצחק רבין ניצב הסטודנט לתקשורת ישראל מורדי, שהתקרב לראש הממשלה בניסיון לראיין אותו. (תצלום: רוני קמפלר)

צלם הקלטת

זהו רוני קמפלר (43), שצילם בבלעדיות ביידאו את רצח רבין. הוא רווק, מתגורר בפתח תל־אביב וחובב כרונא, חשבון בנשמה מבקרת המדינה. את המצלמה לווה מחברו. לעורך צילום העצרת. הרגיעותיו כעד טראלי על עצמו, שלא היה שחותל הקרבה אחרי שהוציא את הרצח הנורא הזה", אומר קמפלר. שאלתי לעצמי: "למה אלוהים עשה שלוה דווקא אני" • ענת מיה, עמ' 7

הותר לפרסום: 3 מרגלים לטובת סוריה בכלא בישראל
נלכדו בשנת 1993 ונדונו ל־6 עד 8.5 שנים עירעור לעליון נדחה • עמ' 23

משפטו של יגאל עמיר נפתח הבוקר בבית המשפט המחוזי בת"א
כתב האישום ייקרא בפניו - והוא יאמר לשופטים: מורה או לא מורה • עמ' 21

ראש השב"כ לא יתפטר בעקבות מכתב האזהרה מוועדת שמגר
הוועדה שיגרה מכתבי אזהרה ל־6 מראשי השירות ולבכיר במשטרה • עמוד 20

שחל: "המאפיה הרוסית מנסה להשתלט על אמצעי התקשורת" במוסף "24 שעות"

À droite :
Photo de Larry Towell, 2000, Bethléem.
L'homme trouve toujours une pierre pour se défendre.

À gauche :
Yediot Aharonot
(« Les Dernières Nouvelles », 19 décembre 1995).
Un assassinat en direct. « Un homme chargé du sang d'un autre fuit jusqu'à la fosse : qu'on ne l'arrête pas ! » (Proverbes, 28,17).

Mais après l'assassinat de Rabin, nul jour de jeûne ou de commémoration. Pourquoi ? Les Juifs d'aujourd'hui seraient-ils moins sensibles que leurs ancêtres aux vertus pédagogiques de leur propre histoire ? Si l'on cesse de concevoir l'Histoire comme un enseignement, elle vous joue de drôles de tours. Le 28 septembre de l'an 2000, Ehud Barak, dirigeant du Parti travailliste et Premier ministre, autorisa son adversaire politique, le général Sharon, à se rendre sur le mont du Temple devenu esplanade des Mosquées. Les Palestiniens tinrent cette visite pour une provocation. Les affrontements entre les manifestants et la police firent sept morts parmi les Palestiniens. Ainsi commença la deuxième Intifada, la guerre des pierres contre les Israéliens.

Le monothéisme l'a en principe emporté sur le polythéisme. Dans la réalité, c'est le paganisme qui règne. L'Histoire se réduit à une imagerie. Des adolescents palestiniens qui attaquent l'armée israélienne à coup de pierres, cela renvoie aussitôt à l'image de David affrontant Goliath le Philistin avec sa fronde : aux yeux des téléspectateurs, la justice a changé de camp.

« Nous sommes les Juifs du Proche-Orient », me dit un jour Yasser Arafat. Je répondis qu'il avait raison de réclamer un État pour les Palestiniens, mais que cela n'en faisait pas pour autant un Juif. Pour être juif, il fallait qu'il ait vécu des siècles de persécution – ce que je ne lui souhaitais pas. En revanche, ajoutai-je, il fallait reconnaître que les Palestiniens avaient de la chance de se battre contre les Juifs. Surpris, Arafat me demanda pourquoi. Je lui expliquai que s'ils avaient eu à combattre un autre ennemi, quel qu'il soit, personne ou presque n'aurait parlé d'eux.

Malheureusement, ce n'est pas la cause palestinienne qui mobilise l'opinion publique, mais plutôt la haine d'Israël. Les Kurdes, par exemple, luttent pour leur indépendance depuis bien plus longtemps qu'eux. Personne n'en parle.

SI L'ON CESSE DE CONCEVOIR L'HISTOIRE COMME UN ENSEIGNEMENT, ELLE VOUS JOUE DE DRÔLES DE TOURS

Ci-contre :
Hannah Arendt
(c.1930, The Granger Collection, NYC).
Elle a inventé le concept de la « banalité du mal ». Reste à décrire, avec la même pertinence, la banalité du bien. Sans doute moins spectaculaire.

Page de droite :
• À gauche : Marek Halter et Yasser Arafat à la Mouqata'a (par Thierry Esch, mars 2002, Ramallah).
• À droite : Marek Halter et Yitzhak Rabin dans le bureau du Premier ministre au moment de la sortie en salle du film *Tzedek, les Justes* (par Clara Halter, 1994, Jérusalem).
« Comme des pommes d'or sur des ciselures d'argent, ainsi est une parole dite à propos »
(Proverbes, 25,11).

POURQUOI LES JUIFS ?

Pourquoi les Juifs me direz-vous ? Hannah Arendt essaya de comprendre la situation des Juifs en France au lendemain de l'affaire Dreyfus. Elle relut Proust. Dans *À la recherche du temps perdu*, elle trouva le récit subtil de l'accueil que réservaient à ces nouveaux venus les salons aristocratiques du faubourg Saint-Germain. Hannah Arendt en conclut que la société française ne revenait pas sur ses préjugés. Les classes dirigeantes « ne doutaient pas un moment que les homosexuels fussent des criminels ou les Juifs des traîtres, elle ne faisait que réviser son attitude envers le crime et la trahison ». Hannah Arendt omit de préciser que la bonne société française n'avait reçu les Juifs – tout en s'obstinant à les croire corrompus – que parce qu'elle avait besoin de leur savoir-faire et de leur argent. Pour elle, si la société française de l'époque n'était plus horrifiée par la présence des Juifs en son sein, c'est tout simplement qu'elle ne l'était plus par les crimes qu'elle leur attribuait.

LES DEUX VOLETS DE L'EXISTENCE DU PEUPLE JUIF

Il y a, il y eut et il y aura toujours deux volets dans l'existence du peuple juif. Comme dans un livre ouvert, il y a la page de gauche et la page de droite, les récits et les commentaires, Israël et la diaspora. Le livre, lui, reste le même. Il y a ceux qui critiquent Israël, comme on le ferait avec n'importe quel État dont la politique nous heurterait.

Mais qu'est-ce qu'un État ? Un territoire, un peuple et un pouvoir. En démocratie, nous avons aussi des contre-pouvoirs. L'opposition en Israël est active et la presse libre. La critique extérieure de l'action du gouvernement israélien n'égalera jamais celle des médias locaux. Cependant, à ce jour, Israël n'est pas un État comme tous les autres. Il est, à ma connaissance, le seul État reconnu que l'on conteste dans son existence même, malgré la place qu'il tient dans le concert des nations. Ce ne sont donc pas les habitants d'Israël qui revendiquent cette exception, mais ceux qui veulent les annihiler.

ISRAËL / PALESTINE

Israël, donc. Yasser Arafat, l'homme qui, avec son keffieh et sa barbe de trois jours, représentait aux yeux de toute une génération d'Israéliens l'ennemi qu'il fallait combattre ou avec lequel il fallait composer, meurt le 11 novembre 2004. Son vieux compagnon, le négociateur des accords d'Oslo, Mahmoud Abbas, le remplace à la tête de l'Autorité palestinienne. En janvier 2006, il organise les élections législatives que réclame la communauté internationale. Mais celles-ci donnent la majorité au Hamas, mouvement qui ne reconnaît pas l'existence de l'État d'Israël et qui, de surcroît, figure sur la liste des mouvements terroristes. Comme la communauté internationale rechigne à reconnaître officiellement sa victoire, le Hamas s'empare par la violence de la bande de Gaza en juin 2007. Depuis, les deux partis au pouvoir, le Fatah, plutôt laïc, et le Hamas, religieux et proche des Frères musulmans d'Égypte, se disputent la représentation du peuple palestinien.

ISRAËL ET DIASPORA, UN PEUPLE SUBVERSIF

Photo de Paolo Pellegrin, août 2006, Beyrouth.
« L'objet de la guerre c'est la paix », disait Aristote. Oui, mais quand ?

En Israël même, le Premier ministre Ariel Sharon juge impossible de régler ses différends territoriaux avec les Palestiniens par la négociation : il décide de procéder unilatéralement. Il évacue les habitants juifs de Gaza – pour certains par la force – et rend le territoire aux Palestiniens. Il s'apprête à recommencer l'opération avec une part des colonies juives en Cisjordanie, lorsqu'en janvier 2006 une attaque cérébrale le terrasse. Ehud Olmert lui succède à la tête du gouvernement. N'ayant pas, avec sa ministre des Affaires étrangères Tzipi Livni, le prestige militaire de Sharon, Olmert choisit de reprendre les négociations avec l'Autorité palestinienne. Le voilà près d'un accord, en particulier sur une présence palestinienne à Jérusalem. Mais les Iraniens, qui ont leur propre stratégie dans la région, provoquent Israël sur le champ de bataille par l'intermédiaire de leurs protégés, le Hezbollah libanais au nord et le Hamas palestinien à Gaza. Les attaques du Hezbollah contre les villages frontaliers israéliens et l'enlèvement de deux soldats de Tsahal poussent Israël à réagir. C'est la guerre libano-israélienne de juillet 2006. Le Hezbollah en sort affaibli sans être vaincu, les morts israéliens sont nombreux. Au sein de Tsahal, on critique la stratégie du gouvernement. De Gaza, une pluie de roquettes s'abat quotidiennement sur les localités israéliennes voisines. Le Hamas a enlevé le soldat franco-israélien Gilad Shalit. Ces agressions provoquent une riposte israélienne très dure, et que certains jugent disproportionnée.

Les élections législatives anticipées du 10 février 2009 en Israël ramènent au pouvoir Benjamin Netanyahou, dirigeant d'un Likoud que soutiennent les partis de droite et les partis religieux. Comme souvent au Proche-Orient, il oublie les engagements des prédécesseurs : tout ou presque est à recommencer.

LA GUERRE LIBANO-ISRAËLIENNE

Mais si les dirigeants paraissent revenir chaque fois au point de départ, les peuples, eux, avancent. Pour la plupart, les Israéliens acceptent l'idée d'un État palestinien à leurs côtés. Là-dessus, plus de doute. Pour la plupart des Palestiniens, Israël est une réalité et rares sont ceux qui rêvent encore de rejeter les Juifs à la mer. Il se dessine, dans certains milieux, un projet de marché régional commun qui engloberait la Jordanie, la Palestine et Israël, pourquoi pas la Syrie dans un avenir proche ? Cette idée, chère à Shimon Peres, ne déplairait pas à l'Arabie saoudite. Engagée dans une rivalité avec l'Iran pour le leadership du monde musulman, Riyad a tout intérêt à pacifier la zone de son influence. Elle est allée jusqu'à proposer une paix globale entre Israël et le monde musulman : une avancée considérable.

LA POLITIQUE RECULE, LES PEUPLES AVANCENT

LES COMMUNAUTÉS CACHÉES DE LA DIASPORA

Quant à la diaspora… On pense d'abord aux grandes communautés juives américaine, canadienne, française, russe, anglaise ou sud-africaine… On mentionne moins des communautés plus modestes mais néanmoins vivaces comme celles d'Italie, de Hollande, de Belgique ou d'Australie. On oublie les communautés cachées, ces groupes de Juifs qui ont continué à travers les siècles à préserver l'essentiel du judaïsme au sein de la chrétienté ou de l'islam auxquels ils ont été obligés de se convertir. C'est le cas des *Dönme* (il faut prononcer « doenmé »), les « apostats » en turc.

D'où viennent-ils ? Qui sont-ils ? J'ai déjà mentionné Sabbataï Tsevi de Smyrne, ce faux Messie du XVIIe siècle qui souleva une vague d'enthousiasme et d'espérance parmi les millions de Juifs miséreux d'Orient et d'Occident. Les autorités ottomanes l'arrêtèrent en septembre 1666. Craignant pour sa vie, Sabbataï Tsevi accepta de se convertir à l'islam et prit le nom de Aziz Mehmed Efendi. Affreuse déception pour les masses juives qui avaient cru à une délivrance prochaine. Beaucoup pensèrent qu'il n'avait pu abjurer que sur l'ordre de l'Éternel. Sinon, pourquoi un Messie se convertirait-il à l'islam ?

LES DÖNME

C'est de cette interprétation que naquit le mouvement des Dönme. À l'instar de leur Messie, ses membres se sont convertis à l'islam tout en conservant certaines de leurs pratiques : ils continuent à dire leurs prières en hébreu, ils ne se marient pas avec les musulmans et bâtissent leurs propres mosquées dans lesquelles ils lisent là aussi les psaumes en hébreu. Les Dönme utilisent le système de double appellation : un nom turc pour la vie extérieure et un nom hébreu, secret celui-ci, pour la famille ou le groupe. Ils furent les premiers à introduire l'égalité entre les hommes et les femmes. À la fin du XIXe siècle, ils suivirent en grand nombre la poussée moderniste qui secoua la Turquie et se joignirent au mouvement nationaliste et laïc des Jeunes-Turcs. L'un d'eux, Mehmet Cavit Bey, devint ministre des Finances de Mustafa Kemal Atatürk, fondateur de la Turquie moderne. On ira jusqu'à prétendre qu'Atatürk lui-même était un Dönme : sans preuve. En revanche, Ismail Cem, ministre turc des Affaires étrangères de 1997 à 2002, partageait cette foi. Tout comme les écrivains Azra Erhat, Halide Edip Adivar et Cevat Sakir ou des acteurs aussi populaires que Esin Eden ou Necdet Mahfi Ayral. Combien sont-ils aujourd'hui parmi les musulmans turcs ? On l'ignore. Certains disent un million, d'autres vingt mille. On ne les reconnaît que dans les cimetières où chacune de leurs tombes porte la même inscription : « J'ai caché, je n'ai pas dit mon souci, je l'ai fait dormir. »

Mustafa Kemal Atatürk avec son état-major (c.1923).
Qui, parmi ces Jeunes-Turcs assis aux côtés d'Atatürk, faisait partie des Dönme ?

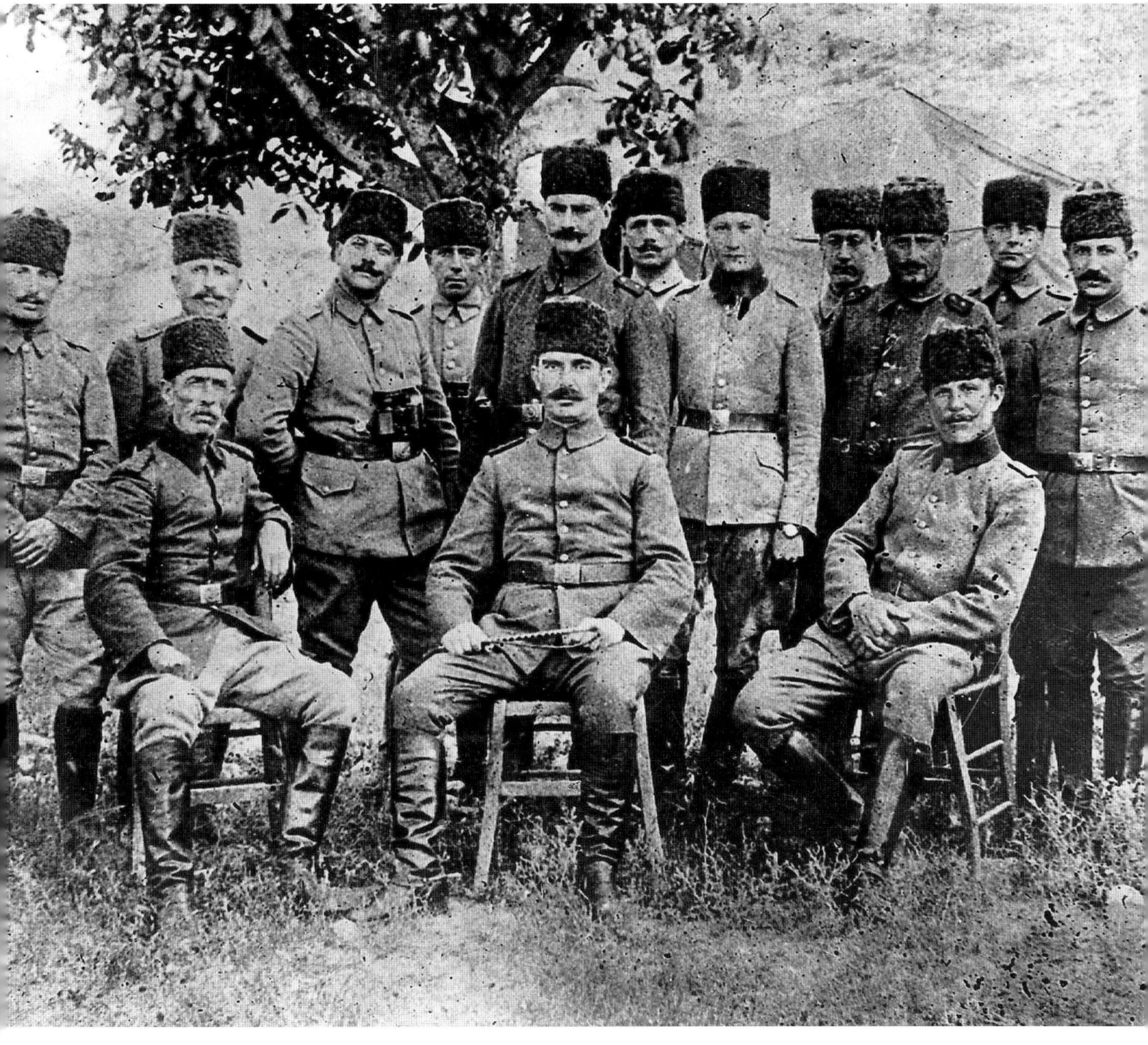

L'AMÉRIQUE ET LA RUSSIE : NOUVELLES STATISTIQUES

Diaspora donc. Et pour commencer, la plus importante communauté juive du monde, celle des États-Unis d'Amérique. On l'estimait jusqu'à il n'y a pas si longtemps à cinq millions deux cent mille individus. Or, une toute récente étude, menée durant plus d'un an à travers le pays par plusieurs équipes scientifiques, aboutit au chiffre de six millions quatre cent quarante-trois mille huit cent cinq, soit un million deux cent mille de plus. Un exemple frappant : à Jacksonville en Floride, la Fédération juive avait déclaré sept mille trois cents membres, la nouvelle étude en répertoria douze mille neuf cents, soit cinq mille six cents de plus.
Pareil en Russie : après l'émigration massive des Juifs russes en Israël, la Fédération des communautés juives revendique aujourd'hui deux cent cinquante mille individus. Mais si l'on prend en compte les centaines de communautés de l'ancienne Union soviétique, y compris celles d'Asie centrale, on atteint facilement un million d'individus.

LAÏCS, COUPLES MIXTES ET CONVERTIS

D'où vient cette différence ? Le recensement ethnique étant interdit dans la plupart des pays démocratiques, les statisticiens doivent se contenter des déclarations que leur fournissent les institutions et les congrégations juives. Or bien des Juifs aujourd'hui se considèrent comme Juifs, mais se disent laïcs et n'adhèrent à aucune organisation communautaire, sans parler des couples mixtes. Pour la plupart des communautés, tout Juif marié à un non-Juif est perdu pour le judaïsme. L'histoire juive démontre l'inverse : il y a bien sûr Moïse et Tsippora, fille noire du grand prêtre madianite Jethro qui, à ma connaissance, ne s'est jamais convertie au judaïsme, ce qui n'empêcha pas Moïse de tenir toute sa place. On trouve dans la Bible d'autres couples mixtes et exemplaires, à commencer par Ruth la Moabite et Booz, les arrière-grands-parents du roi David. Leur amour fut tel que, pour les rédacteurs du Livre, c'est de leur lignée que viendrait le Messie.

• À gauche : Rembrandt, *Booz rencontre Ruth dans son champ* (c.1640, musée du Louvre, Paris).
• À droite : Marc Chagall, *Rencontre de Ruth et de Booz* (1960, musée national Marc Chagall, Nice).

Voilà le couple mixte le plus célèbre de l'histoire juive : les arrière-grands-parents du roi David.

Epreuve d'artiste   Marc Chagall

Quant aux convertis, malgré la résistance des rabbins, ils sont nombreux et certains jouent un rôle essentiel dans l'histoire juive. Hillel le Babylonien devint chef d'une école rabbinique à la fin du Ier siècle avant notre ère ; Akiva, Grec converti au judaïsme à l'âge de quarante ans, participa d'éminente façon à l'élaboration du Talmud et appela à la dernière révolte contre Rome en l'an 132 de notre ère.

DIASPORA / ISRAËL : DEUX BLOCS COHÉRENTS

Si nous confrontons aujourd'hui le nombre des Juifs de la diaspora à celui de la population d'Israël, nous nous retrouvons comme à l'époque biblique face à deux blocs cohérents. Même si les sept millions neuf cent cinquante et un mille deux cent cinq Juifs de la diaspora dépassent d'un million le nombre de Juifs vivant en Israël.

ENRACINÉS DANS LE SOL ET ENRACINÉS DANS LE LIVRE

En 586 avant notre ère, avant que le roi babylonien Nabuchodonosor ne détruise le Temple, il y avait autant de Juifs à Jérusalem qu'à Alexandrie. Aujourd'hui, plus de deux mille six cents ans plus tard, il y a presque autant de Juifs à Tel-Aviv qu'à New York : deux millions sept cent quatre-vingt-dix-neuf mille pour Tel-Aviv et deux millions cent cinquante et un mille pour New York. D'un côté une communauté enracinée dans le sol de ses ancêtres ; de l'autre, des communautés enracinées dans le Livre, passant au gré de l'Histoire d'une ville à l'autre : Babylone, Rome, Cordoue, Kairouan, Troyes, Bagdad, Worms, Varsovie…

À la naissance de l'État d'Israël, David Ben Gourion craignit que l'esprit de la *Golah*, l'exil en hébreu, n'envahisse Israël. Il interdit l'apprentissage du yiddish et du judéo-espagnol dans les écoles. Il espérait que la jeunesse israélienne retrouverait les valeurs et les vertus des Maccabées, leurs ancêtres. La langue, l'ancien et le nouvel hébreu, joua un rôle central dans la renaissance de la nation hébraïque. Dans les années 1950, les mouvements cananéens, qu'appuyaient le journaliste Uri Avnery et l'écrivain Amos Kenan, se donnèrent pour objectif la reconquête non seulement de la terre mais aussi du passé. De nombreux Sabras, les natifs d'Israël, mirent un point d'honneur à parler l'hébreu guttural comme le parlaient les prophètes à l'époque du Temple. On ne chantait plus alors que les chansons hébraïques, on ne lisait plus que Haïm Nachman Bialik, Shmuel Yosef Agnon (prix Nobel de littérature en 1966), Haïm Hazaz et on ne récitait plus que les poèmes exaltés et nationalistes de Uri Zvi Greenberg. Pour eux, la diaspora se réduisait à un passé tragique ponctué de pogroms qui s'était achevé dans les fours d'Auschwitz.

De gauche à droite :
• Arrestations lors de l'insurrection du ghetto de Varsovie (avril-mai 1943).
• Eichmann pendant son procès à Jérusalem (par Werner Braun, 1961).

Avec le procès Eichmann, toute une génération de Sabras, natifs d'Israël, a découvert le mécanisme de la destruction de leurs frères ainsi que leur bravoure.

Le choc survint en 1961 avec le procès d'Eichmann. Il eut lieu à Jérusalem et fut public. Les Israéliens découvrirent non seulement le mécanisme infernal inventé par les nazis et qui broya leurs familles en Europe, mais aussi l'héroïsme et l'abnégation de ces millions de Juifs, leurs frères. Ils apprirent que les Juifs de la diaspora ne s'étaient pas abandonnés sans réagir à leurs bourreaux, que les révoltes armées jusque dans les camps de la mort de Sobibor, Treblinka et Auschwitz avaient forcé l'admiration du monde non juif. Ils s'intéressèrent aux écrivains et aux philosophes juifs de l'après-guerre aux États-Unis, en France, au Royaume-Uni, en Italie…

Ils comprirent que, quelle que soit la qualité de leur littérature, de leur cinéma, de leurs arts, la diaspora en ces matières avait quelques livres, films et tableaux d'avance – même si ceux-là trouvaient leur inspiration dans le rayonnement d'Israël. La terre est source de création mais, il faut le reconnaître, les livres sont plus propices encore à la production des livres. On le voit déjà avec le Talmud au Ve siècle de notre ère. Ce n'est pas un hasard si la diaspora préféra le Talmud de Babylone, rédigé en hébreu et en araméen, plus riche et plus fouillé, au Talmud de Jérusalem. Plus près de nous, lorsqu'en 1966 l'écrivain israélien Shmuel Yosef Agnon reçut le prix Nobel de littérature, il le partagea avec la poétesse juive de langue allemande Nelly Sachs : comme pour garder l'équilibre entre Israël et la diaspora.

LE PROCÈS EICHMANN

La diaspora a besoin d'Israël pour survivre – comme rêve, ou mieux, comme réalité. Israël, lui, a besoin de la diaspora : c'est là qu'il peut garder contact avec l'universel. La situation particulière de la diaspora disséminée parmi les nations repose sur son double enracinement dans les cultures nationales et dans sa mémoire millénaire : plus fragile qu'Israël devant les tempêtes de l'histoire, elle demeure plus féconde sur le plan artistique. Au mot « danger », les Juifs d'Israël opposent les armes ; les Juifs de la diaspora, la culture.

L'A CRÉATION JUIVE CONTEMPORAINE DANS LE MONDE

Comme pour tenir la chaîne ininterrompue de la création juive, Saul Bellow, prix Nobel de littérature en 1976, commença par traduire du yiddish en anglais les nouvelles d'Isaac Bashevis Singer, qui reçut lui-même le prix Nobel de littérature en 1978. Tout comme Bernard Malamud et Chaim Potok, Henry Roth, Arthur Miller, Elie Wiesel, Herman Wouk, Allen Ginsberg, Norman Mailer ou Philip Roth s'intéressèrent d'abord au monde de leurs parents, ce monde d'hier auquel Woody Allen ne cesse de rendre hommage. La plupart des Juifs américains restent attachés à Israël, même si les deux tiers d'entre eux ne l'ont jamais visité.

De gauche à droite :
• Franz Kafka (c.1906-1908).
• Romain Gary à Rome (par Sam Shaw, 1962).
• Primo Levi.
• Woody Allen (par Jackie Coolen, 1980).

Il ne suffit pas de se souvenir, encore faut-il savoir passer la mémoire.

ISRAËL ET DIASPORA, UN PEUPLE SUBVERSIF

Bref, on peut sans chauvinisme s'étonner de l'extrême créativité des Juifs de la diaspora. Nous connaissons la production littéraire juive de langue allemande : Stefan Zweig, entres autres, Arthur Schnitzler, Hermann Broch, Jakob Wassermann, Alfred Döblin, Max Brod, Franz Kafka, sans oublier des personnalités comme Sigmund Freud, Edmund Husserl ou Hannah Arendt. Nous connaissons sans doute moins la production littéraire juive de langue italienne : Primo Levi, Carlo Levi, Giorgio Bassani, Natalia Ginzburg, Umberto Saba, Italo Svevo, et même Alberto Moravia qui se disait juif par son père Pincherle. Et les écrivains juifs de langue française : Albert Cohen, Emmanuel Berl, Romain Gary, Georges Perec, André Schwarz-Bart, Patrick Modiano ; et des philosophes : Claude Lévi-Strauss, Emmanuel Levinas, Jacques Derrida, Raymond Aron, Vladimir Jankélévitch, Bernard-Henri Lévy, Alain Finkielkraut, André Glucksmann, etc.

ISRAËL ET DIASPORA, UN PEUPLE SUBVERSIF

Un cours au Heder, Lublin (par Alter Kazycne, c.1920, Bildarchiv Preussischer Kulturbesitz, Berlin).

« Le monde ne subsiste que par le souffle des jeunes enfants qui étudient la Torah » (Talmud de Babylone, Shabbat, 119 b).

Le Traité des Pères dit : « Moïse a reçu la Loi sur le Sinaï et l'a transmise à Josué. Et Josué aux Anciens. Et les Anciens aux prophètes. Et les prophètes l'ont transmise aux gens de la Grande Assemblée. Ceux-ci ont dit trois choses : "Soyez prudents dans vos jugements, formez de nombreux disciples et faites une haie autour de la Loi." »

L'histoire juive nous fait comprendre qu'il ne suffit pas de rassembler la sagesse humaine dans des livres et de l'étudier ; avec autant d'opiniâtreté, il faut aussi la transmettre. C'est l'assiduité de l'étude qui devient en soi un moyen de transmission : celui qui transmet apprend, celui qui apprend transmet. L'un et l'autre sont indissociables. L'un et l'autre forment le peuple du Livre, peuple des questions et de la mémoire, peuple de la Loi et des réponses. C'est dans la subtilité dialectique de l'étude que les Juifs dispersés à travers le monde ont trouvé le seul moyen de reconstruire un lien social détruit par la séparation des individus. Aujourd'hui encore, l'unité du peuple juif – au sens le plus large, Israël et la diaspora confondus – demeure, constamment tissée par la présence des textes et par la relation, si flottante soit-elle, que les hommes entretiennent avec eux.

Les Juifs religieux considèrent que la parole d'origine est celle de l'Éternel et que les textes gravés par Moïse le furent sous Sa dictée. Chercher à en saisir pleinement le ou les sens, déchiffrer les intentions cachées et en entendre les silences, voilà qui reste pour eux le plus sûr des chemins pour approcher Dieu.

Le Juif laïc, lui, a perdu la relation profonde au Texte, mais il n'en a pas moins conservé les pratiques et les usages. Il témoigne d'un art de la lecture, d'une attention au verbe, à l'écrit, qui donnent à sa pensée une tournure toute particulière et que certains jugent spécifiquement juive. Les blagues populaires s'amusent de cette curieuse exploration de la lettre du Texte, de cette étrange recherche d'un prétexte à penser.

Une réflexion se travaille comme une matière à la fois molle et réticente. Elle exige un effort permanent, un dialogue avec autrui. « Fais-toi un maître, procure-toi un compagnon d'étude… » dit le Traité des Pères. Nous bâtissons notre vie pensante avec nos semblables. Cela nous oblige, dit la sagesse juive, à nous intéresser à la communauté, à nous ouvrir sur le monde, à entendre la voix d'autrui. La voix et le regard : les Juifs sont-ils d'abord Juifs, comme le disait Jean-Paul Sartre, dans le regard de l'antisémite ?

LA CULTURE DE LA TRANSMISSION

"FAIS-TOI UN MAÎTRE, PROCURE-TOI UN COMPAGNON D'ÉTUDE"

Ci-contre :
• À gauche : Adolphe Léon Willette, *Affiche pour les élections législatives de septembre 1889* (Centre historique des Archives nationales, Paris).
• À droite : Joseph Arthur de Gobineau, *Essai sur l'inégalité des races humaines* (1853, Bibliothèque nationale, Paris).

À droite :
Manifestants pendant l'ouverture de la conférence mondiale contre le racisme (par Mike Hutchings, 31 août 2001, Durban).

Durban, nouvelle figure de l'antisémitisme théorisée dès le XIXᵉ siècle en Europe.

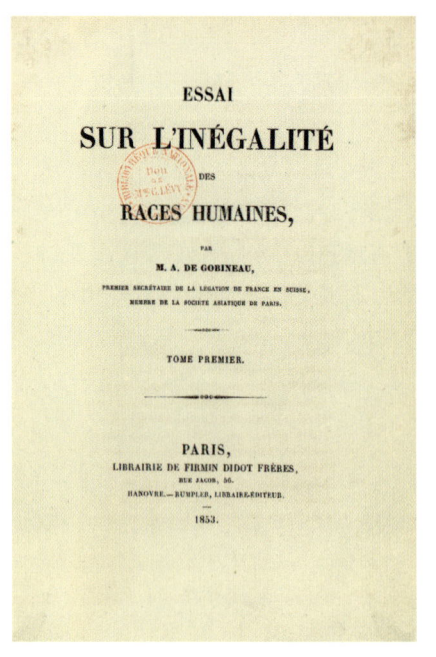

Antisionisme : antijudaïsme ?

L'antisémitisme donc. D'après toutes les études récentes, l'antisémitisme classique, celui qui nous vient de l'Antiquité d'Apion jusqu'à Gobineau, Maurras ou Bloy, est en régression. D'après le rapport de l'ADL (Anti Defamation League), les agressions antijuives aux États-Unis ont dernièrement chuté de plus de 22 %. C'est aussi vrai, parfois à un moindre degré, dans d'autres pays du monde. Difficile en effet de lancer « sale Juif ! » dans une civilisation encore marquée par la Shoah.

En France, d'après un récent sondage, 90 % de la population considèrent les Juifs français comme des semblables. Mais, si on regarde de près, la judéophobie, elle, n'a pas diminué. Elle a apparemment changé d'objectif. Ce n'est plus le Juif que l'on vise directement, mais Israël. L'antijudaïsme s'est transformé en antisionisme, et comme Israël est un État juif, ses « fautes » retombent naturellement sur tous les Juifs.

D'après un rapport commandé en 2004 par le gouvernement français, l'écrivain Jean-Christophe Rufin parle, lui, d'un « antisémitisme plus hétérogène ». Il constate la naissance d'une nouvelle forme d'antijudaïsme, l'« antisionisme radical », qui se développe non plus dans l'ancienne droite, mais dans les mouvements d'extrême gauche et altermondialistes : il s'agit pour ceux-là de légitimer la lutte armée des Palestiniens contre Israël.

Le 9 septembre 2001, l'ONU organisa à Durban en Afrique du Sud une conférence sur le racisme, qui se transforma en un déchaînement de judéophobie et de négationnisme sous le masque de l'antisionisme. Des antisémites distribuèrent par milliers *Mein Kampf* d'Hitler et les *Protocoles des sages de Sion*. Dans le grand stade en délire, à l'issue d'un interminable discours de Castro, on appela au meurtre des Juifs. La haine ne visait pas la politique du gouvernement israélien mais Israël lui-même et surtout, tout simplement, les Juifs. La police sud-africaine peina à protéger l'unique synagogue de la ville contre une foule déchaînée. On considérait comme des *Jewish Pig Lovers* ceux des participants qui n'arboraient pas le keffieh. Devant cette ambiance de pogrom organisé par une commission des Nations unies dite des droits de l'homme, même un homme aussi pondéré que Kofi Annan, alors secrétaire général de l'ONU, se déclara « horrifié ».

DURBAN OU L'APOLOGIE DE L'ANTISIONISME

AUTRES MANIFESTATIONS DE L'ANTIJUDAÏSME

En 2009, j'étais parvenu à entrer dans Gaza avec un « convoi pour la paix ». Il y avait là l'imam de Drancy Hassen Chalghoumi et le rabbin de Ris-Orangis Michel Serfaty, premier rabbin à fouler le sol de cette enclave palestinienne contrôlée par le groupe extrémiste Hamas. De retour à Marseille, le rabbin s'est vu interpeller par de jeunes Français d'origine maghrébine : « Tu es un bon Juif. » « Pourquoi ? demanda le rabbin. Il y a de mauvais Juifs ? » « Oui, les sionistes. » « Savez-vous ce que signifie Sion ? » demanda le rabbin. « Oui, les *Protocoles des sages de Sion*. » Ils ignoraient qu'il s'agissait d'un faux fabriqué par la police du tsar juste avant la révolution. Aujourd'hui, ce texte qui ramasse toute l'argumentation antijuive classique est redevenu le missel de l'antisémite. Dans le combat verbal que certains, y compris quelques sincères défenseurs de la cause palestinienne, mènent contre Israël, rares sont ceux qui citent le Coran. Pourquoi ? Parce qu'ils ne l'ont pas lu. Aussi vont-ils chercher leurs arguments dans le vieux fonds de l'antisémitisme occidental. Farrakhan aux États-Unis par exemple accuse les Juifs d'avoir entraîné l'Amérique dans la guerre contre l'Irak et d'avoir acheté tout Hollywood. Son *alter ego* en France, Dieudonné, les accuse de contrôler l'ensemble des médias. Les tortionnaires eux-mêmes du jeune Ilan Halimi, assassiné en France en 2006 parce que juif, se justifient par des phrases antisionistes.

Accusé par la presse britannique de propos antisémites, le maire de Londres, Ken Livingstone, répondit qu'il n'était nullement antisémite, mais seulement antisioniste. En mars 2009 se tenait à Turin, comme chaque année, la Foire internationale du livre, la plus importante du genre en Italie. Cette année-là, les organisateurs voulurent rendre hommage à la littérature israélienne et à ses grands écrivains comme Amos Oz, A. B. Yehoshua, David Grossman, Aharon Appelfeld et bien d'autres. Mais, pour les punir de la politique de leur gouvernement, plusieurs philosophes et écrivains italiens tels Edoardo Sanguineti, Gianni Vattimo, Dario Fo – prix Nobel de la littérature –, en appelèrent au boycott des écrivains israéliens. Encouragée par cette campagne, une autre pétition circula aussitôt à l'université de Rome : elle réclamait tout simplement l'exclusion des professeurs d'origine juive pour crime de sionisme. L'antijudaïsme a changé d'appellation, on ne doit pas pour autant l'ignorer.

L'ESPRIT DU JUDAÏSME

Les Juifs le savent : la vie commune, le partage des idées, la cohabitation des cultures ne tracent pas toujours un chemin de roses. La vie des pensées menace bien souvent de se transformer en conflit avec, au stade ultime, le rejet. C'est alors qu'il faut revenir à la source de cette pensée vivante,

retrouver son but et sa fonction dans l'esprit de la Loi qui toujours tend à l'union. Autrement dit, dans l'esprit du judaïsme, l'étude des textes et le développement de l'entendement sont les indispensables tuteurs de l'homme et le libre enrichissement de son identité.
Cette circulation en boucle, mais qui ne revient jamais au même point et toujours évolue par de nouvelles pensées, de nouvelles rencontres, de nouvelles sagesses, incarne l'esprit juif.

Ce fut Nietzsche, qu'à tort on accusera plus tard d'antisémitisme, qui a le mieux compris ce côté subversif du peuple juif, et donc l'une des sources de ses constantes persécutions : « Les Juifs – peuple "né pour l'esclavage", comme dit Tacite et avec lui toute l'Antiquité –, les Juifs ont réussi ce prestigieux renversement des valeurs qui, pour quelques millénaires, a donné à la vie terrestre un attrait nouveau et dangereux : leurs prophètes ont fondu en une seule notion celles de "riches", "impies", "méchants", "violents". Ce renversement des valeurs (qui veut aussi que "pauvre" soit synonyme de "saint" et d'"ami") fait toute l'importance du peuple juif : avec lui commence dans l'ordre moral la révolte des esclaves. » (Friedrich Nietzsche, *Par-delà le bien et le mal*, 1886.)

AVEC LE JUIF COMMENCE LA RÉVOLTE DES ESCLAVES

Gustave Doré,
Moïse brise les Tables de la Loi,
La Bible de Tours (1866).

De Moïse à nos jours, l'histoire se résume à un long apprentissage de la liberté, à une lente émancipation des idoles.

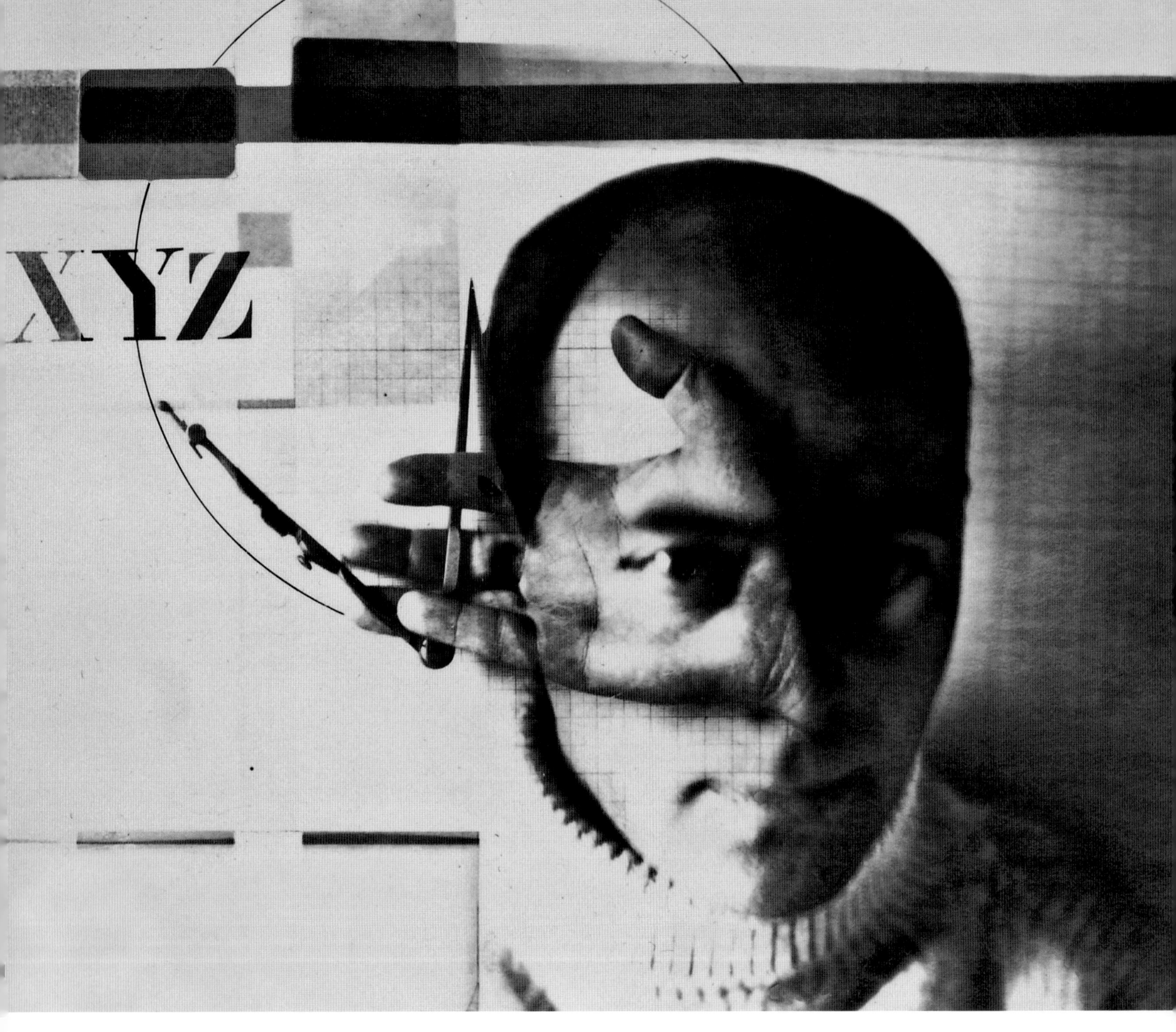
XYZ

Rabbi Enoch dit : « L'exil véritable d'Israël en Égypte, c'est d'avoir appris à le supporter. » Pourquoi cette sentence ? Il constate que les exilés se sont soumis, qu'ils ont accepté le joug sur leurs épaules. Ils n'ont pas défendu la liberté que Dieu leur avait confiée : ils ont fauté. On doit se libérer de l'esclavage : non seulement parce qu'il est une douleur pour l'homme, mais aussi parce qu'il est contraire à la Loi. L'esclavage est une manifestation du mal. Apprendre à le supporter, c'est accepter de prendre le mal *en soi* : au risque de le reproduire à son tour.

Il ne suffit pas de rompre la chaîne qui enserre la cheville et de se sauver, même au loin, même dans le désert. L'esclave ne peut se libérer de la puissance du mal qu'à travers la conscience du mal, l'esclavage transmis comme une infection. C'est ainsi et ainsi seulement qu'il deviendra un homme libre de *tout* esclavage.

La phrase de rabbi Enoch nous explique très bien ce qui s'est passé en Iran. Après la longue dictature monarchique, l'ayatollah Khomeini mène le peuple iranien sur le chemin de la révolte et renverse le shah. Aussitôt, nous voyons ce peuple libéré se précipiter avec enthousiasme dans un nouvel esclavage, plus dur encore que celui qu'il vient de ruiner. À l'évidence, le peuple iranien n'avait pas pris une claire conscience du mal quand il s'en est libéré. Car au-delà des causes et des responsables de l'esclavage, il y a aussi les raisons pour lesquelles on l'accepte, on s'y soumet ou on le reproduit. Là est la racine, qu'il faut connaître pour l'arracher.

"L'EXIL VÉRITABLE, C'EST D'AVOIR APPRIS À LE SUPPORTER"

Transmettre le Texte initial et l'interpréter, voilà le travail du commentateur. Cultiver la mémoire et la nourrir des faits de la vie, des plus extraordinaires aux plus élémentaires, telle fut et reste la tâche fondamentale d'un peuple qui, le premier, a perçu que l'homme était projeté dans l'Histoire.

Quoi de plus noble que d'essayer de mieux comprendre le Texte, puis les textes sur le Texte, l'histoire sur des histoires, de les sonder, de les analyser, de les commenter ? Ce double mouvement vers les profondeurs et vers la lumière de la vie présente singularise et identifie le lecteur juif. Depuis le Texte premier, il ne cesse d'enrichir nos bibliothèques d'œuvres magnifiques qui, jusque dans notre modernité, vivifient la pensée juive comme celle de toute l'humanité.

En 1575, Joseph ha-Cohen, médecin juif d'Avignon, achève la rédaction de *La Vallée des pleurs*, où il raconte les souffrances d'Israël de la dispersion au XVIe siècle. À sa suite, un autre témoin, anonyme celui-là, poursuit son œuvre.

CULTIVER LA MÉMOIRE

Lazar Lissitzky,
Autoportrait avec compas (1924, Kupferstich-Kabinett, collection nationale, Dresde).
Cultiver la mémoire, cette « sentinelle de l'esprit », selon Shakespeare.

En introduction, il écrit cette phrase bouleversante qui aujourd'hui résume ma vie : « J'ai résolu de consigner dans ce livre tout ce qui est arrivé aux Juifs depuis que cet autre Joseph a terminé sa chronique jusqu'à ce jour pour accomplir le précepte : "Afin que tu racontes aux oreilles de ton fils et de ton petit-fils." »

Le judaïsme : pensée subversive

Toujours le même souci : transmettre, communiquer, partager et, enfin, apprendre. Heinrich Heine, le poète judéo-allemand, nomme cela « la peste que le judaïsme a ramenée de la vallée du Nil ». Je dirais plutôt la « pensée subversive ».

Si, pour les Grecs et les Romains, les vertus civiques « ne concernent que les hommes libres », une telle distinction est impensable dans le judaïsme. Pour les Juifs, tout fils d'Israël est prédisposé à la liberté. Mais peut-on être libre dans un monde qui ne l'est pas ? Aussi, à peine libéré de l'esclavage, le Juif, par ses textes, en appelle à l'idée d'une libération universelle. Il ne peut pourtant la revendiquer qu'en tant que Juif. S'il perd sa mémoire particulière, il perd son désir de libération ; s'il perd son désir de libération, il cesse d'être juif. On comprend dès lors le danger que les Juifs représentent pour les systèmes et pensées totalitaires et pourquoi ceux-ci, sans exception, les persécutent et tentent de les anéantir.

Les gardiens du Livre

Dans son livre *1984* paru en 1948, George Orwell décrit comme personne le système totalitaire et son peuple écrasé par le regard panoptique et omniprésent du tyran, un Staline nommé Big Brother. Parmi ces millions d'individus opprimés qui acceptent l'inacceptable, un seul en réchappe : Emmanuel Goldstein. Est-ce un hasard si George Orwell a choisi de l'appeler Goldstein ? Et si, détenteur du dernier livre du régime, celui dont il est le présumé auteur, il devient la cible numéro un de l'œil du despote ? Dans un monde sans livres, et où par conséquent tout livre est subversif et attise la haine, l'homme qui a su préserver l'ultime écrit représente le début et la fin de l'histoire : la garantie de sa continuité.

Au bout de ces histoires du peuple juif, je me demande si elles ne résument pas simplement le récit d'Emmanuel Goldstein. Ou si Emmanuel Goldstein, personnage imaginé par Orwell au lendemain de la Seconde Guerre mondiale, n'incarnerait pas l'histoire du peuple juif. Gardien du livre, une mission apodictique mais, nous le savons, ô combien périlleuse.

Ezra (miniature du codex Amiantino, Ve siècle avant J.-C., bibliothèque Laurencienne, Florence).

Depuis Ezra (Esdras, Ve siècle avant notre ère), les Juifs sont enracinés dans le Livre.

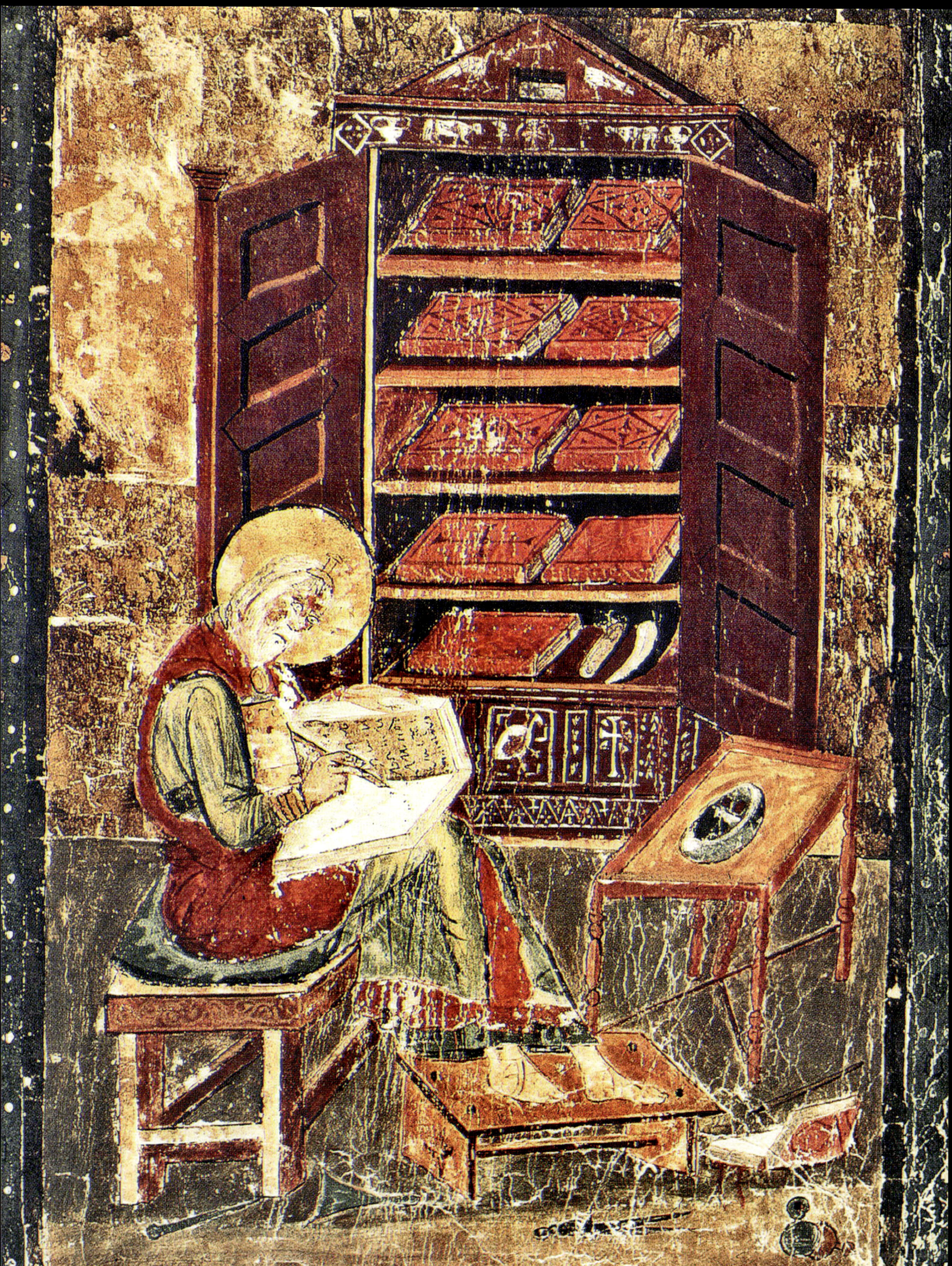

INDEX

Abbas, Mahmoud : 197, 201
Abram ou Abraham : 14, 17, 18, 19, 20, 21, 22, 24, 33, 36, 41, 46, 54, 79
Achab : 46, 47
Agnon, Shmuel Yosef : 208, 209
Alexandre : 62, 63, 72
Arafat, Yasser : 141, 157, 197, 199, 201
Arendt, Hannah : 200, 211
Babylone : 52, 54, 55, 56, 174, 197, 208, 209
Babylonie : 36, 52, 54, 55, 56, 59, 60, 72, 79, 89
Begin, Menahem : 157, 185, 187
Ben Gourion, David : 142, 155, 157, 185, 187, 208
Bethléem : 68, 70, 79
Bloch, Marc : 149, 172
Bund : 128, 131
Byzance : 75, 89
Canaan : 18, 19, 20, 25, 29, 33, 36, 54, 55, 75, 105
Carpentras : 119, 193, 194
César Auguste : 68, 79
Charlemagne : 89, 92
Constantinople : 92, 103
Cordoue : 95, 99, 171, 208
Cyrus : 56, 59
David : 22, 36, 41, 42, 52, 68, 89, 199, 206
Diaspora : 55, 68, 72, 79, 116, 161, 169, 171, 174, 176, 181, 185, 187, 197, 200, 205, 206, 208, 209, 210, 211, 213
Dreyfus, Alfred : 120, 124, 125, 200
Égypte : 19, 25, 29, 30 31, 33, 35, 42, 47, 52, 62, 63, 75, 113, 158, 161, 165, 184, 185, 201, 217
Ézechiel : 55, 60
Ezra : 56, 59, 60, 61, 158
Flavius Josèphe : 69, 71, 76, 79
Freud, Sigmund : 75, 148, 149, 211
Gabriel : 56, 82

Galilée : 60, 70, 71, 76, 88
Gaza : 62, 155, 156, 157, 166, 181, 187, 201, 204, 216
Golan : 20, 166, 184
Grégoire, abbé : 117, 126
Guerre des Six Jours : 161, 165, 166, 167, 175, 184, 185, 197
Guerre du Kippour : 184, 185, 187
Gutenberg, Johannes : 111, 112
Haggadah : 29, 31
Hagganah : 155, 157
Hassidéens, hassidim : 64, 116, 187
Hébron : 20, 103, 158
Hérode : 68, 69, 70, 71
Herzl, Theodor : 125, 126, 131, 185
Inquisition : 96, 99, 114
Irgoun : 155, 157
Isaac : 20, 21, 22, 41
Isaïe : 52, 60, 71, 84, 85
Israël (État de) : 18, 64, 68, 80, 81, 113, 120, 125, 128, 131, 134, 137, 141, 151, 156-160, 161, 165-169, 174-178, 181, 184, 185, 187, 193, 197, 199-203, 206, 208-210, 213-216, 219, 220
Jacob : 18, 20, 21, 24, 25, 30, 41
Jérémie : 36, 52, 55, 60, 197
Jérusalem : 5, 13, 14, 20, 36, 42, 46, 52, 56, 59, 60, 62, 63, 64, 69, 70, 71, 75, 76, 79, 83, 85, 87, 103, 110, 114, 126, 142, 155, 156, 157, 160, 161, 171, 172, 179, 187, 204, 208, 209
Jésus : 68, 69, 71, 79, 80, 81, 82, 83, 84
Joseph (fils de Jacob) : 24, 25, 30
Joseph (père de Jésus) : 68, 79
Josias : 50, 52
Jourdain : 35, 166
Juda : 64, 65
Juda (royaume de) : 46, 47, 52, 59

Judée : 49, 56, 59, 60, 63, 64, 65, 69, 72, 76, 85, 88, 114, 197
Kabbale : 103, 111, 113, 114, 187
Kaifeng : 120, 177, 178
Khazars : 89, 92, 93, 94, 95, 96, 99, 137
Kibboutz : 69, 141, 155, 185
Loubavitch : 116, 187, 189
Luther : 83, 84, 85, 113
Mahomet : 82, 83, 85
Maïmonide : 99, 112
Marie : 68, 69, 71, 79
Ménélik : 43, 160
Mésopotamie : 14, 24, 30, 33, 59, 75, 132
Messie : 56, 70, 71, 84, 85, 113, 114, 189, 205, 206
Michée : 49, 51, 52
Moïse : 29, 30, 31, 33, 34, 35, 36, 42, 46, 52, 56, 59, 60, 75, 76, 82, 132, 149, 160, 206, 213
Nabuchodonosor : 54, 55, 75, 197, 208
Nasser, Gamal Abdel : 161, 165
Nouvelle-Amsterdam : 105, 132
Palestine : 76, 79, 126, 128, 131, 137, 139, 141, 142, 151, 155, 157, 165, 201, 204
Peres, Shimon : 197, 204
Pharisiens : 68, 69
Phéniciens : 43, 181
Philon d'Alexandrie : 69, 80, 171, 172
Pogrom : 127, 132, 134, 139, 158, 208, 213
Rabin, Yitzhak : 157, 197, 199
Reubeni, David : 113, 114, 125
Rome : 65, 69, 70, 71, 72, 75, 76, 79, 88, 92, 11, 114, 127, 142, 178, 193, 208, 216
Saba (reine de) : 42, 43, 158, 160

Sabbataï Tsevi : 113, 114, 204
Sadate, Anouar el : 184, 185, 187
Saint Paul : 81, 82, 85, 193
Salem, cf. Jérusalem : 20, 41
Salomon : 41, 42, 43, 46, 49, 59, 62, 72, 75, 126, 158, 160, 181
Samarie : 46, 49, 65
Sanhedrin : 60, 119
Saraï ou Sarah : 17, 18, 20, 21
Saül : 36, 41
Sédécias : 36, 52
Shabbat : 35, 62, 178
Sharon, Ariel : 185, 187, 199, 204
Shoah : 54, 151, 157, 174, 190, 193, 194, 214
Shtetl : 108, 109
Sinaï (mont) : 30, 31, 34, 165, 166, 185, 187, 213
Sion : 55, 80, 167, 205, 216
Soncino : 112, 113
Suez (canal de) : 161, 184, 185
Sumer : 5, 13, 19, 56
Talmud : 17, 76, 80, 92, 112, 119, 149, 208, 209
Tera'h, Terahites : 15, 17, 24
Titus : 54, 70, 72, 75, 77
Torah : 52, 63, 68, 76, 80, 167, 178, 181, 190
Tsahal : 157, 166, 185, 204
Tyr : 59, 62, 181
Ur : 14, 15, 17
Varsovie : 9, 31, 36, 142, 146, 147, 148, 208
Wiesel, Élie : 176, 210
Yavné : 75, 76
Yom Kippour : 83, 167
Ziggourats : 14, 42
Zohar : 103, 111, 113

BIBLIOGRAPHIE

- Arendt, Hannah, *La Tradition cachée. Le Juif comme paria*, Bourgois, Paris, 1987.
- Arendt, Hannah, *Les Origines du totalitarisme. Sur l'antisémitisme* (vol.2), Seuil, Paris, 2005.
- Aron, Raymond, *De Gaulle, Israël et les Juifs*, Plon, Paris, 1968.
- Barnavi, Elie, *Histoire universelle des Juifs : de la Genèse au XXe siècle*, Hachette, Paris, 2002.
- Baron, Salo W., *Histoire d'Israël. Vie sociale et religieuse*, PUF, Paris, 1986.
- Bashevis Singer, Isaac, *Gimpel the Fool and Other Stories*, trad. Bellow, Saul, Farrar, Straus and Giroux, New York, 2006.
- Bergson, Henri, *Le Rire. Essai sur la signification du comique*, PUF, Paris, 2007.
- Buck, Pearl, *Pivoine*, Le Livre de poche, Paris, 2008.
- Chateaubriand, René-François (de), *Itinéraire de Paris à Jérusalem*, Gallimard, Paris, 2005.
- *Dictionnaire encyclopédique du judaïsme*, Robert Laffont, Paris, 1997.
- Dubnow, Simon, *Weltgeschichte des Jüdischen Volkes* (« Histoire mondiale du peuple juif ») en 10 volumes, Jüdischer Verlag, Berlin, 1929.
- Dunn, James David, *Window of the Soul. The Kabbalah of Rabbi Isaac Luria* (« La Fenêtre de l'âme. La Kabbale de rabbi Isaac Louria »), Weiser Books, Newburyport, 2008.
- Flavius Josèphe, *Contre Apion*, Les Belles Lettres, Paris, 1972.
- Flavius Josèphe, *Les Antiquités juives*, 4 vol., Cerf, Paris, 1990 - 2005.
- Flavius Josèphe, *Guerre des Juifs*, Minuit, Paris, 1976.
- Freud, Sigmund, *Le Mot d'esprit et sa relation à l'inconscient*, Gallimard, Paris, 1992.
- Ha-Cohen, Joseph, *La Vallée des pleurs. Chronique des souffrances d'Israël depuis sa dispersion jusqu'à nos jours*, Centre d'études Don Isaac Abravanel, Paris, 1981.
- Halevi, Yehouda, *Le Kuzari. Apologie de la religion méprisée*, Verdier, Lagrasse, 1994.
- Halter, Marek, *La Bible au féminin. Tsippora* (vol. 2), Robert Laffont, Paris, 2002.
- Halter, Marek, *La Mémoire d'Abraham*, Robert Laffont, Paris, 1999.
- Halter, Marek, *Le Messie*, Robert Laffont, Paris, 1996.
- Herzl, Theodor, *L'État des Juifs*, La Découverte, Paris, 2008.
- Hochhuth, Rolf, *Le Vicaire*, Seuil, Paris, 1963.
- Kafka, Franz, *Journal*, Le Livre de poche, Paris, 2008.
- La Bible, Bayard, Paris, 2001.
- *Le Zohar. Livre de la splendeur*, Maisonneuve et Larose, Paris 2002.
- Levi, Primo, *Si c'est un homme*, Robert Laffont, Paris, 2002.
- Luther, Martin, *Des Juifs et leurs mensonges*, in Œuvres, Pléiade, Gallimard, Paris, 1999.
- Luther, Martin, *Jésus-Christ est né juif*, in Œuvres, Pléiade, Gallimard, Paris, 1999.
- Maimon, Salomon, *Histoires de ma vie*, Berg International, Paris, 1984.
- Nietzsche, Friedrich, *Par-delà le bien et le mal*, Flammarion, Paris, 2000.
- Orwell, George, *1984*, Gallimard, Paris, 1976.
- Philon d'Alexandrie, *Sur l'ambassade auprès de Caligula en 39-40*, in Legatio ad Caium (vol. 32), Cerf, 1972.
- Proust, Marcel, *À la recherche du temps perdu*, Gallimard, Paris, 1999.
- Rawicz, Piotr, *Le Sang du ciel*, Gallimard, Paris, 1961.
- Ringelblum, Emmanuel, *Chroniques du ghetto de Varsovie*, Robert Laffont, Paris, 1993.
- Shakespeare, William, *Le Marchand de Venise*, Flammarion, Paris, 1994.
- *The Oxford Dictionary of the Jewish Religion*, Zwri Werblowsky, R.J., Wigoder (éd.), OUP, Oxford, 1997.
- Wiesel, Elie, *Les Juifs du silence*, Seuil, Paris, 1966.

CRÉDITS ICONOGRAPHIQUES :

p.8 : © 2010. Photo Scala, Florence - p.9 : © IMAGNO - Austrian archive - p.10 : © coll. perso. Marek Halter - p.14 : © RMN / Franck Raux - p.15 : © Coll. Dagli Orti / Museo San Marco Florence / Gianni Dagli Orti - p.16 : © 2010. Photo Scala Florence/Heritage Images - p.17 : © Bridgeman Giraudon. With kind permission of the University of Edinburgh - p.18: © Coll. Dagli Orti / Galerie Nationale Budapest / Alfredo Dagli Orti - p.19 : © Historical picture Archive / Corbis - p.20 : © Giraudon / Bridgeman Giraudon - p.21 : © RMN / Franck Raux - p.22 : © Topham Picturepoint / Bridgeman Giraudon - p.22 : © BnF - p.24 : © Dahesh Museum of Art, New York / Bridgeman Giraudon - p.25 : © Christie's Images / Bridgeman Giraudon - p.26-27 : © Wallace Coll., London, UK/Bridgeman Giraudon - p.28 : © 2010. Photo Scala, Florence - courtesy of the Ministero Beni e Att. Culturali - p.30 : © 2010. Photo Scala, Florence - p.31 : © 2010. Photo Scala Florence/Heritage Images - p.32 : © Bridgeman Giraudon - p.34 : © 2010. Photo The Jewish Museum/Art, Resource/Scala, Florence - p.35 : © 2010. Photo Scala, Florence, courtesy of the Ministero Beni e Att. Culturali - p.38-39 : © Courtesy of the Warden and Scholars of New College, Oxford/Bridgeman Giraudon - p.40 : © Getty Images - p.41 : © coll. Mx/Kharbine-Tapabor - p.42 : © RMN / René-Gabriel Ojéda - p.43 : © RMN / Thierry Le Mage - p.44-45 : © RMN / Gérard Blot / Hervé Lewandowski - p.46 : © Giraudon / Bridgeman Giraudon - p.47 : © Russell-Cotes Art Gallery and Museum, Bournemouth, UK/Bridgeman Giraudon - p.48-49 : © Look and Learn / Bridgeman Giraudon - p.50 : © akg-images - p.51 : © 2010. Photo Ann Ronan/HIP/Scala, Florence - p.53 : © Christie's Images / Bridgeman Giraudon - p.54 : © Cameraphoto Arte Venezia / Bridgeman Giraudon - p.57 : © Costa/Leemage - p.58: © akg-images - p.61 : © Guildhall Art Gallery, City of London / Bridgeman Giraudon - p.62 : © Bridgeman Giraudon - p.64 : © 2010. Photo Ann Ronan/HIP/Scala, Florence - p. 65 : © Bridgeman Giraudon - p.66-67 : © BPK, Berlin, Dist RMN / Hermann Buresch - p.68 : © Bridgeman Giraudon - p.70 : © BnF - p.71 : © Brooklyn Museum / Corbis - p.72 : © akg-images / Erich Lessing - p.73 : © The Fine Art Society, London, UK / Bridgeman Giraudon - p.74 : © BPK, Berlin, Dist RMN / Photographe inconnu - p.76 : © BnF - p.78 : © Gilbert Mangin, Musée des Beaux-Arts de Nancy - p.81 : © The Stapleton Coll. / Bridgeman Giraudon - p.82 : © RMN / Hervé Lewandowski - p.84 à gauche : © Giraudon / Bridgeman Giraudon - p.84 à droite : © Rue des Archives / Tal - p.85 : © Bridgeman Giraudon - p.88 : © BnF - p.89 : © Giraudon / Bridgeman Giraudon - p.90-91 : © The Stapleton Coll. / Bridgeman Giraudon - p.92 : © ville de Troyes - p.93 : © Photo musée de la ville de Strasbourg, M. Bertola - p.94 : © Édigraphie - p.95 à gauche : © Library of Congress, Prints & Photographs Division, Theodor Horydczak Coll. - p.95 en haut : © Axiom Photographic Limited / SuperStock - p.95 en bas : © Archives of the YIVO Institute for Jewish Research - p.96 : © akg-images / Bildarchiv Monheim - p.97 : © RMN / Daniel Arnaudet - p.98 : © akg-images - p.100-101 : © Bridgeman Giraudon - p.102 : © The Metropolitan Museum of Art, Dist. RMN / image of the MMA - p.103 : © RMN / Jean-Gilles Berizzi - p.104 : © Gift of friends in Paris through the M. Fischer Coll. / Bridgeman Giraudon - p.105 : © akg-images - p.106-107 : © Bridgeman Giraudon - p.108 : © Lebrecht/Leemage - p.109 : © BPK, Berlin, Dist RMN / image BPK - p.110 : © Coll. Kharbine-Tapabor - p.112 à gauche : © akg-images - p.112 à droite : © Library of Congress - p.115 : © Albert Harlingue / Roger Viollet - p.116 : © Archives of the YIVO Institute for Jewish Research - p.117 à gauche : © BPK, Berlin, Dist RMN / Photographe inconnu - p.117 à droite : © BnF - p.118 : © Musée Carnavalet / Roger Viollet - p.120 : © Abraham Nowitz - p.121 : © akg-images - p.122 : © 2010. Photo The Jewish Museum/Art Resource/Scala, Florence - p.123 : © BnF - p.124 : © Roger Viollet - p.125 : © Jewish Memories/Kharbine-Tapabor - p.126 : © Bettmann/Corbis - p.127 droite et gauche : © Getty Images - p.128 et 129 : © Archives of the YIVO Institute for Jewish Research - p.130 en haut : © BPK, Berlin, Dist RMN / Bernard Larsson - p.130 en bas : © BPK, Berlin, Dist RMN / Erich Salomon - p.130 à droite : © BPK, Berlin, Dist RMN / Droits réservés - p.131 : © Getty Images - p.132 : © Library of Congress - p.133 : © Corbis - p.134 : © akg-images - p.135 : © RMN / Michel Urtado - p.136 : © Adam Rzepka, musée d'Art et d'Histoire du judaïsme - p.138 : © BPK, Berlin, Dist RMN / image BPK - p.139 : © Ullstein Bild / Roger Viollet - p.141 : © Central Zionist Archive of Jerusalem - p.142 : © Süddeutsche Zeitung/ Rue des Archives - p.143 : © BPK, Berlin, Dist RMN / Walter Zadek - p.143 : © Central Zionist Archive of Jerusalem - p.145-145 : © BPK, Berlin, Dist RMN / Photographe inconnu - p.146 : © Photo Courtesy of US National Archives, Washington DC - p.147 : © coll. G. Lévy / adoc-photos - p.150 : © U.S. Holocaust Memorial Museum, courtesy of David Stoliar - p.151 : © BPK, Berlin, Dist RMN / image BPK - p.152-153 : © BPK, Berlin, Dist RMN / image BPK - p.154 : © Ministère des Affaires étrangères et européennes/ Droits réservés - p.155 : © Popperfoto/ Getty Images - p.155 : © Jewish National Fund - p.156 à droite : © Getty Images News - p.156 à gauche, 157, 159 : © Getty Images - p.160 : © Bettmann/Corbis - p.162-163 : © Ullstein Bild / Roger Viollet - p.164 : © France-Soir - p.165 : © Getty Images - p.166 : © Peter Turnley/ Corbis - p.167 : © Thierry Orban/Corbis Sygma - p.170, de gauche à droite et de haut en bas : © JP Laffont/Sygma/Corbis, © Bettmann/ Corbis, © Bettmann/Corbis, © Bettmann/Corbis, © Lebrecht Music & Arts/Corbis, © Bridgeman Giraudon - p.171 : © Corbis - p.173 : © BnF - p.175 : © 2010. Photo Scala, Florence - p.176 : © Gift of Paula W. Hackeling / Bridgeman Giraudon - p.177 : © Roger Viollet - p.179 et p.181 : © Beit Hatfutsot photo archive, Tel-Aviv - p.182-183 : © Getty Images - p.184 : © Time & Life Pictures/Getty Images - p.185 en haut : © Getty Images - p.185 en bas : © David Rubinger/Corbis - p.186 haut et bas : © Time & Life Pictures/Getty Images - p.188-189 : © Earl & Nazima Kowall/Corbis - p.190 : © Ricki Rosen/Corbis Saba - p.191 : © Bettmann/Corbis - p.192 : © Gianni Giansanti/Sygma/ Corbis - p.194 : © Eli Reed/Magnum Photos - p.195 à gauche : © Ali Burafi/AFP/Getty Images - p.195 à droite : © Bettmann/Corbis - p.197 : © Sygma/Corbis - p.198 : © Dean Dan/Gamma - p.199 : © Larry Towell/Magnum Photos - p.200 : © The Granger Coll. NYC/Rue des Archives - p.201 à gauche : © Thierry Esch / Paris Match / Scoop - p.201 à droite : © coll. perso. Marek Halter - p.202 : © Paolo Pellegrin/ Magnum Photos - p.205 : © Rue des Archives/Tal - p.206 : © RMN / Michèle Bellot - p.207 : © RMN / Gérard Blot - p.209 à gauche : © adoc-photos - p.209 à droite : © BPK, Berlin, Dist. RMN / Werner Braun - p.210 à gauche : © Albert Harlingue / Roger-Viollet - p. 210 à droite : © Sam Shaw / Shaw Family Archives / Roger-Viollet - p.211 à gauche : © Rue des Archives/AGIP - p.211 à droite : © Coolen Jacky/Gamma - p.212 : © RMN / image BPK - p.214 à gauche : © Archives Charmet / Bridgeman Giraudon - p.214 à droite : © BnF - p.215 : © Reuters/ Mike Hutchings - p.217 : © Ken Welsh / Bridgeman Giraudon - p.218 : © RMN / image SKD - p.221 : © Roger Viollet.

Achevé d'imprimer en juin 2010 par Grafos (Espagne)
Dépôt légal : septembre 2010